ČOVEK,
ZAKONI I APSOLUT

Kwen Khan Khu

april
2021

Kolekcija AGEAC onlajn

info@ageac.org

www.ageac.org   www.samael.org
www.vopus.org   www.radiomaitreya.org

PREDGOVOR

Kada čitamo ovu knjigu treba da cenimo izuzetan sintetički rad koji je autor obavio na ogromnom delu kog je Majstor Samael Aun Weor ostavio kao zadužbinu u svom prolazu kroz ovaj trodimenzionalni svet u koji svi mi imamo pristup.

Za rekompilaciju i ponovno otkrivanje tekstova koji su srodni sa zakonima koji se nalaze na čelu poglavlja, razumeli smo da je bio potreban period od više meseci za pripremanje ovog traktata, dela, koje na drugi pogled izuzetno kruniše dvanaesto mesto na dugoj listi knjiga koje pripadaju autoru.

Ova knjiga ima da pobudi izvanredan interes kod svih adepata savremenog Gnosticizma, ali neće biti od manje koristi svim onim čitaocima koji po prvi put imaju pristup ovim studijama i koji žele da prodru u razumevanje raznih mehanizama koji stoje na bazi života, u njegovim generalnim i prirodnim aspektima, kao i u onim najuzvišenijim i univerzalnim.

Pažljiva lektura ovih stranica vodiće nas do sinteze koja milenijumima karakteriše Gnozu i do najznačajnije i fundamentalne zapovesti koju priziva duhovni put, zapovesti koja stoji zabeležena na frontispisu sanktuarijuma Apolona u Delfiu: „Gnothi seauton" (spoznaj samoga sebe), onako kako je bila zvanično prevedena.

Svi mudraci antikviteta su se slagali sa ovim principom, kao polaznom tačkom razvitka ljudske svesti. Platon nam u Phaidrosu kaže da se vera bavi samo prividnostima stvari, dok spoznaja prodire do trajne realnosti, podržavajući vrlo jasno da je najviši nivo razumevanja predstavljen od one spoznaje pomoću koje pamet i izučavani predmet postaju jedno te isto. Ovaj princip je bio nasleđen od univerzalnog Gnosticizma i izražen je već u klasičnom obliku: „Gnoza nije ideja, već je mističko iskustvo Istine, koja je neposredna, jedna i koja nema ničega konceptualnog". Ovo nas podseća na reči Majstora Samaela kada nam kaže: „Gnoza se doživljava u činjenicama, a ne u apstraktnim stvarima".

Po onome što nam priča doktor Elejn Pejgels (Elaine Pagels) u svojim delima, gnostički Majstor Herakleon nam kaže da na početku ljudi veruju jer imaju poverenje u druge, ali treba da istraju dok ne budu neposredno eksperimentisali Istinu, isto kao što nam govori Origene u Stramate: „Vera je cement; Gnoza je gornja struktura", jer se posredstvom Gnoze vera usavršava i možemo pronaći „da je razumevanje onostrano verovanju".

Po Marku Aureliju, sve duše su deo duše Boga, pa je tako spoznaja samoga sebe ekvivalentna sa spoznajom Boga, ono što je u Pistis Sofiji (gnostičkoj knjizi, nepobitno) izraženo u drugom obliku: „Ja sam ti, a ti si ja"; ili onako kako je izraženo u Jovanovom Jevanđelju „Ja u vama i vi u meni"; ili po Klementu iz Aleksandrije, u Pedagogu: „Poznavati sebe samog je najveličanstvenije od svih nauka, jer onda kada čovek spozna sebe, spoznaće Boga"; i da bismo završili dugu listu mudraca, Majstora i očeva crkava, citiraćemo gnostičkog Majstora Monomia; kada je reč o traženju Boga, on nam ovako govori: „Tražite ga, polazeći od sebe samih. Nađite ko je u vašoj unutrašnjosti i ko je gospodar svega, kazivajući: «Bože moj, pamet moja, misao moja, dušo moja, telo moje». Potražite izvor misli, užitka, ljubavi, mržnje, činjenice da se budiš iako nećeš, i sna kada ne želiš da spavaš, i uznemirenosti kada to ne želiš, i zaljubljenosti iako ne želiš da se zaljubiš. Ako pažljivo ispitate ove stvari, pronaći ćete ih u sebi samima."

I, tako, otkrivamo autentičnu realnost koja postoji i živi u našoj unutrašnjosti. Božanstvo koje tražimo u spoljašnjosti, našli smo u svojoj unutrašnjosti. Planetarni sistemi koji postoje u Univerzumu, takođe su deo integrisanih funkcionalizama koja Biće poseduje radi svog razvitka, dokazujući, bez imalo sumnje, da je Mikrokosmos refleksija Makrokosmosa.

Govoreći jednostavnim terminima, koje će i trgovac na uglu razumeti, recimo: Po čemu je jabuka slična drvetu sa kog je ubrana? Po svemu i ni po čemu. Ima jabuka koje služe kao hrana i drugih, koje stižu da budu stabla. Sve one poseduju semena, ali se neće sve razviti. Samo neke stižu da budu stabla ili, što je isto, neophodni izvori istog ploda odakle su proizašle. Majstorstvo ima slične procese, ali ćemo to saznati kada se budemo našli na Putu.

Kao što vidimo, mnogo je onih koji nas još jednom podsećaju, na razne načine, na one reči tako sintetično i izvanredno zabeležene na frontispisu grčkog hrama i koje bismo svi morali da nosimo u srcu, kao kada je reč o nekoj kosmičkoj zapovesti ili desideratu. Treba potpuno da znamo da čovek teži ka duhovnom, jer je duhovni princip taj koji daje smisao realnosti, u ovom iluzornom svetu u kom se krećemo. Znati je deo pripreme. Eksperimentisati, razumeti i osvojiti je ono što su svi prosvetljeni umovi kazali, kažu i kazaće u svim vremenima.

Ovo stiže da potvrdi ono što je tvrdio veliki autor, pre nego što je ušao u III milenijum: „III milenijum ili će biti duhovan ili ga neće biti", odnoseći se na najočigledniji dualitet koji je postojao kod ljudi još u vreme Zarathustre. Postoje samo dva puta: Duhovna Svetlost ili fabrikovanje Ljudske Duše da bi se ujedinila i ustanovila u Kući Oca; ili Tmine i razgradnje, neizbežna i u isto vreme prirodna, jer svaka kreacija treba da stigne do poništenja formi, do dezintegracije principa, kako bi se oni ponovo upili u hindusku Pralaju, sve do njihovog izvornog mesta, Theomegalogosa ili Apstraktnog Apsolutnog Prostora, onako kako ga definiše Majstor Samael.

Verujem da u knjizi koju držimo u rukama ovaj princip daje plodove u izobilju, plodove koji nisu ništa drugo nego Svest, duhovno seme koje ima u svojim genima svu potrebnu mudrost da se razvija i da se uzdiže prema mestu svog porekla, odnosno: Domu našeg unutrašnjeg Oca-Majke, tamo, na finim granicama Univerzuma, jer, onako kako je rekao Hristos, mi smo stranci u svetu koji nam je stran, zato što onaj koji nam on obećava, pozivajući da ga sledimo, nije ovaj svet.

Na kraju, u ovoj knjizi o kojoj govorimo, možemo otkriti detaljnu panoramu sa kojom će se svaki putnik na putu, neofit ili ne, sresti ili ponovo sresti, ako se bude odlučio da stupi na tajni i jedini put koji će ga voditi od svog iluzornog i smrtnog stanja prema realnosti i duhovnosti i koji će se sigurno sudariti, sa manje ili više Svesti, sa onih 48 Zakona koji nas odvajaju od Apstraktnog Apsolutnog Prostora ili, da bismo bili razumljiviji, koji nas odvajaju od Boga.

Neka Mir prebiva u vašim srcima!

A.L.MA.

UVOD

Prvobitni cilj Gnosticizma je bio i uvek će biti oslobođenje ljudske duše od lanaca koji je vezuju za svet, kog orijentalne doktrine smatraju da je majasičan ili iluzoran. Sva gnostička literatura iz svih vremena nastoji na potrebi da oslobodi Pistis Sofiju (ljudsku dušu) iz nesreće u kojoj pati zbog činjenice što se udaljila od Aeona (energetske dimenzije, oblasti Svetlosti) i pala zarobljena u materiju, sa svim posledicama koje ona upliće. Ovu koncepciju nalazimo u mnoštvu tekstova gnostičkog karaktera, na primer, neki antički tekst, kog citira Petrement, kaže nam:

Ja sam bog, sin bogova, blistav, svetao, sjajan, radijantan i lep, ali sam sada pao u mizeriju. Bezbrojni i odvratni đavoli zauzeli su me i učinili me bespomoćnim.

Ovaj pad je učinio da Pistis Sofija izgubi sve svoje moći i božanske sposobnosti i, umesto onih svetlosti, ostala je zarobljena u hiljadama želja i abominacija koje su stare kulture nazivale na različite načine: crveni demoni Seta (stari egipćani), Kalyani i žuta lica (hindusi), onih četiri stotine suriana predvođenih od Coyolxauhquja (kod starih Nahua ili Asteka), psihološki agregati (po tibetanskoj doktrini i Lame Tsongkhape i po Budizmu Siddharte

Gautame), onih sedam kapitalnih grehova (po hrišćanskoj doktrini) itd, itd.

Sam Valentin, za koga se kaže da je kompilirao knjigu naslovljenu *Pistis Sofija*, deklariše:

I srce je imalo istu sudbinu kao i sklonište, prenoćište za grube osobe. Ove ne brinu o mestu, jer nije njihovo. Ista stvar se događa i kada ne vodimo brigu o srcu. Postaje nečisto i biva prebivalište za mnoštvo demona.

Himna koja se pripisuje Naasenima, stavlja na usne Isusa Hrista neke reči koje su upućene njegovom Ocu, o sudbini zalutale duše zbog svog pada; da vidimo:

Isus je rekao: pogledaj, Oče,
Ganjana od zlih, pusto greši:
Pokušava da beži od gorkog haosa,
Ali ne zna kako da ga pređe.

Veliki filozof i profesor Sorbonskog univerziteta, Serž Iten (Serge Hutin), ovako deklariše u svom opuskulumu, *Gnostičari*:

Okovan, bačen u niži i zlokobni svet, gnostičar se oseća napušten u pustinji i pustoši, žrtva ogromne i strašne samoće; očajno čezne za onostranim sveta, ka sferi koju percipira kao istinski život, slobodu i ispunjenost. Tako kao što kaže jedna od ključnih reči Gnoze, stranci smo u svetu, a svet nam je stran(ac). Gnostičar otkriva da po izvornoj suštini pripada onostranom svetu i nekoj rasi (genosu) onih Izabranih ili Nekolebljivih, superiornim bićima, hiperkosmičkim. Ako oseti da nije u svojoj otadžbini, ako se oseća izgnan u fizički svet, to je zbog toga što eksperimentiše tužnu nostalgiju prema izvornoj otadžbini odakle je pao.

Po Gnozi, ova animična (nap. p.: duševna) samoizolacija učinila je da ljudska duša postane nesposobna da razume božanske misterije i svedena je na stanje marionete, koju kontrolišu ove dijabolične kreature. Tako je spoznao čovek bol i smrt i, počevši od ovog momenta, njegovo stanje je bilo stanje zarobljenika Božanskih zakona, koji ga večno neprestano kažnjavaju.

Po Gnostčkim Jevanđeljima, pre anđeoskog pada, Pistis Sofija se radovala izvornoj blistavosti, a njeno boravište je bila Pleroma, Aeon u kom nikada ne nestaje Svetlost. Ovaj Aeon je među najuzvišenijim Aeonima, koji konstituišu Apsolut gnostičara.

Filozof i Venerabilni Majstor Samael Aun Weor nam ukratko opisuje ove presvete oblasti, ovako:

Apsolut je naš istinski dom odakle smo jednoga dana izašli i gde ćemo se nekog dobrog dana ponovo vratiti, odeveni u tuniku Majstora Kosmosa. Tamo ćemo živeti beskonačno srećni, u snažnoj mudrosti superiornih tmina (ovo treba da se razume kao iskustvo koje duša izvlači iz spoznaje koju daje greh, kada ga pobeđuje posredstvom prečišćavanja).

Gnoza kaže da u tim oblastima božanske manifestacije postoji samo jedan Zakon, koji nije ništa drugo nego Svemoćni Otac (Večiti Kosmički zajednički Otac) i, kao posledica toga, tamo vlada vrhovna sreća koja sve obavija.

U ovom Okeanu Svetlosti, po Gnozi, materija je uvek lišena greha i zbog toga tamo vlada red, totalna ravnoteža, večni mir itd, itd, itd.

U prošlom veku (XX), restaurator večite Gnoze, V.M. Samael Aun Weor je stvorio, na osnovu sopstvenih doživljaja i istraživanja, korpus doktrine koji otkriva sve misterije koje se odnose na oslobađanje animičnog materijala čovečanstva. Ovo doktrinarno telo sadrži ne samo dijalektiku, koja se sastoji iz više od sedamdeset dela i osam stotina konferencija koje je diktirao svojim učenicima, nego, pored ovih, sadrži izuzetnu didaktiku koja dopušta ljudskom biću da ostvari u sebi samom takozvanu unutrašnju revoluciju.

Ova revolucija na koju nas podstiče ovaj Venerabilni Majstor nazvana je u savremenoj gnostičkoj sredini „Revolucija Svesti“ i ona konstituiše osovinu aktivnosti koje se danas odvijaju u grupama ili u ustanovljenim gnostičkim kongregacijama, koje postoje na obe hemisfere našeg sveta.

Savremena Gnoza naziva ovaj Okean žive Svetlosti iz kog izvire univerzalni život, „APSTRAKTNI APSOLUTNI PROSTOR“ i opisuje ga, pomoću hebrejske Kabale, da je sastavljen od tri veoma svetih oblasti, a to su: AIN, AIN SOPH i AIN SOPH AUR.

U Samaelskom Gnosticizmu život izvire iz najokultnije oblasti ovog Apstraktnog Apsolutnog Prostora, odnosno, iz AINA. Iz ovog Svetog Prostora izvire Veliki Dah, iz kog se sve pojavljuje. Iz iste oblasti izviru tada takozvane Božanske Monade ili Realna Bića koja čeznu da dođu u Kreaciju da bi se ispoljavala, da bi osvojila mudrost dobra i zla i da bi se potom ponovo vratila ka polaznoj tački originacije, ali, ispunjena božanskim iskustvom, zahvaljujući inicijatičkim procesima koje treba da dožive na zemlji i koji su takođe opisani u Gnozi. Ako bismo pokušali da definišemo ili da opišemo ovaj Apstraktni apsolutni Prostor bilo bi potrebno da to uradimo pomoću nekog koji ga je eksperimentisao, koji ga je poznavao. Na svu sreću, ovaj neko postoji u osobi Venerabilnog Patrijarha Samaela Aun Weora; da vidimo:

Apsolut je onostrano od duha i onostrano od materije, ali je on uzrok za oboje. Apsolut nije vatra, ali je uzrok vatre. Apsolut je Svetlost ispunjena blistavošću koju, pošto je ne razumemo, nazivamo tminama, jer nas prejaka svetlost zaslepljuje.

Apsolut je onostrano od dobra i zla. Apsolut je onostrano od vremena i prostora, onostrano od broja, granica i oblika, onostrano od razuma i intuicije, onostrano od ovog i onog, od strana, od veza ili od količine.

Apsolut je onostrano od ćutnje ili zvuka i od čula koja ga percipiraju.

Apsolut je „Ne-Biće koje je Realno Biće, nazivamo ga „Ne-Biće" jer je Biće toliko čudno za nas i toliko udaljeno od načina na koji mi razumemo život, pa ga nazivamo „Ne-Biće", upravo zbog toga što ga ne razumemo.

Apsolut se sastoji od dahova ili Zrakova. Postoje Zraci koji imaju dušu i Zraci koji je nemaju. Dahovi koji poseduju dušu jesu svesni sopstvene slave, sopstvenog Bića i sreće i oni su Bogovi koji su se oslobodili od Zakona prirode i žive u sreći koju ljudska bića ne mogu da shvate.

A Zraci ili dahovi koji nemaju dušu, ne poznaju sebe i nisu svesni sopstvene slave (to su Monade koje nisu Autorealizovane); njihova Svest pripada Apsolutu, ali oni još ne mogu da kažu „Ja sam Apsolut". Radi toga, prvo treba da se spuste u kosmičku baštu (Kreaciju) i da osvoje dijamantsku dušu.

Apsolut je sejač koji kultiviše svoja semena u kosmičkoj bašti, a kada stigne Velika Kosmička noć žanje plodove koji su već uzreli i sa njima se više obogaćuje večnost.

Svake Kosmičke noći – Apsolut je savršeniji, a svakog Kosmičkog dana – Beskonačnost je beskonačno savršenija.

Slava našem Hvaljenom (Slavljenom), sada i za vek vekova. Amin.[*]

U ovom transcendentalnom delu savremenog Gnosticizma, cenjeni Majstor Samael nam govori nešto više o prirodi Apsoluta; da vidimo:

Apstraktni Prostor je "Causa Causorum" (Uzrok uzroka) svega što jeste, što je bilo i što će biti. Dubok i Srećan Prostor za istinu Inkomprehenzibilan (neshvatljiv) neizreciv „Seitet" (nap. prev.: Onostrano Božanskom koje se ne rađa, ne umire i ne inkarnira se), mističan neizreciv koren svih sedam Kosmosa, tajanstvena originacija svega onoga što poznajemo kao Duh, Materija, Univerzumi, Sunca, Svetovi, itd.

Apsolutnost je Slobodan Život u svom kretanju, to je Vrhovna Realnost, Apstraktan Prostor koji se izražava samo kao Apstraktno Apsolutno Kretanje, neograničena Sreća, potpuna Omnisciencija (Sveznanje). Apsolutnost je netvorna Svetlost i Savršena Ispunjenost, Apsolutna Sreća, Slobodan Život u svom kretanju, Život bez uslova, bez granica.

U Apsolutnosti prelazimo onostrano od Karme i Bogova; onostrano od Zakona. Pamet i individualna Svest služe samo da nam muče život. U Apsolutnosti nemamo individualnu Pamet, ni Svest. Tamo smo Neuslovljeno Biće, slobodno i apsolutno srećno.

---

[*]   Tarot i Kabala, pogl. 46. – „Apsolutnost".

*Apsolut je Apstraktni Apsolutni Prostor, Apstraktno Apsolut-
no Kretanje, Apsolutna Sloboda bezuslovna, bezrezervna, Ap-
solutna Omnisciencija i Apsolutna Sreća.*

*„Ono" je Duh? Za istinu vam kažem da nije. „Ono" je Materi-
ja? Istinito vam govorim da nije.*

„Ono" je koren Duha i Materije, ali nije ni jedno ni drugo.

*„Ono" transcendentira zakone broja, mere i težine, dužinu i
širinu, količinu, kvalitet, napred, nazad, gore, dole, itd.*

*„Ono" je nepromenljivo u najdubljoj Božanskoj apstrakciji,
Svetlost koja nikada nije bila stvorena ni od jednog Boga i ni
od jednog čoveka, „Ono" što nema imena. Brahma je duh ali
„Ono" nije duh.**

Tamo, u onom AINU duboko nepoznatom sebi samom,
Gnoza postavlja Vrhovnu Inteligenciju koju određuje kako, kada i
gde će se odvijati ono što nazivamo „Kosmičkim danom" ili „MAHA-
MANVANTAROM", po budističkom ortodoksizmu. Ovu supremnu
inteligenciju nazvali su gnostičari „THEOMEGALOGOS", izraz grčkog
porekla koji se ovako prevodi: Theos (Gospod), Mega (veliki) i Lo-
gos (reč). Proizilazi da je Theomegalogos Gospod Velike Reči. Ovaj
božanski tvorac, gnostički rečeno, duplira se u Armiju Svetlosti, koja
se sastoji, takođe, od velikih božanskih jerarha ili jevrejskih Elohima
i tako se zacrtava kosmički plan koji obuhvata sve što nazivamo
život, u svojim mnogostrukim i različitim manifestacijama.

Interesantno je da naznačimo da Gnoza postavlja prvobitnu
materiju sa kojom se realizuje Kreacija, upravo u nedrima ovog
Apstraktnog Apsolutnog Prostora. Ova materija, koju gnostičari
nazivaju „PRAKRITI", koristeći hindusku terminologiju, bila bi situ-
irana na početku Kosmičkog dana, koja se sastoji od tri specifičnih
kvaliteta, nazvanih „Gune". Reč „Guna" tačno se definiše ili interp-
retira kao „prvobitni kvalitet haotične ili primarne materije".

Jedna je Guna Rayas, druga je guna Tamas i pored ove dve
je Guna Sattva. Rajasička guna definiše karakter „akcije" Bića,
Tamasička guna označava karakter „non-akcije" Bića, a Satvička
guna pokazuje „ravnotežu" Bića. Neosporno, za gnostičare, BIĆE nije

---

* *Tarot i Kabala, pogl. 46: „Apsolutnost".*

filozofska teorija niti neki koncept. Biće, gnostički rečeno, treba da se tumači kao Božanska energija koja trepti u unutrašnjosti Čoveka, drugim rečima, Pneuma ili Božanski Duh u svim starim gnostičkim spisima i on je aktuelan i prisutan u svim detaljima čovečijeg života.

Savremena Gnoza poseduje ezoteričke metode i discipline koje omogućavaju da svaki muškarac i svaka žena stignu da spoznaju svoju istinsku unutrašnju realnost, a to je njihovo Realno unutrašnje Biće; ovo Biće, koje stiže da bude ista Monada o kojoj nam govori Lajbnic i koja, zbog Pitagorine doktrine (suštinski gnostička) je ostala sa nazivom PITAGOREJSKA MONADA, u zori ove prvobitne kreacije ili Kosmičkog dana, šalje svoju ljudsku dušu, koja će morati da se spusti iz Aeona ili viših dimenzija Prostora sve do zemaljskog sveta ili materijalnog sveta i, kada jednom ovde stigne, treba da se bori kako bi se ponovo ujedinila sa Božanskim duhom iz kog je izašla. Ovo dugo i naporno putovanje duše je ono što gnostičari naših dana nazivaju Intimnom Autorealizacijom Bića.

Gnostička Teologija odlučno ukazuje da je ljudska duša, duša anđela, Bogova i Božanstva u Univerzumu, struktura svetova, galaksija itd, bila je i jeste sastavljena iz kosmičke materije (Prakriti, hinduskim jezikom) sa ranije određenim opisanim karakteristikama pomenutim u vezi sa Gunama. Pre početka Kosmičkog dana ili Maha-Manvantare, dotične Gune su bile u ravnoteži jer su bile povezane sa voljom PANTOKRATORA ili Boga Tvorca.

Ali, kada jednom započne Kreacija i, u nastavku, pojavom Kosmosa u kojima se odvija život, u raznim svojim aspektima, Gune ili Haotične karateristike materije počele su da izlaze iz ravnoteže upravo zbog svog udaljavanja od vrhovne volje. Iz ovog razloga, stvoreni su svakojaki Zakoni, da bi regulisali dotične redove svetova i sve što je bilo generisano u njima.

Na nesreću, za Pistis Sofiju (ljudsku dušu) ovi Zakoni su se materijalizovali u razne vrste uticaja (pozitivnih ili negativnih) i prepreka koje su se stabilisale i koje se tako pretvaraju u prostore koji treba da budu ponovo osvojeni i u probe koje treba da prođe Pistis Sofija na svom inicijatičkom putu. Nesumnjivo, kada jednom pada u nemilost, kada postaje zarobljenik svih ovih Zakona, Pistis

Sofija nosi karakteristike sopstvene kosmičke materije, potpuno neuravnotežene.

Na ovaj način, Rajasička Guna se pretvara u egoičku akciju (umesto akcije Bića), Tamasička Guna se pretvara u non-akciju Ja ili životinjskog Ego-a (odnosno, u lenjost i odbijanje akcije Bića), a Satvička Guna nestaje i zajedno sa njom nestaje i animična ravnoteža. Ovaj nered se pretvara u obični uzrok svih patnji čoveka na zemlji i doprinosi očvršćivanju psihičkog testa koji zarobljava i konstantno bičuje Pistis Sofiju.

Ako napravimo račun, kog Gnoza opisuje pomoću hebrejske Kabale, čovek i njegov animični materijal odvojeni su od vrhovne volje Tvorca posredstvom četrdeset i osam Zakona kosmičkog karaktera.

Prisutni traktat je ostvareni napor, kategoričkim imperativom, koji pokušava da objasni ljubiteljima otkrovljene spoznaje (Gnoze) koji su i u čemu se sastoje kosmički Zakoni. Tako će gnostički studenti razumeti i bolje usvojiti rad koji treba da realizuje kako bi se duša ponovo uzdigla na nebesa, kao i sve detalje dupliranja energije PANTOKRATORA, da bi mogla da nastavi hod prema Velikoj Svetlosti svih Svetlosti; drugim rečima, da bi se mogla ujediniti sa početnom tačkom originacije, odakle proizilazi sve i gde sve treba da se vrati!

Neosporno, treba da razjasnimo čitaocu da onda kada se jednom Kosmički dan ili Maha-Manvantara završi, čitava kosmička kreacija i svi Zakoni koji su u njenom sastavu biva upijena u sveprisutni i sveprodorni dah, koji je učinio dodirljivom, i tako se ponovo vraća u dubinu Apsoluta da bi ušla u mirovanje za vreme Kosmičke noći, koju hindusi nazivaju Mahapralaya. Sa tačke gledišta Gnosticizma, ostaće tamo, metaforički rečeno, za vreme sedam večnosti.

Oremus...

Kwen Khan Khu

OPIS KOSMIČKIH ZAKONA

1

ZAKON
UNIVERZALNE EMANACIJE

Večnost kida bilo koju meru i
ništava svako poređenje.
Pierre Nicole

Predstavlja prvi Zakon, po kom vrhovni tvorac, božanski Theomegalogos, čije je prebivalište u oblasti AINA, određuje posredstvom supremne zapovesti početak novog Kosmičkog dana. Tada, božanski Gospod Velike Reči izbacuje iz sebe samog Sveti Zrak Okidanock (električni vihor koji poseduje Sveznanje i koji ima kapacitet da u sve prodre) da pređe oblasti AIN SOPH i AIN SOPH AUR iz Apstraktnog Apsolutnog Prostora i da oplodi prvobitnu Haotičnu materiju, utrobu Kosmičke Majke, božansku Mulaprakriti. Ovaj prvi Zakon poseduje tri nemanifestovana sastojka, a koji su obuhvaćeni u ovom jedinom Zakonu.

Kada je Theomegalogos odlučio da inicira aktuelni Kosmički dan, dogodilo se sledeće, kao što opisuje sopstvenim rečima Majstor Samael Aun Weor:

Kada se najavljuje Aurora Kosmičkog dana, Univerzum od terora podrhtava. U Svesti Bogova i Ljudi pojavljuje se čudan i zastrašujući suton, a Netvorna Svetlost počinje da se udaljuje od njihove Svesti.

Tada su Bogovi i ljudi kao deca plakali pred Zorom Velikog Kosmičkog dana. Kauzalni Logos prvog trenutka podseti Bogove i ljude na njihove karmičke dugove i započinje peregrinacija čovekova iz jednog u drugi svet, sve do Zemlje, gde sada živi potčinjen „Točku Rađanja i Smrti", sve dok ne bude naučio da živi vođen Zakonom Ljubavi.

*Na početku Aurore Maha-Manvantare, Heterogenost se pojavljuje iz Homogenosti, Armija Glasa (Bog) ponovo se rađa da bi ponovo Stvarala.**

Sada, voljeni čitaoče, kada se pred nama pojavljuje ogromni i neprikosnoveni apsolut, samo nam *Rig Veda* može rezimirati, pomoću njenih stihova, ono što opstaje u večnom uzroku postojanja; da vidimo:

Ništa ne postoji, uopšte ništa;

Blistavo nebo ne postoji;

Niti se ogromni nebeski svod u visini razvija.

Šta sve prekriva? Šta ga obavija? Šta ga krije?

Da li je to bio ambis neprodornih voda?

Smrt ne postoji, ali ništa besmrtno nije bilo.

Između dana i noći međa nije postojala.

Samo JEDINI, samim sobom, neoduševljen je disao,

I niko drugi kog bi on ikad imao.

Vladale su tmine i sve je na početku bilo skriveno

U dubokom mraku; okean bez svetlosti.

Iz klice koja je do sada bila skrivena u ljušturi,

Iz žarke toplote, eto izvire priroda jedna.

Ko poznaje tajnu? Ko ju je otkrio?

Odakle se, odakle, pojavila ova Kreacija ispunjena formama?

Sami Bogovi su kasnije stigli na egzistenciju.

Ko to zna odakle se pojavila ova velika Kreacija?

---

* *Tarot i Kabala*, pogl. 46: „Apsolutnost".

Onaj iz koga se pojavila ova ogromna Kreacija,

Koju je njegova volja stvorila, izmenio je.

Najviši Prorok, sa najvišeg neba,

On je poznaje, a možda ni on.

Kontemplirajući večnost...

Pre nego što cement zemlje bude izliven, bio si ti.

I kada se podzemna vatra oslobodi okova i formu proguta

Isto ćeš ti biti, kao i pre, upravo tako,

Nisi se izmenio, onda kada vreme još nije postojalo.

O! Beskrajna Inteligencijo, božanska večnosti!...

Oremus...

2

ZAKON EKSPANZIJE, ZAKON TRIAMAZIKAMNO ILI ZAKON TROJKE

*Ako bi vrata percepcije bila očišćena, sve bi
se videlo tako kako je: beskonačno.*
Blake

Izraz Triamazikamno je grčkog porekla i određuje one Tri prvo-
bitne sile Kreacije. Na grčkom, „tria" znači „tri", „mazi" znači
„ujediniti", a „kamno" ima prevod „stvoriti". Znači, dotični Za-
kon se odnosi na Tri sile, koje kada su ujedinjene, stvaraju. U vezi sa
ovim aspektom Gnoza nam kaže sledeće:

*Trostruke moći, Zakon Trojke, one Tri primarne sile Prirode i
Kosmosa jesu Sveta Afirmacija, Sveta Negacija, Sveta Kon-
cilijacija; Otac, Sin, Sveti Duh; Pozitivna sila, Negativna sila,
Neutralna sila.*

*One Tri primarne sile Prirode i Kosmosa, jesu neophodne da
bi stvarale i ponovo stvarale. Kada ove tri sile teku u različitim
pravcima, ništa se ne može stvoriti. Da bi se pojavila nova
kreacija, ove Tri primarne sile moraju da se ujedine u jednoj
datoj tački.*

*Oblasti onih Triju Amina simbolisane su pomoću Trougla one
Trojice Supremnih, koji se nalaze odvojeni od ostatka Univer-
zuma provalijom koju intelektualni humanoid nikada ne bi
mogao da pređe.*

Starac Dana je Prva aktivnost Manifestacije i Kretanja, to je stanje čistog ponovnog postojanja. Hristos, Logos, jeste Drugi primordijalni (prvobitni) koji blista u Zodijačkom pojasu. Iz Logosa izlazi zmija koja ustima grize svoj rep – Treći primordijalni.

Postoje Tri svedoka na Nebu: Otac, Logos i Sveti Duh; i Tri Svedoka na Zemlji: Sumpor, Krv i Voda. Potrebno je da se u čoveku kristališu Tri Primarne sile Prirode i Kosmosa. Sakralno Apsolutno Sunce želi da učini da se u svakome od nas kristališu Tri Primarne sile. One Tri Primarne Sile izlaze iz Velikog Daha i ponovo se upijaju u Veliki Dah. Veliki Dah izvire iz Sakralnog Apsolutnog Sunca, a na kraju Velikog Dana ponovo se upija u Sakralno Apsolutno Sunce. Ne bi bila moguća kreacija ako se prethodno Veliki Dah ne bi duplirao u one svoje Tri Sile: Pozitivnu, Negativnu i Neutralnu. Kada ove Tri izvorne Sile padaju ili se podudaraju u istoj tački, realizuje se jedna Kreacija.

Veoma je interesantno da vidiš one tri sile u akciji: one se odvajaju, udaljuju se i tada se ponovo susreću da bi oblikovale nova trojstva koja stvaraju nove svetove, nove kreacije. U Apsolutu one tri sile jesu jedini Logos, Armija Glasa unutar velike jedinice slobodnog života u svom kretanju.

Stvaralački proces svetog kosmičkog zajedničkog Triamazikamna započeo je seksualnim dejstvom reči jer:

«U početku beše Reč, i Reč beše u Boga, i Bog beše Reč. Ona beše u početku u Boga. Sve je kroz Nju postalo, i bez Nje ništa nije postalo što je postalo.»[*]

Pošto je Venerabilni Majstor Samael bio neposredni svedok kreacije ove Maha-Manvantare, on nam kazuje kako se ova Armija Verbuma, sastavljena od Elohima, pokorila zapovesti VELIKOG DAHA Theomegalogosa i dala je oblik kosmičkom planu, u skladu sa Zakonom Večitog Triamazikamna; da vidimo:

U skladu sa sakralnim Zakonom svetog Heptaparaparshinocka (Zakon sedmice), u Haosu se stabilisalo sedam hramova radi konstrukcije ovog Solarnog sistema. U skladu sa sakralnim zakonom Triamazikamnom (Zakon trojke), u svakom

---

hramu Elohimi su se rasporedili u grupe po tri da bi pevali Liturgiju Vatre.

Rad koji učini da bude plodna Prakriti (odnosno haos, Kosmička Majka, Velika Utroba), uvek je pripadao presvetom Teomersmalogosu. U svakom hramu grupe su se ovako organizovale:

1. Sacerdot,

2. Sacerdota,

3. Neutralna grupa Elohima.

Ako imamo u vidu da su Elohimi androgini, onda je jasno da su oni morali da se polarizuju u muškom, ženskom i neutralnom obliku, po volji, u skladu sa sakralnim Kosmičkim Zajedničkim Triamazikamnom. Sacerdot (sveštenik) i Sacerdota (sveštenica) su ispred Oltara, a androgini hor Elohima je na prizemlju hrama.

Pevali su rituale Vatre, a seksualna moć reči je oplodila Veliku utrobu Haosa i tako se rodio

*Univerzum. Anđeli stvaraju snagom reči. Grlo je uterus (materica) gde se rađa reč.**

Naš čitalac treba da razume da je ovaj elektricitet dete pozitivnog pola, negativnog pola i neutralne sile koja izmiruje. Radi stvaranja novog ljudskog bića potreban je pozitivan pol (muškarac), negativan pol (žena) i neutralna sila koja izmiruje oba pola (seksualna sila). Čovek ima u svojoj konstituciji tri nervna sistema, u skladu sa Zakonom Trojke. Dakle, imamo simpatički nervni sistem, parasimpatički nervni sistem i centralni nervni sistem. Takođe, u našem organizmu se nalaze tri strukture: koštana struktura, mišićna struktura i tečna struktura. Prema tome, u ovom Zakonu Triamazikamno nalazi svoje poreklo ekspanzija života, nakon velike emanacije.

Pored ovog, V.M. Samael nam je ostavio ove interesantne paragrafe za čitanje:

* *Ezoterički traktat Hermetičke astrologije, 2. pogl. – „Bik".*

Naši gnostički studenti nikada ne treba da zaborave ono što predstavljaju one tri sile nazvane Otac-Sin-Sveti Duh. Ove tri sile konstituišu sveti Triamazikamno. Ovo je Sveta afirmacija, Sveta negacija i Sveta rekoncilijacija (izmirenje); Sveti Bog, Sveti nepromenljivi, Sveti besmrtni. U Gnostičkoj ezoteričnoj nauci ove tri nezavisne sile imaju sledeća imena:

SURP-THEOS: sila koja podstiče, afirmativna, pozitivna sila.

SURP-YSKIROS: negativna sila, sila negacije, sila otpora.

SURP-ATHANATOS: sila koja izmiruje, oslobodilačka, sila koja neutrališe.

U radijusu kreacije ove tri sile izgledaju kao tri volje, tri svesti, tri jedinice. Svaka od ovih Triju sila sadrži u sebi sve mogućnosti svih triju. Ali u njihovoj spojnoj tački svaka manifestuje samo svoj princip: Pozitivan, Negativan ili Neutralan.[*]

Nesumnjivo, sa gnostičke tačke gledišta, Zakon Trojke nas uvlači u sve materijalne i duhovne činioce naše egzistencije. Zato nam se kaže:

Pravi uglovi zdesna, i Trouglovi, i njihovi Oktogoni, u svojim različitim aspektima predstavljaju zapravo osnovu Velikog Dela. Pravi uglovi pravog (pravilnog, pravičnog) ponašanja i Oktogoni Osmostruke Putanje, u svojim različitim aspektima, jesu osnove Velikog Dela. Šest meseci udesno i šest meseci ulevo, svojim trouglovima i pravim uglovima i oktogonima u svojim različitim aspektima, obuhvataju, u sintezi, rad Velikog Dela. Trouglovi označavaju Tri Primarne Sile Prirode i Kosmosa.

Čitav Tajni Put koji vodi finalnom Oslobođenju obeležen je Trouglovima, Pravim uglovima i Oktogonima.

Seksualna energija Trećeg Logosa ima tri načina da bi se ispoljavala:

Reprodukcija vrste;

Evolucija ljudske rase;

Duhovni razvoj.

---

[*]   *Ezoterički traktat Hermetičke astrologije, 2. pogl. „Bik".*

Kundalini je ista vrsta energije kao i ona sa kojom Treći Logos stvara sve elemente zemlje. U Prirodi postoje tri vrste energije:

Oca; Sina; Svetog Duha.

U Indiji, Otac je Brahma; Sin je Višnu (Vishnu); Sveti Duh je Šiva (Shiva). Sila Svetog Duha treba da se ponovo vrati prema unutra i nagore. Hitno je da se seksualne sile sublimiraju sve do srca. U ovom magnetskom centru pomenute sile mešaju se sa silama Sina da bi se uzdizale u Više svetove.

Energije Svetog Duha silaze do seksualnih organa, energije Sina silaze do srca i energije Oca do pameti. Ponovo se vraćamo posredstvom energija Svetog Duha i na ovom povratku postoje divni susreti. U srcu se srećemo sa Hristom, a u pameti sa Ocem. Ovi susreti znače povratak prema unutra i nagore. Tako prelazimo onostrano Četvrtoj, Petoj i Šestoj dimenziji Prostora. Tada se totalno oslobađamo.[*]

Zaključujemo kazivajući našem čitaocu da je u okultnoj hemiji Kauzalno telo simbolizovano pomoću slova C (ekvivalentno sa telo sa slovom N (što aludira na Azot).

---

[*] *Savršeni brak, pogl. 33. „Hristos".*

3

ZAKON SVETOG HEPTAPARAPARSHINOKA ILI ZAKON SEDMICE

> Bog nalazi sebe stvarajući.
> *Rabindranath Tagore*

Počnimo sada opisivanjem sledećeg transcendentalnog Zakona, među onima koje su bili analizirani u minulim vekovima od strane Gnosticizma, a to je ZAKON SVETE SEDMICE ili ZAKON HEPTAPARAPARSHINOCK. Ovo je Zakon koji je primorao STVARALČKE ELOHIME ili ONIH SEDAM KOSMOKRATORA prvog trenutka da stvore onih Sedam fundamentalnih Kosmosa u utrobi Haotične materije ili Sakralnoj utrobi Kosmičke Majke. Ovih Sedam Kosmosa jesu sledeći:

1. PROTOKOSMOS (Prvi Kosmos ili prvi red svetova) u kom postoje samo duhovna sunca koja će konstituisati silu i podršku svim fizičkim suncima koja će se kasnije pojaviti u egzistenciji.

2. HAGIOKOSMOS (Sveti Kosmos), mesto u kom Gnostička kabala lokalizuje Univerzume.

3. MAKROKOSMOS (ili Veliki kosmos), rezidencija Galaksija.

4. DEUTEROKOSMOS (Drugi red svetova), koji se sastoji od fizičkih sunaca odgovarajućih Galaksija.

5. MEZOKOSMOS (Srednji kosmos), koji sadrži planete odgovarajućih sunčevih sistema.

6. MIKROKOSMOS (Mali kosmos) koji je konstituisan, na odličan način, od ljudskih stvorenja. Zbog toga, u hermetizmu se kaže da je čovek Mikrokosmos, refleksija Makrokosmosa.

7. TRITOKOSMOS (treći red svetova) u unutrašnjosti svake planete. Grci su nazivali ove oblasti „Tartarus", Hindusi ih nazivaju „Avitchi", a stari Rimljani su ih nazivali „Avernus".

Naš prijatelj čitalac treba da zna da u ovim Kosmosima postoje razne vrste i podvrste energija koje, kada se kondenzuju proizvode materijalizaciju i, kao posledica toga, za koliko je veća materijalizacija za toliko je veća udaljenost od božanskih ili suptilnih dimenzija viših Kosmosa. Ovo u Gnozi nosi naziv udaljavanje od Apstraktnog Apsolutnog Prostora gde, kao što smo ranije rekli, guvernira samo Zakon VEČITOG ZAJEDNIČKOG KOSMIČKOG OCA.

Neosporno, treba da podvučemo da se ovaj Zakon Heptaparaparshinck oseća i manifestuje u čitavoj Kreaciji, zbog toga što mu pripada zadatak da organizuje ostvarenu Kreaciju od Zakona Trojke ili Večitog Triamazikamna. Zbog toga, u gnostičkoj doktrini se izjavljuje kao aksiom: „Zakon Trojke stvara, a Zakon Sedmice organizuje".

Iz ovog razloga, i kao korolar, zabeležimo ovde samo nekoliko primera koji ističu organizacionu silu ovog svetog Zakona; da vidimo:

A. Postoje sedam prvobitnih Kosmokratora: Mihael, Gabriel, Rafael, Uriel, Samael, Zahariel i Orifiel.

B. Ovi Kosmokratori guverniraju svaku od sedam planeta koje pomažu, sa astrološke tačke gledišta, evoluciji Zemlje, naše planete.

C. Postoji sedam istina, sedam Jevanđelja ili sedam kosmičkih desiderata. Sada se nalazimo u Petom Jevanđelju, u petoj istini, a onaj koji je ispoljava je Anđeo Samael, Avatar Vodolije i Buda Majtreja po proroštvu japanskog Zen Budizma.

D. Svaka planeta našeg Sunčevog sistema treba da ima Sedam ljudskih rasa, a svaka rasa, takođe, sedam podrasa. Naš aktuelni svet Zemlja nalazi se sada u Petoj rasi, Arijanskoj rasi, a ova Rasa je već dala onih sedam podrasa, rasprostranjenih na pet kontinenata Zemlje.

E. Spuštanje kosmičkog života, sve do njegove materijalizacije u Fizičkom svetu, realizuje se posredstvom onih Sedam rondova. Prvi je Mentalni rond (gde se sav život sastoji od mentalne energije). Drugi je Astralni rond, za čije vreme život poprima astralne karakteristike. Treći rond je Eterički i, u toku ovog perioda, život je u potpunosti eterički. Četvrti rond je Fizički rond, tada se pojavljuje fizički život, ćelijski život, opažljiv ljudskim čulima. Za vreme Fizičkog ronda svaka planeta treba da dâ sedam rasa, kao što smo ranije rekli. Sledeći rond je peti kada se sav život svetova vraća u Eterički svet. Takođe, Šesti rond čini da se život planeta vrati u astralnu atmosferu; i, na kraju, Sedmi rond čini da život bude ponovo progutan od mentalne atmosfere. Kada se ovo dogodi, tada se Zemlja, u našem slučaju, svodi na klice koje će kasnije biti upijene od istog Zraka iz kog se pojavio život na svom početku i taj zrak Gnoza naziva Zrak Okidanock. Ovaj zrak uvodi germinalni život, koji je bio naš svet, u dubine Apstraktnog Apsolutnog Prostora i tada počinje Kosmička noć ili Mahapralaya. Za njeno vreme klice spavaju u toku sedam večnosti.

F. Sveta knjiga Apokalipsa, delo koje pripada jasnovizionaru sa ostrva Patmosa, Ioannesu ili Jovanu, govori o sedam truba, koje se odnose tačno na sedam istina o kojima smo ranije govorili.

G. Isto tako, Apokalipsa, govori o Knjizi sa Sedam pečata. Ova knjiga je zapravo čovek sa svojih sedam božanskih sposobnosti. Sa druge strane, svaki pečat predstavlja jednu epohu ili period koji je doživela naša Arijanska rasa.

H. Autorealizovan Čovek, Solarni Čovek, o kome nam govori Gnoza, treba da bude sastavljen od Sedam merkurskih tela, a to su:

1. Fizičko telo,

2. Eteričko telo,

3. Astralno telo.

4. Mentalno telo,

5. Kauzalno telo,

6. Budičko ili Intuicionalno telo,

7. Atmičko telo.

I. Svako od ovih sedam prethodno navedenih tela, treba da bude osvetljeno od sedam Božanskih vatri, koje u Gnozi nazivamo Vatrene Zmije i Svetlosne Zmije.

J. Priroda svakog od ovih Solarnih tela koje smo već pomenuli sadrži sedam centara ili čakri, ili fakulteta metafizičke percepcije, kao što sledi:

1. Čakra Muladhara (u repnoj kosti). Pridaje moći nad Elementom Zemlja.

2. Čakra Svadhisthana (prostatička kod muškarca i na nivou materice kod žena). Dopušta da se kontroliše Elemenat Voda.

3. Čakra Manipura (odgovara solarnom pleksusu). Daje moći nad Elementom Vatra i razvija sposobnost telepatije.

4. Čakra Anahata (u vezi sa srcem). Pomaže da spoznamo sposobnost intuicije, slušamo volju Oca i osećamo ga.

5. Čakra Vishuddha (u vezi sa grlom). Pridaje magični sluh, dopušta nam da percipiramo glasove Majstora iz nevidljivih svetova.

6. Čakra Ajna (se nalazi u prostoru među obrvama i ima kao osnovu sakralni atom). Dopušta ljudskom biću da vidi ultra Prirode i Kosmosa, što bi predstavljalo ultraviziju (vidovitost).

7. Čakra Sahasrara (povezana sa pinealnom žlezdom u ljudskom mozgu). To je Kruna Svetaca. Pridaje dar Sveznanja (Omnisciencije).

K. Pali čovek, uspavan u svojoj Svesti, nalazi se u zarobljeništvu sedam kapitalnih grehova: Gneva, Lakomosti, Zavisti, Bluda, Gordosti, Lenjosti i Gurmanizma.

L. Po Gnozi, u svetu postoji sedam tipova osoba ili sedam tipova ljudi; da vidimo:

1. Motorno-instinktivno-seksualni čovek,

2. Emocionalni čovek.

3. Intelektualni čovek,

4. Psihološki čovek,

5. Čovek sa realnim Astralnim telom,

6. Čovek sa sopstvenim Mentalnim telom,

7. Kauzalni čovek ili Čovek sa telom Svesne volje. Zemaljski pseudočovek naših dana percipira u solarnom spektru samo sedam boja, izvedenih iz prizme.

M Sakralni hrišćanski spisi govore o sedmorici glavnih proroka u redovima Izraelskog naroda: Isaja, Ilija, Ismail, Danijel, Jezekilj, Samuel i Zaharije.

N. Po Teurgiji ili Umetnosti Evokacija, mračne sile se manifestuju posredstvom sedam demonskih glavnih sila; ove su:

1. Chavajoth (izgovara se „Havajot"),

2. Belial,

3. Samgabiel,

4. Andrameleck,

5. Sanagabril.

6. Lilith-Nahemah,

7. Moloch (izgovara se Moloh).

O. Zohar ili Knjiga sjaja, od Rabina Simeon Bar Yochaia, govori o Sedam Nebeskih palata i Sedam Paklenih boravišta, odnoseći se na više i niže dimenzije prostora.

P. Isus, Majstor nad Majstorima, Veliki Kabir iz Galileje, čije je tajno ime Aberamentho, dok je bio u agoniji na krstu, izgovorio je sedam reči koje imaju snažne ezoteričke reperkusije transcendentalnog karaktera.

Q. Postoje sedam tajnih stepenika na koje svaki Inicijat treba da se diže: Traženje (sakralne spoznaje), Inicijacija (u misterijama), Agonija (za vreme kada pokušava da razume svoje nepoželjne psihološke agregate), Smrt (mističkog karaktera, smrt životinjskog Ego-a kog svaki muškarac i žena nose u unutrašnjosti, sinteza onih sedam kapitalnih grehova), Vaskrsenje (Vaskrsenje unutrašnjeg Hrista ili Salvator Salvandus-a – Spasitelja – gnostičara svih vremena), Vaznesenje (uzdizanje k Ocu koji je na nebesima, spajanje sa Keterom hebrejske Kabale, Spoznajnim Adi-Buddhom) i Konsumacija (povratak k zvezdama ima vrhunac kada Inicijat ulazi u Ain Soph hebrejske Kabale i ujedinjuje se sa Adi-Buddhom Nespoznajnim).

R. Mojsijeva hebrejska Geneza (Postanje) nam kaže da je svet bio stvoren za sedam dana (svaki dan treba da bude tumačen kao period od miliona godina). Istovremeno, ova Geneza treba da bude u vezi sa alhemijskim delom koji treba da se realizuje, odnosno, da se stvaraju onih Sedam Merkurskih tela Adepta.

S. Nedelja ima sedam dana, kao što svi znamo: Ponedeljak (posvećen Mesecu), Utorak (posvećen Marsu), Sreda (posvećena Merkuru), Četvrtak (posvećen Jupiteru), Petak (posvećen Veneri), subota (posvećena Saturnu) i Nedelja (posvećena Suncu).

T. Univerzalni zvuk je sastavljen od sedam muzičkih nota: DO-RE-MI-FA-SOL-LA-SI.

U. Krv u ljudskom telu se obnavlja u krvnim sudovima svakih sedam godina.

V. Postoji Sedam ezoteričkih Radijusa (Zrakova) koji definišu specifičan predmet kom se posvećuje bilo koji Autorealizovani Majstor:

1. Zrak Sile ili Moći,

2. Zrak Medicine,

3. Zrak Umetnosti,

4. Zrak Mudrosti,

5. Zrak Zakona,

6. Zrak Volje,

7. Zrak Mistike.

W. Po Gnozi, svaka godina života neke osobe je sastavljena iz sedam perioda – svaki od 52 dana. Ovo predstavlja bioritam svake osobe, koji određuje momente dobrobiti i produktivnosti ili momente neraspoloženja i nedostatka materijalnih i duhovnih plodova. Ovo se transcenduje (prevazilazi) kada se osoba posveti intimnom psihološkom radu i ispravlja svoje psihičke anomalije.

ZAKON KARME

Pravosuđe je kraljica i gospodar svih vrlina.
Cicero

V.M. Samael je tvrdio sledeće:

Možemo i treba da klasifikujemo mnoštvo uzročnika egzistencije na tri kategorije:

1. Fizički uzroci,

2. Metafizički uzroci,

3. Karmički uzroci.

Prvu kosmičku kategoriju kauzaliteta (uzročnika) studirali su već naučnici, ali površno. Drugu kategoriju kosmičkog kauzaliteta ispitivali su, veoma duboko, orijentalni mudraci. Treću kategoriju kosmičkih uzročnika izučavali su otvorenim okom Dangma Jivanmukta ili Autorealizovani Adepti.

U prvu kategoriju su uključeni svi poznati fizički zakoni (gravitacija, kohezija itd). U drugoj kauzalnoj kategoriji nalazi se veoma dobro skrivena želja da se živi u fizičkom svetu, aspiracija prema senzorijalnom životu; očigledna posledica Nidane i Maye (Iluzije). U treću kategoriju ulazi Zakon Akcije i Posledice... nema efekta bez uzroka...

Pre nego što je zasijala zora Maha-Manvantare, prva dva kauzalna reda bila su uništena. Ako bi treći red bio uništen, onda se nikada ne bi u beskonačnom Prostoru rodio Solarni Univerzum u kom živimo, krećemo se i u kom postoji naše Biće.

Neosporno je da je svaki svet ili sunčev sistem, koji dolazi u kosmičku egzistenciju, rezultat karme. U prethodnom sunče-vom sistemu, ovome koji je sada predstavljen od svih svetova u Solarnom sistemu Orsu, Bogovi su intenzivno radili i pravili su čak i greške... I Bogovi greše...

Svetovi iz prethodnog sunčevog sistema sada su lešev i, mese-ci... Svaka od aktuelnih planeta našeg Sunčevog sistema je u vezi sa ovim svetovima. Zemlja nije izuzetak. To znaju bogovi i ljudi...

Zemlja je živa reinkarnacija Mesečeve Duše ... Ovo poznaje svaki Mahatma. Na nesreću i vrhunac vrhunca, planetar-na vatra Zemlje je veoma slaba i ispunjena je mesečevom karmom...

Ove je zbog činjenice što su nekada, u lunarnom (meseče-vom) svetu, plodovi (rod) bili veoma slabi; tako stoji zabeleže-no u Knjizi Zakona. Karmički rezultat je očevidan u ovoj dolini suza; naravno, zemaljsko čovečanstvo je izgubljen slučaj... ti ovo znaš.

Da Bogovi nisu dugovali kosmičku karmu, Zemlja i čitav Solar-ni sistem Ors ne bi sada postojali.

Pre zore Velikog Kosmičkog dana, nevidljivi koji Jeste i vidljivi koji je Bio, nalazili su se u „Non-Biću", Jedinstvenom Biću.[*]

Za svakog istraživača dokazuje se da je interesantno da stigne da razume uzrok same Kreacije, tajni uzrok egzistencije, a posred-stvom Gnoze shvatamo da je postojati, u stvari, nešto karmičko.

Mnogo se govorilo o Zakonu Karme u ezoterizmu prošlih vekova, čak i u ovom veku. Za gnostičare, Zakon Karme je Zakon Kompenzacije ili Zakon Ravnoteže. Dokazuje se veoma interesantna činjenica da čak i Bogovi greše, tako kako objašnjava Gnoza. Stari gnostički tekstovi govore o savršenom Demiurgu (tvorcu) koji je stvorio Kreaciju radi sopstvenog zadovoljstva i radosti i o lažnom

---

[*] Moj povratak u Tibet, pogl. 34. „Uzroci egzistencije".

Demiurgu koji je iskvario Kreaciju koju je ostvario onaj prvi. Za žaljenje je, onda kada pokušavaju da razumeju ove stvari, teolozi padaju u intelektualne špekulacije, u prekonceptne rasprave i nikada ne dodiruju realni fond ovih enigmi.

Gnosticizam, za razliku od njih, veoma jasno objašnjava da je Čovek iz Zemaljskog Raja zaista postojao i pripadao je po antropološkom gnostičkom nazivu „Lemurskoj rasi". Ono stvorenje, označeno od jevrejskih stručnjaka kao Adam Solus ili Adam Kadmon, imalo je telo od mesa i kostiju, a njegova organska fizionomija je bila označena kao hermafroditizam. Ovo je božanski prototip, slika i prilika samog Tvorca. Ali, takođe nam Gnosticizam priča da je ovaj zvezdani čovek bio unesen u dubok san, od strane samog tvorca, a iza tog sna krije se duga i delikatna priča koju ni približno ne mogu naslutiti religiozni intelektualci današnjih dana.

Gnostičko-kabalistička predanja raspravljaju o dotičnom božanskom čoveku, koji je bio lišen zemaljskih želja i iskvario stanje sa ciljem da se zaljubi u život. U Gnosticizmu se zna da je Ja ili svežanj želja to što povezuje čoveka sa životom i ako bi se, na primer, u našim danima oduzele čoveku sve privrženosti, želje, strasti... koje predstavljaju njegove defekte, neosporno je da bi taj čovek otkrio da je sve iluzija i, najverovatnije, poželeo bi da više NE POSTOJI. Dakle, ovim redom ideja Gnoza nam priča da je u vreme Lemurije (kontinent koji je nekada bio smešten gde je danas Tihi okean) na zemlju došla sveta komisija koju je predvodio veliki kosmokrator Sakaki. Ova bića su došla kosmičkim brodom i sletela su na Lemuriju. Kada su se jednom tamo nastanili, nekim radom visoke Teurgije, posvetili su se tome da prouzrokuju kod Lemura pojavu Organa Kundartiguatora.

Stoji zabeleženo vatrenim slovima da je dotičan organ doprineo da se u čovečijoj psihi pojave želje i čudni običaji, koji su porasli i pretvorili su se u svakojake strasti. Čitav ovaj mračni psihološki roj prouzrokovao je u redovima onog božanskog čovečanstva famozni „angeoski pad", o kome su toliko mnogo raspravljali autori, među kojima je i John Milton sa svojim delom Izgubljeni Raj. Šta se nakon toga desilo, poznato je već u svim religijama.

Ovo je delo lažnog Demiurga, o kome je bilo raspravljano u prvobitnim gnostičkim tekstovima. Sigurno je i istinito da je kasnije došlo u Lemuriju drugo obožavano Biće, nazvano Arhifizičar Anđeo Loisos. Ovaj drugi Kosmokrator, zajedno sa komisijom koja ga je pratila, realizovao je tada rad visoke kolektivne Teurgije i izbacio je iz ljudske prirode onaj gnusni organ fatalnosti. Ipak, čak i tako, u psihi čovečanstva ostale su nesrećne posledice onog repa, koje su počele da stvaraju ono što danas imamo u našoj unutrašnjosti, a što psihologija naziva „EGO", „JA", „SAMO JA" itd, itd, itd.

Nesumnjivo, naš čitalac može sada da zaključi da su ona bića ranije pominjana i predvođena od strane Arhanđela Sakakia, uprkos njihovom anđeoskom stanju, stvorila strašnu karmu koju će morati da plate u nekoj budućoj Maha-Manvantari. Ovo je karma Svetih Bogova i zbog toga Gnoza kaže: „I Bogovi greše..."

Nepobitno je da je onaj anđeoski pad utopio čitavo čovečanstvo u duboke karmičke bolne posledice, a rezultat toga možemo danas da vidimo svugde (ratovi i sve više ratova, glad, beda, smrt, nepravde i okrutnost u toku vekova i milenijuma). Tako dejstvuje, dakle, voljeni čitaoče, Zakon Karme, stvara ravnotežu tamo gde se pojavljuje neravnoteža.

Po Gnozi, postoje razni tipovi karme (lična karma, porodična karma, kolektivna karma, nacionalna karma, svetska karma itd, itd, itd) i sve one imaju bogatu dokumentaciju u savremenim gnostičkim tekstovima koje je poklonio čovečanstvu V.M. Samael Aun Weor.

Mi ćemo se ograničiti da damo našem poštovanom čitaocu nekoliko interesantnih zapisa u vezi sa ovom temom karme; da vidimo:

Prijatelji moji, postoji jedan Zakon koji se zove Karma; nije suvišno da tvrdimo, dakle, reč po samoj sebi označava Zakon Akcije i Posledice. Očigledno je, ne postoji uzrok bez posledice, niti posledica bez uzroka".

Zakon Vage, strašan Zakon karme, vlada nad svim što je stvoreno. Svaki uzrok se pretvara u efekat i svaki efekat se pretvara u uzrok. Treba da razumete šta je Zakon Kompenzacije. Sve što se radi treba da se plati, jer nema uzroka bez efekta, niti efekta bez uzroka.

Bila nam je data sloboda, slobodan izbor i da možemo da radimo šta god želimo, ali je jasno da treba da odgovaramo pred Bogom za sva naša dela. Svaki čin iz našeg života, dobar ili loš, ima svoje posledice. Zakon Akcije i Posledice guvernira tok različitih naših egzistencija i svaki život je rezultat onog pređašnjeg.

Esencijalno je razumeti, na integralan način, osnove i modus operandi Zakona Karme da bismo orijentisali brod našeg života na pozitivan i uzvišen način, tokom različitih etapa života.

Karma je Zakon Kompenzacije, a ne osvete. Ima nekih koji brkaju ovaj Kosmički zakon sa determinizmom ili čak sa fanatizmom, misleći da je sve što se čoveku u životu događa unapred neosporno odlučeno.

Istina je da su akcije čoveka određene nasleđem, edukacijom i okolnom sredinom. Takođe je istina da čovek ima slobodan izbor i može da menja svoje akcije: vaspitavajući svoj karakter, stvarajući superiorne navike, boreći se sa svojim slabostima, ojačavajući vrline, itd.

„Karma je lek koji nam se prepisuje radi našeg sopstvenog dobra“; nažalost, umesto da se ljudi sa poštovanjem poklone ispred Večitog Živog Boga, oni protestuju, hule, sami sebe opravdavaju, na glup način se izvinjavaju i peru ruke kao Pilat. Takvim protestima ne menja se Karma, naprotiv, postaje teža i strožija.

Kada neko dođe na ovaj svet donosi sopstvenu sudbinu; neki se rađaju na krevetu sa perjem, a drugi u nesrećama. Ako smo u svojoj prošloj egzistenciji ubili, sada smo ubijeni, ako smo ranili, sada smo ranjeni, ako smo ukrali, sada smo pokradeni, i merom kojom merimo, bićemo izmereni.

Zahtevamo od supruga vernost, kada smo mi sami bili preljubnici u ovom životu ili u pređašnjem. Tražimo ljubav, a bili smo nemilosrdni i okrutni. Tražimo razumevanje, dok nikada nismo znali da ikoga razumemo, dok nikada nismo naučili da sagledamo mišljenje drugog.

Čeznemo za ogromnom srećom dok smo bili uvek uzročnici mnogih nesreća. Želeli bismo da se rodimo u veoma lepom domu i među mnogim komotnostima, kada nismo znali u prošlim egzistencijama da našoj deci pružimo dom i lepotu.

Protestujemo protiv vređanja dok smo uvek vređali sve one koji nas okružuju. Želimo da naši sinovi budu poslušni, dok mi nismo umeli da slušamo naše roditelje. Smeta nam strašno klevetanje, dok smo mi uvek klevetali i punili svet bolom. Smeta nam ogovaranje; ne želimo da nas neko ogovara, ipak, uvek smo širili ogovaranje i klevetanje, govorili smo loše o našem bližnjem, zagorčavali smo drugima život. Odnosno, uvek zahtevamo ono što nismo davali; u svim našim minulim životima bili smo zlokobni i zaslužujemo najgore, ali mi pretpostavljamo da treba da nam se pruža ono što je najbolje.

Na svu sreću, dragi moji prijatelji, Pravosuđe i Milosrđe su ta dva glavna stuba Univerzalnog Belog Bratstva. Pravosuđe bez Milosrđa jeste Tiranija, Milosrđe bez Pravosuđa jeste Tolerancija, saučesništvo sa deliktom. Karma se može pregovarati, a ova stvar može da iznenadi mnoge adepte raznih ortodoksnih škola.

Zaista su neki pseudo-ezoteričari i pseudo-okultisti postali suviše pesimisti što se tiče Zakona Akcije i Posledice; oni pogrešno pretpostavljaju da se ovaj odvija na mehanički način, automatski i okrutno. Eruditi veruju da nije moguća modifikacija takvog jednog zakona; veoma iskreno žalim što sam primoran da se ne složim sa ovim načinom mišljenja.

Ako ne bi bilo moguće da se pregovara sa Zakonom Akcije i Posledice, sa Nemezis (Nemesis), gde bi onda bila Milost Božanska? Iskreno, ja ne mogu da prihvatim okrutno Božanstvo. Realnost, Taj ko je potpuna Usavršenost, Taj ko ima razna imena kao što su Tao, Aum, INRI, Sein, Alah, Brahma, Bog, ili bolje rečeno, Bogovi itd, itd, itd, ni u kom slučaju ne bi mogao biti nešto nemilosrdno, okrutno, tiransko, itd. Iz svih ovih razloga, ponavljam, naglašeno, Karma se može pregovarati.

Moguće je da menjamo sopstvenu sudbinu, jer Kada je Niži zakon transcendiran (prožiman) Višim zakonom, Viši zakon briše Niži zakon.

*Ako menjamo uzrok, menja se i posledica. „Lava Zakona suzbijamo Vagom. Ako na jedan tas Vage stavimo naša dobra dela, a na drugi stavimo ona loša, oba tasa ima da budu iste težine ili će postojati neuravnoteženost. Ako tas Loših akcija teži više, onda treba da stavimo dobra dela na tas Dobrih akcija sa ciljem da prevagnemo u našu korist, tako ćemo da anuliramo Karmu, „činite dobra dela da biste platili dugove“; setite se da se ne plaća samo bolom, može se takođe platiti i čineći dobra dela. Sada ćete moći da razumete, dobri moji prijatelji, koliko je divno da činiš dobra dela; nema sumnje da Pravilan način mišljenja, Pravilan način osećanja i Pravilan način delovanja jesu najbolji pregovori.**

U skladu sa opisivanjem ovog velikog Zakona koje sam obavio, sada u našu pomoć dolazi inspiracija pesnika, da bi nam ispričao svojim metafizičkim stihovima, veličanstvo i dubinu karme; da vidimo:

---

* *Tarot i Kabala, pogl. 27. „Arkanum 5“.*

KARMA

Želim da podignem kuću,
kao smisao mog života,
u kamenu da ostavim dušu
uzvišenu.

Želim da radim isposništvo
usred latinskih voćnjaka,
horacijski latin i knjigu magije
vizantijske.

Želim da ostavim svoju muškost čestitu,
unuku i sinu, kao bogatsvo,
čast na moju palicu
da vratim ponovo.

Moja kuća, kao piramida,
hram neka mi bude, smrtnički;
buka mi ogrtač pokreće,
tercijarna je.

Želim da podignem kuću seljačku,
predvorjem prema istoku,
da na tremu meditiram
privrženo.

Želim da podignem kuću stoičku
u kamenu Barbanze uzdignutu,
kuću Seneke, herojsku,
i umerenu.

Neka mi kuća bude samo od kamena,
KARMA za moj klan,
a jednoga dana, bršljanom ukrašena,
domen VALLE-INCLAN.

—————————————
Ramon del Valle-Inclan

KARMA

*Quiero una casa edificar
como el sentido de mi vida,
quiero en piedra mi alma dejar
erigida...*

*Quiero labrar mi eremitorio
en medio de huerto latino,
latín horaciano y grimorio
bizantino.*

*Quiero mi honesta varonía
transmitir al hijo y al nieto,
renovar en la vara mía
el respeto.*

*Mi casa como una pirámide
ha de ser templo funerario;
el rumor que mueve mi clámide
es de terciaro.*

*Quiero hacer mi casa aldeana
con una solana al oriente,
y meditar en la solana
devotamente.*

*Quiero hacer una casa estoica
murada en piedra de Barbanza,
la casa de Séneca, heroica
de templanza.*

*Y sea labrada de piedra
mi casa KARMA de mi clan,
y un día decore la hiedra
sobre el dolmen de VALLE-INCLÁN.*

—————————————
Ramón del Valle-Inclán

5

ZAKON KATANCIJE

> O, ti, koji si sejao zamke i klopke na putu
> kojim treba da idem! Nisi li me uhvatio u
> mrežu predestinacije da bi mi,
> potom, prekorio svaki greh?
> *Omar Khayyam*

U gnostičkom ezoterizmu treba da se razume da je Zakon Katancije viša karma. A viša karma treba da se razume da je Zakon koji kontroliše individue koje se već raduju visokom procentu budne Svesti.

Ne postoji dovoljno dokumentacije u pogledu načina akcionisanja ovog Zakona, ali V.M. Samael ga često pominje na svojim konferencijama i u nekim delima:

U jednom starom Gnostičkom ritualu možemo da pročitamo sledeće:

Postoji Zakon Katancije, Superiorne Karme. Svetac, prorok, ezoteričar, ne treba da krši ovaj sveti Zakon.

Da bi naš čitalac bolje razumeo ovaj enigmatični Zakon, ispričaćemo događaj kojem je autor ovog dela bio svedok.

Reč je o razgovoru koji se vodio sa Venerabilnim Majstorom Samaelom u njegovoj sopstvenoj kući, koja je u to vreme bila pretvorena u Patrijarhalno sedište Gnostičkog pokreta. Tom prilikom, zamolio sam prosvetljenog čoveka da nam malo objasni Zakon Katancije. Odgovor čuvenog je bio sledeći:

*Vidite li, ja sam već totalno otopio Ego i radujem se perma-
nentnoj Svesti, kako u fizičkom svetu tako i u Unutrašnjim sve-
tovima. Očigledno, pošto sam otopio Ego, radujem se atribu-
tima svog duboko unutrašnjeg Realnog Bića. Sve to mi pridaje
stanje stalne sreće što se tiče mog odnosa sa prirodom, sa
Elementalima, sa Adeptima Belog Bratstva itd, itd, itd. Pošto
ova sreća koju doživljavam nije normalna u Kali-Jugi (Doba
Tmina u kojima se svi mi ljudi u ovim tužnim danima nalazi-
mo), ovo čini da sam ja izuzetan slučaj, van konteksta, izvan
normale; i sve to treba da platim. Kome? Gospodi Katancije.*

*Gospoda Katancije traže desetak od svih onih koji se raduju
sreći što imaju inkarnirano Biće. Ovo duguje konkretnoj činje-
nici zato što je Biće božanska energija koja nam pridaje stanje
mira i permanentnu intimnu sreću, a pošto ostatak smrtnika
nema ovu priliku, tada treba da platimo za ovo karakteristič-
no stanje. I kako ja plaćam ove desetke? Pa, radeći za čove-
čanstvo, pišući doktrinu da bi pomogao spasenje duša, radeći
za vas, žrtvujući se za čovečanstvo. Da li sada razumete?...*

Nepobitno, ovaj Zakon Katancije isto tako nadgleda i
inicijatičke procese onih koji su krenuli na Put Sečiva noža, odnos-
no, na Put Oslobođenja. Na ovaj način, Zakon Katancije je taj koji
oduzima stepene onim Inicijatima ili Inicijatkinjama koji čine akte
protiv univerzalne ravnoteže, protiv etike, protiv normi koje ruko-
vode Univerzalno Belo bratstvo i, naravno, protiv presvetog Svetog
Duha. I, takođe, Zakon Katancije je taj koji usklađuje progres sve
one braće i sestara koji pobednički napreduju na kamenitom putu
koji vodi prema Kraljevstvu Oca.

Jedan jasan primer opominjanja koga Zakon Katancije
upućuje Adeptima, nalazi se u sledećim paragrafima izvedenim iz
jednog interesantnog Gnostičkog rituala; da vidimo:

*Neka reinkarnirana božanstva nikada ne uzimaju ženu, ako je
Oziris-Ra ne uzima.*

*Neka se ne udaju ženska božanstva ni za jednog muškarca,
ako ovo ne odobri Oziris-Ra.*

*Dželati Zakona će Plamenim mačem obezglaviti prekršioce
Zakona.*

Nikada nemojte zaboraviti Maha-Asuru, hinduskog Lucifera, koji se pobunio protiv Brahme, Tvorca, razlog zbog kog ga je Šiva bacio u Patalu – Niži svet.

Isto tako, u drugom magistralnom Gnostičkom ritualu, nalazimo referencije na ovaj Zakon Katancije, onda kada ženski aspekat Boga, Božanska Majka, Devica svih religija, govori o grehovima čoveka palog u nemilost zbog životinjskog Ego-a; da vidimo:

Mnogo toga sam oprostila grešniku. Ponekad je on bio osuđen od strane Sudije Nebeskog Pravosuđa, ali sam mu ja opraštala. Bilo je trenutaka kada sam se udaljavala od Tribunala, da ne budem nogama gažena od Gospode Zakona Katancije. Grešni sin čini da suviše mnogo patim.

Veoma je jasno, cenjeni čitaoče, da onostrano Bogovima, Avatarima i Iluminatima postoje i zakoni koji sve nadgledaju.

Samo na ovaj način kosmički red je tokom vremena ostao nekvarljiv, a Kosmičko Pravosuđe je moglo da zauzme svoje mesto u okviru Kreacije, odigravajući svoju ulogu vladavine nad univerzalnom ravnotežom i harmonijom.

Bilo bi dobro da odustanemo od svake vladavine i da odaberemo da se odvojimo od čitave ove strukture koju bismo kolokvijalno nazvali egzistencijom..., onostrano uspesima i greškama i da se ustanovimo u božansku učestalost večitog blaženstva, daleko od želje koja grize dušu i oboleva duh.

TU NE CEDE MALIS

Ne predaj se greškama.

KOSMIČKI DESIDERAT

Kosmička noć se završila,
čim se odmor Bogova okončao,
a Theomegalogos je naredio
buđenje uspavanog Verbuma.

Plakali su bogovi u novoj zori
o plati minule Karme misleći,
a Majka Kosmička, svojim božanskim oreolom,
utrobu svoju da novom danu planiranom.

Veliki Zakon naredi ponovo,
a bogovi se po grupama organizovaše,
tada započne božanski Aberamento
potpisivati prisutnima akte.

U svim krajevima život izvire,
zahvaljujući vatri rađa se sve,
iz ljubavi se razni Aeoni pojave,
materija prema prirodi krene.

Od tada se vreme ustoliči
sa nesrećnim Točkom Samsara,
večnost beše mit uskladišteni
unutar hrama, preko označenog Oltara.

U svetu je duša zalutala,
sećajući se nostalgično raja
sa nadom da stigne čovek od značaja,
oslobođen stigme prastarog greha.

Ljudskim bolom, dirnuti Bogovi,
poslaše mnoge Avatare tada,
koji su mačem isterali svet profani
i dali su ključeve da bi se suzbila Mara.

Dremež vekova čuva tajnu veliku,
paradigmu svih smrtnika;
samo budna Bića razumeju,
koja su kroz pakao prošla – pobednička.

Obećanje je Arka zaveta,
povratak duša u Pleromu dopušta;
verni pokajnici doživljenih misterija,
zaštićeni su krilima mističnog goluba!

———
Autor

DESIDERATO CÓSMICO

*La noche cósmica había terminado,
y el descanso de los Dioses concluido,
el Theomegalogos había decretado,
el despertar del Verbo que estaba adormecido.*

*Lloraron los Dioses en la nueva Aurora,
al tener que pagar los karmas del pasado,
y la Madre Cósmica, con su divina aureola,
prestó su vientre al nuevo día concertado.*

*La Gran Ley dispuso nuevos estamentos,
y los Dioses, en grupos, se organizaron,
empezó entonces el divino Aberamentho,
a firmar las actas de aquellos que pactaron...*

*La vida fue brotando en todos los rincones,
por virtud del fuego que todo lo concibe,
volvieron a formarse los distintos Aeones,
y la materia, por amor, a la existencia fue proclive.*

*Desde entonces el tiempo fue instalado,
con la nefasta Rueda del Samsara,
la eternidad fue un mito que quedó depositado,
en el interior del templo, señalado por el Ara.*

*En la Tierra el alma comenzó su exilio,
recordando con nostalgia el paraíso terrenal,
esperando a llegar a ser un hombre eximio,
liberado del estigma del pecado original.*

*Los Dioses apiadados del dolor humano,
enviaron, desde entonces, a divinos Avataras,
apartando, con su espada, a todos los profanos,
y entregando las claves para combatir a Mara.*

*Un sopor de eternidades guarda el gran secreto
paradigma de todos los mortales,
comprensible, tan solo, por los Seres ya despiertos,
que han cruzado triunfantes las moradas infernales.*

*El Arca de la Alianza sigue siendo la promesa,
que permite a las almas el regreso a su pleroma,
penitentes fieles al misterio que profesan,
¡protegidos por las alas de una mística paloma!*

———
El Autor

6

ZAKON POVRATKA

Treba da damo našoj duši nekoliko trenutka
za odmor i da joj osvežimo moći uz pomoću
nekoliko odmora; ali, uvek, ovi odmori
treba da budu korisna zanimanja.
Seneka

Zakon Večitog povratka je aksiom hermetičke mudrosti kog poznaju svi orijentalni mudraci.

Iz ovog razloga, sa tačke gledišta večite Gnoze, mi, ljudska bića natovarena nepoželjnim psihičkim agregatima (psihološkim Ja-ovima), ne radujemo se atributima koje daje sreća posedovanja budne Svesti.

Prema tome, sve dok je humanoid, na pogrešan način nazvan čovek, kontrolisan od različitih psiholoških elemenata koji mu određuju ponašanje, nema nikakav autoritet da odluči o svom budućem životu, nakon smrti. Dakle, Zakon Večitog povratka kontroliše sve mehaničke procese u Kosmosu, u prirodi i, takođe, mehaničke kreature koje se ne raduju svetoj individualnosti.

Sto posto je pogrešno, ono što tvrde mnoge pseudoezoteričke škole, da se racionalni humanoidi reinkarniraju. Reinkarnacija je moguća samo u slučaju onih duša koje se već raduju oslobođenoj Svesti. Ono što nazivamo reinkarnacijom, u ovim danima treba da se razume kao povratak novoj matrici.

U pogledu ovog, V.M. Samael nam kaže sledeće:

Zemlja se vraća svojoj polaznoj tački svake godine i onda slavimo Novu godinu. Vraćaju se zvezde na svoju prvobitnu tačku polaska, vraćaju se atomi u molekulu u polaznu tačku, vraćaju se dani, vraćaju se noći, vraćaju se četiri godišnja doba: proleće, leto, jesen i zima, vraćaju se ciklusi, Kalpa, Yuga, Mahavantare itd. Prema tome, Zakon Večitog povratka je nešto neosporno, nepobitno, neporecivo.

Veoma je interesantno da se zajedno sa poslednjim izdisajem onog koji umire proizvodi dezinkarnacija i zajedno sa prvim udisajem ponovo ulazimo u novi organizam...

Potpuno je apsurdno da se tvrdi da će neko svojom voljom odabrati mesto u kom treba ponovo da se rodi. Realnost je drugačija. Sigurno je da su Gospoda Zakona, Agenti Karme ti koji biraju tačno mesto, dom, porodicu, naciju itd. u kom treba da se ponovo otelotvorimo, da se ponovo vratimo.

*Ako bi Ego mogao da bira mesto ili porodicu itd. za svoju novu reinkorporaciju, onda bi ambiciozni, gordi, tvrdice, lakomi tražili palate, kuće milionera, bogate rezidencije, postelje sa ružama i perjem, a čitav svet bi bio samo bogatstvo i raskoš, ne bi postojali siromašni, ne bi bilo bola, ni gorčina, niko ne bi plaćao Karmu, svi bismo mogli da činimo najgore zločine, a da nas Kosmičko Pravosuđe ne hvata itd, itd, itd.**

Neosporno, voljeni čitaoče, sve dok duša ima u svojoj dubini uspavanu Svest, nije ništa drugo nego lutajuća kometa, koja u svojim obrtajima akumuliše mehanička iskustva, neskladna iskustva, nerazumljive bolove i sve će to postati bogata hrana onoga što u Gnostičkoj psihologiji nosi naziv Ja, Ego, Samo ja, drugim rečima filozofsko „NON-BIĆE".

Ova gnostička istina, očigledna, uključena je u sledeće stihove koje su muze stavile u usta poete:

---

* *Da, postoji Pakao... Da, postoji Đavo... Da, postoji Karma, pogl. 20. „Zakon Večitog povratka".*

IZ EFEMERNE PROŠLOSTI

Ovaj čovek iz seljačke kuće,
koji je video pobednika Garanču,
ima uvelo lice, kosu sedu
i oči melanholije pune;
ispod sivih brkova, ima malaksale usne
i tužan izgled, ali ne zbog gorčine,
nego je nešto više, ali takođe, manje:
to je praznina sveta u njegovoj pameti.

Još nosi žaket od modro crvenog pliša,
uske pantalone na nogama
i šešir boje karamela,
dobro skrojen, uredan.

Tri puta je nasledio bogatstva; tri puta je
na kartama izgubio; udovac je dva puta bio.
Oduševi se samo kada igra na sreću,
oslonjen o zeleni sto,
ili kad se seti nekog toreadora,
sreće varalice, ili kada neko priča
junaštva zgodnog bandita
ili smelosti krvavog ubice.

Dosadjivao se banalnom politikom,
kritikom prema reakcionarnoj vladi,
doći će liberali, predviđa on
kao što se roda gnezdu vraća.

Jadni seljak, očekuje od neba
i od neba se plaši; katkad uzdiše
misleći na voćnjak maslina, ka nebu gleda
nemirnim očima, kada kišni oblaci kasne.

Drugi, ćutljivac, hipohondar,
zarobljenik u Arkadiji ovoj,
dosadan; samo dim cigarete
na njegovo čelo baca senke.

Ovaj čovek nije ni iz prošlosti ni iz
budućnosti,
ni od kada. Od hispanske loze je,
nije zrelo voće ni trulo nije,
uzaludni je plod neke Španije
koja se završila, a nije ni počela,
ta koja danas sedu kosu ima.

———————————

Antonio Machado

DEL PASADO EFÍMERO

*Este hombre del casino provinciano
que vio a Carancha recibir un día,
tiene mustia la tez, el pelo cano,
ojos velados por melancolía;
bajo el bigote gris, labios de hastío
y una triste expresión, que no es tristeza,
sino algo más y menos: el vacío
del mundo en la oquedad de su cabeza.*

*Aún luce de corinto terciopelo
chaqueta y pantalón abotinado,
y un cordobés color de caramelo,
pulido y torneado.*

*Tres veces heredó; tres ha perdido
al monte su caudal; dos ha enviudado.
Solo se anima ante el azar prohibido,
sobre el verde tapete reclinado,
o al evocar la tarde de un torero,
la suerte de un tahúr, o si alguien cuenta
la hazaña de un gallardo bandolero,
o la proeza de un matón, sangrienta.*

*Bosteza de política banales
dicterios al gobierno reaccionario,
y augura que vendrán los liberales,
cual torna la cigüeña al campanario.*

*Un poco labrador, del cielo aguarda
y al cielo teme; alguna vez suspira,
pensando en su olivar, y al cielo mira
con ojo inquieto, si la lluvia tarda.*

*Lo demás, taciturno, hipocondríaco,
prisionero en la Arcadia del presente,
le aburre; solo el humo del tabaco
simula algunas sombras en su frente.*

*Este hombre no es de ayer ni es de
mañana,
sino de nunca; de la cepa hispana
no es el fruto maduro ni podrido,
es una fruta vana
de aquella España que pasó y no ha sido,
esa que hoy tiene la cabeza cana.*

———————————

Antonio Machado

7

ZAKON REKURENCIJE

Ljudi, uopšte, nazivaju sudbinom
sopstvene gluposti.
Shopenhauer

U vezi sa ovim interesantnim zakonom, predsednik, utemeljivač savremenih gnostičkih studija, V.M. Samael Aun Weor je podvukao:

U vezi sa ovim, interesantno je da opažamo reči Eudemusa – Aristotelovog učenika, u trećoj knjizi Fizike: „Neke osobe prihvataju, a druge ne, činjenicu da se vreme ponavlja. Ponavljanje ima više smisla. Jedna vrsta ponavljanja može da bude u prirodnom redu stvari, kao što su ponavljanje leta, zime i drugih godišnjih doba, kada nešto novo sledi nakon drugog koje je nestalo; ova vrsta stvari pripada kretanju nebeskih tela i pojavama koje proizilaze iz toga, kao što su solsticijumi i ekvinocijumi, koji su određeni kretanjem Sunca.

*Ali, ako ćemo verovati pitagorejcima, postoji druga vrsta ponavljanja. Ovo znači da ću vam ja govoriti i postaviti tačno ovako i držaću u ruci isti štap i sve će biti isto kao i sada, a vreme, kao što se pretpostavlja, biće isto. Ako su kretanja (nebeskih tela) i mnoge druge stvari iste, ono što se ranije dogodilo i što će se dogoditi kasnije, takođe je ista stvar. Ovo se primenjuje u ponavljanju, koje je uvek isto. Sve je isto.”**

---

* *Otkrovenja Avatara, pogl. 13. „Zakon Rekurencije”*

U ljudskom personalitetu svakoga od nas uvek postoje ove vrednosti koje služe zapravo kao osnova Zakona Rekurencije.

Sve se događa ponovo tako kao što se već dogodilo, plus rezultat ili posledica naših pređašnjih akcija.

Zbog činjenice što u unutrašnjosti svakoga od nas postoje mnogi ja-ovi iz prošlih života, možemo naglašeno da tvrdimo da je svako od njih različita osoba. Ovo nas poziva da razumemo da unutar svakoga od nas žive veoma mnoge osobe sa različitim obavezama.

U personalitetu lopova postoji prava jazbina lopova; u personalitetu jednog ubice postoji čitavo gnezdo ubica; u personalitetu jednog bludnog postoji javna kuća; u personalitetu svake prostitutke postoji čitav bordel itd.

Svaka od ovih osoba koju nosimo u svom sopstvenom personalitetu ima svoje probleme i svoje kompromise. Ljudi žive unutar ljudi, osobe žive u unutrašnjosti osoba; ova stvar je neosporna.

Ono što je opasno u svemu tome je činjenica da svaka od ovih osoba ili ja-ova koja živi u našoj unutrašnjosti dolazi iz minulih egzistencija i ima određene zadatke. Ja koje je u prošloj egzistenciji imalo ljubavnu avanturu u svojoj tridesetoj godini, u novoj egzistenciji čeka ovu starost da bi se manifestovalo; i kad ovaj momenat dođe, tražiće osobu svojih snova, ulazi u telepatski kontakt sa ovom osobom i, na kraju, stići će da se sretnu i scena će se ponoviti.

Ja koje je u četrdesetoj godini starosti imalo neki sudski proces iz materijalnih razloga, u novoj egzistenciji čekaće ovu starost da bi ponovilo ovaj akt. Ono ja koje se u dvadeset petoj godini starosti potuklo sa drugim u nekoj kafani, u novoj egzistenciji čekaće starost od dvadeset i pet godina da bi tražilo protivnika i ponovilo tragediju.

Ja-ovi različitih subjekata se recipročno traže posredstvom telepatskih zrakova i potom se ponovo sretnu da bi mehanički ponavljali iste događaje. Ovo je stvarno mehanika Zakona Rekurencije; to je tragedija života.

Tokom miliona godina, ponovo se sreću razna lica da bi doživela iste drame, komedije i tragedije. Ljudska persona nije ništa drugo nego mašina u službi ovih ja-ova sa tolikim obavezama. Ono što je najgore u svemu ovome, jeste da se sve ove obaveze osoba koje nosimo u našoj unutrašnjosti realizuju, a da naše razumevanje ne bude unapred obavešteno.

Naš ljudski personalitet, u ovoj situaciji, predstavlja kočiju koju tegli više konja. Postoje životi, egzistencije koje se ponavljaju vrlo tačno, rekurencije koje se nikada ne modifikuju. Ako ne bi postojali akteri, ne bi se mogle ponavljati komedije, drame i tragedije života na ekranu egzistencije. Akteri ovih scena jesu ja-ovi koje imamo u našoj unutrašnjosti i koji dolaze iz starih egzistencija.

Ako dezintegrišemo ja-ove gneva, tragične scene violencije neosporno će prestati.

Ako svedemo na kosmički prah tajne agente pohlepe, potpuno će se svršiti sa ovim problemima. Ako poništimo ja-ove razvrata, prestaće scene kuće prostitucije i razvrata. Ako svedemo na pepeo tajna lica zavisti, njeni događaji biće radikalno zaustavljeni. Ako ubijemo ja-ove gordosti, sujete, ponosa, samouvažavanja, smešne scene ovih defekata će nestati, jer nedostaju akteri.

Ako izbacimo iz naše psihe činioce lenjosti, inercije i slabosti, užasne scene ove klase defekata neće se više ponavljati, zato što nedostaju akteri. Ako pulverizujemo odvratne ja-ove proždrljivosti, završićemo sa bančenjem, pijančenjem itd. zbog nepostojećih aktera.

*Pošto mnogobrojni ja-ovi žalosno dejstvuju na raznim nivoima Bića, potrebno je da im poznajemo uzroke, porekla, hrističke procese koji će nas na kraju voditi ka smrti u nama samima i ka Finalnom oslobođenju.**

Surova realnost činjenica je ta da Ego nema pravo da bira mesto ili porodicu u kojoj treba da se rodi. Svako od nas treba da plati ono što duguje. Stoji zabeleženo da „Onaj ko seje vetar, žanje oluju". Zakon je zakon i Zakon se ispunjava. Za žaljenje je, dakle, što toliko mnogo poznatih pisaca savremene duhovnosti

---

* *Velika pobuna, pogl. 22. „Povratak i Rekurencija".*

naglašeno tvrdi da svako ima pravo da bira mesto u kome treba da se ponovo rodi.

Ono što postoji onostrano groba je nešto što mogu znati samo probuđeni ljudi, oni koji su već otopili Ego, ljudi koji su zaista Samosvesni.

Govoreći iskreno i otvorenim srcem, mogu da kažem sledeće: preminuli obično žive u Limbu, u pretkomori Pakla, u Oblasti Mrtvih (Niži Astral), u oblasti koja je sasvim predstavljena svim jamama, podzemnim pećinama sveta, koje ujedinjene ili intimno povezane formiraju, u svom ansamblu, jednu celinu.

Za žaljenje je stanje u kom se nalaze preminuli: izgledaju kao somnabuli, imaju potpuno uspavanu Svest, idu na sva mesta i čvrsto veruju da su živi; ne poznaju činjenicu da su mrtvi.

Nakon dezinkarnacije, trgovci nastavljaju u svojim radnjama, pijanice u krčmama, prostitutke u bordelima itd, itd.

Bilo bi nemoguće da takvi ljudi, somnabuli ove vrste, mogu sebi dozvoliti luksuz da biraju mesto gde treba da se rode. Najnormalnije bi bilo da se oni rađaju, a da ne znaju sat, ni kako se rađaju i da umiru potpuno nesvesni. Mnogo je senki kod onih mrtvih. Svaki dezinkarnirani je gomila nesvesnih senki, gomila larvi koje žive u prošlosti, koji ne shvata sadašnjost, koji je ubuteljen u svim svojim dogmama, u užeglim stvarima iz prošlosti, u davnim istrošenim događajima, u afektima, u porodičnim sentimentalizmima, u Egoističkim interesovanjima, u životinjskim strastima, u porocima itd, itd, itd.

Povratak Ego-a na ovaj svet je nešto zaista odvratno, grozno, gnusno. Ego, samim sobom, zrači zlokobne vibracije, mračne, uopšte neprijatne. Ja kažem da je svaka osoba, sve dok ne otopi Ego, manje ili više crna, čak iako ide na Put Inicijacije, čak iako se smatra sveta i vrlinska. Neprestani povratak svih stvari je Zakon života i to možemo proveriti iz trena u tren i iz momenta u momenat.

*Koliko bismo svi mi bili srećni kada ne bismo imali Ego, ako bi se u nama samo Esencija izražavala! Nesumnjivo, onda ne bi postojao bol, Zemlja bi bila Raj, Eden, nešto neopisivo, sublimno.**

---

* *Da, postojiPakao... Da, postoji Đavo... Da postoji Karma, pogl. 20. –"Zakon Večitog povratka".*

Neprestani povratak zarobljenih duša na Točku Samsare (točak rađanja i smrti) koje vekovima neprestano i mehanički ponavljaju iste akcije, jeste aksiom Hermetičke Mudrosti. Ovaj bolni Zakon bio je ilustrovan u pesmi Don Ramon del Valle-Inclan; da vidimo:

GNOSTIČKA RUŽA

Ništa neće biti od svega što nije bilo.
Ništa neće biti od svega što će slediti.
Svi trenuci su večnost,
Iscurenim peskom satnim oni su
izmereni.

Gracija ruže je večnost,
I prvi slavuj koji otvara dan,
I gusenica, svojim cvetom – leptir zvan,
Večito u grešci stoji moja Svest.

Pokraj puta stojim naslonjen
Ko crv uz svoj mulj izliveni;
Crni nemir u grehu osećam,
Kao božansku težnju prema Celini.

Gnostička misterija se nalazi
U mirnom letu goluba,
Greh sveta se nalazi
U zmiji koja za nogu ujeda
Anđela koji je pitomi.

Nad večnom noći prošlosti,
Večna noć budućnosti se pojavi.
Svakog časa, larva greha!
A simbol je Zmija i Jabuka!

Tajnu formi čuva vreme,
Nad svetovima bdi ko zmaj,
Najviši zakoni, Jedinke i Celine,
Otkaše njegove zvezde beskraj.

Ništa ne gasi vrenje avana.
Zapravo, večno zapečaćena
Je ideja Platona. Udaljena Sunca
Obasjaće pećinu našu jednoga dana.

Dok moja koprena svoje delove tka,
Na čelu pravim sebi krst od pepela;
Vreme je moljac što radi za Satanu.
Bog je sadašnjost, zaista!

Sve je večnost! Sve je bilo pre!
I sve što je danas, biće i posle;
U ovom trenu što trenutke otvara
Pred nogama je naša smrtnička jama!

Don Ramon del Valle-Inclan

ROSA GNÓSTICA

Nada será que no haya sido antes.
Nada será para no ser mañana.
Eternidad son todos los instantes,
que mide el grano que el reloj desgrana.

Eternidad la gracia de la rosa,
y la alondra primera que abre el día,
y la oruga, y su flor: la mariposa,
¡eterna en culpa la conciencia mía!

Al borde del camino recostado
como gusano que germina en lodo,
siento la negra angustia del pecado
como la divina aspiración al Todo.

El gnóstico misterio está presente
en el quieto volar de la paloma,
y el pecado del mundo en la serpiente
que muerde el pie del ángel que la doma.

Sobre la eterna noche del pasado
se abre la eterna noche del mañana.
¡Cada hora, una larva del pecado!
¡y el símbolo la sierpe y la manzana!

Guarda el tiempo el enigma de las formas,
como un dragón sobre los mundos vela,
y el Todo y la Unidad, supremas normas,
tejen el infinito de su estela.

Nada apaga el hervor de los crisoles,
en su fondo, sellada está la eterna
idea de Platón. Lejanos soles
un día encenderán nuestra caverna.

Mientras hilan las Parcas mi mortaja,
una cruz de cenizas hago en la frente,
el tiempo es la carcoma que trabaja
por Satanás. ¡Y Dios es el presente!

¡Todo es eternidad! ¡Todo fue antes!
¡Y todo lo que es hoy será después,
en el instante que abre los instantes,
y el hoyo de la muerte a nuestros pies!...

Ramón del Valle-Inclán

8

ZAKON REINKARNACIJE

Ima momenata kada su ljudi
gospodari sopstvene sudbine.
Šekspir

Velika je razlika između prethodna dva zakona i ovog koji nosi naziv Zakon Reinkarnacije. Da bismo ga bolje razumeli, dopustimo V.M. Samaelu da nam izloži nekoliko stvari u vezi sa ovim zakonom:

Reinkarnacija pretpostavlja individualnost koja se reinkarnira, a ako ta individualnost ne postoji, onda ne postoji ni reinkarnacija. Iako pseudo-ezoterički tekstovi tvrde da je intelektualna životinja već osvojila individualnost, ovaj koncept je isto tako lažan kao i onaj drugi, koji tvrdi da ljudsko biće već poseduje autentična Solarna tela, Astral, Mental i Kauzal.

Ego je ansambl različitih entiteta, raznovrsnih, koji se čak međusobno ni ne poznaju; ovo nije individualnost, a govoriti da se ovi entiteti reinkarniraju, dokazuje se da je apsurdno. Bolje je reći da se mnogostruko Ja vraća, reinkorporira, PONOVO VRAĆA, u ovu dolinu suza.

Doktrina Velikog Avatara Krišne pokazuje da se samo Bogovi, Polubogovi, Kraljevi, Božanstveni, Titani i Deve reinkarniraju.

Reč REINKARNACIJA jeste vrlo stroga; ne treba je koristiti bilo kako; niko ne bi mogao da se reinkarnira, a da nije prethodno eliminisao Ego, bez da ima sakralnu individualnost.

Reinkarnacija je venerabilna reč, ona znači otelotvorenje Božanstva u čoveku. Reinkarnacija je ponavljanje jednog kosmičkog događaja, to je nova manifestacija Božanstva...

*Ni na koji način ne preterujemo, govoreći da je reinkarnacija moguća samo posredstvom „zlatnih" embriona koji su dostigli, tokom vremenskog ciklusa manifestacije, da se slavno ujedine sa „Supra Dušom". Bilo bi apsurdno da se poistovećuje Reinkarnacija sa Povratkom. Značilo bi da padamo u najveću moguću grešku ako bismo tvrdili da se Ego (legija crnih ja-ova – zlokobnih i groznih) može reinkarnirati.**

U svom divnom delu, Moj povratak u Tibet, Venerabilni Majstor Samael Aun Weor nam kazuje, nešto bliže, o ovom interesantnom Zakonu reinkarnacije; da vidimo:

U starim vremenima, u Tibetu, Reinkarnacija se slavila kao veliki praznik...

Treba da umiremo tren za trenom (na psihološkom nivou) ako zaista želimo da se individualiziramo. Mnogostruko Ja isključuje svaku individualizaciju...

Ni na koji način ne može da postoji individualizacija tamo gde zajedno postoje mnoštvo entiteta (Ja-ova) koji se međusobno svađaju i stvaraju u našoj unutrašnjosti različita psihička suprotstavljanja.

Reinkarnacija je samo za sakralne individue...

Kada Seth u potpunosti umre, u nama ostaje samo Biće, ono koje nam pridaje autentičnu individualnost...

Kada se Seth totalno dezintegriše, onda se Svest, duša, oslobađa, korenito budi i stupa unutrašnja iluminacija...

Kasnije, očigledno je da treba da osvojimo super-individualnost ako zaista čeznemo prema Krajnjem oslobođenju.

Merom kojom se podižemo na divnu lestvicu revolucionarnog razvoja, potpuno shvatamo da smo u etapama kroz koje smo prošli, skoro uvek napravili grešku da brkamo senke sa realnostima.

---

*　*Misterija Zlatne cvasti, pogl. 32. "Reinkarnacija".*

Kada budemo osvojili Finalno oslobođenje, nakon mnogih smrti i najstrašnijih odricanja, onda će svaki veo Maye prestati da postoji za nas.[*]

Najbolje je da umiremo!... A ovo je moguće samo posredstvom bezbrojnih dobrovoljnih patnji i svesnih požrtvovanja na oltaru naše egzistencije. Samo tako, prelazeći pobednički majasični (Maya) lavirint koji nas odvaja od Velike Realnosti, možemo na kraju postati svoji gospodari i moći ćemo da se vratimo ka početnoj tački originacije...

Dopustimo da nam V.M. Jorge Adoum potvrdi naše zaključke sa ovim toplim stihovima koje nam je dao napisane u nekom dobrom času:

---

[*] *Moj povratak u Tibet, pogl. 40. „Povratak i Reinkarnacija".*

KRALJ KREACIJE

Kandže straha, u čoveku,
posipaju trnje na njegovom putu;
od Boga, od božanstva teror oseća,
patuljak postaje snaga ogromna.

Čovekova volja je Arkanum Jasona
koji je krenuo da Zlatno Runo traži,
sudbinu je izmenila hrabrost njegova,
ni Svest ni ruka nisu greh počinili.

Kada svoje oči zatvori
i u našem srcu njegova zvezda zasija,
udalji se teror od njegove božanske
svetlosti.

Nije heroj taj koji narode osvaja.
Heroj svojim strastima vlada,
gospodar je nad telima i duhovima.

Jorge Adoum

EL REY DE LA CREACIÓN

Las garras del temor en el humano,
tapizan con espinas su camino
y miedo siente a Dios y a lo divino,
su gigante poder truécase enano.

La voluntad del hombre es el Arcano
de Jasón, al buscar el Vellocino de Oro,
con su valor vence al destino,
sin manchar la Conciencia ni la mano.

Cuando con su valor los ojos sella
y en nuestro corazón brilla su estrella,
huye el temor ante su luz divina.

No es héroe quien conquista las naciones.
Es héroe quien domina las pasiones;
sobre cuerpos y espíritus domina.

Jorge Adoum

9

ZAKON
UNIVERZALNOG PRIVLAČENJA

Ne učimo u školi nego u životu.
Seneka

Da bismo se udubili u izučavanje ovog Zakona, koji je takođe poznat Samaelskom Gnosticizmu, uzmimo kao izvor konferenciju na kojoj se Predsednik utemeljivač savremenog Gnosticizma, V.M. Samael Aun Weor, odnosi na ovo; da vidimo:

Ako je neka osoba radila na otapanju Ego-a do jedne određene tačke i samo toliko, kada se ponovo vrati, ona je malčice svesnija; ali, ako je pored ovog još i fabrikovala Svesni Centar gravitacije (fabrikovala je Psihološki Mesec ili specifični Magnetski centar), u novoj egzistenciji, u novom povratku, u novom personalitetu, privlačiće prema sebi, pomoću Zakona Univerzalnog privlačenja, ona saznanja, one knjige, one instruktore koji su joj potrebni i nastaviće da radi na sebi.

Ali, ako uopšte nije radila na sebi, ako nikada nije bila zainteresovana za ovu vrstu studija, jasno je da je uspavana osoba; kada se bude vratila, kada bude uzela novo telo, doći će sa uspavanom Svešću i nastaviće da bude ono što jeste: mašinica, ništa više.

Ovaj Psihološki mesec stvaramo onda kada uništavamo psihološke agregate koji vladaju ljudskim personalitetom, kao što su gordost, uobraženost, samopoštovanje, egoizam, gnev, mržnja, ljubomora, sujeta, samouvažavanje, samoosećajnost *itd. Tada, ako ovo čini, osoba stvara u svojoj unutrašnjosti Permanentni Centar gravitacije. Ovaj Permanentni Centar gravitacije je, u stvari, Psihološki Mesec.*[*]

Takođe, o ovom Zakonu Univerzalnog privlačenja, ponešto nam kaže otac aktuelne Gnoze u svojim konferencijama o Gnostičkoj antropologiji; da vidimo:

Sama po sebi, sa rigorozno matematičke tačke gledišta, smrt je oduzimanje frakcija (delova). Ako mi obavimo to oduzimanje, kada se jednom matematička operacija bude završila, šta je to što nastavlja? Može li neko od vas prisutnih da mi odgovori? Vrednosti nastavljaju u psihološkom prostoru. One su kako pozitivne tako i negativne.

Nesumnjivo, pozitivni psihički agregati bili bi ocenjeni kao zapravo „dobri", iako nikada ne bi znali da čine dobro, a njihove dobre akcije uvek bi nas vodile prema grešci.

Očigledno, negativni psihički agregati mogu i treba da budu kvalifikovani zapravo kao „loši", ovo je jasno.

U stanju post-mortem, u psihološkom prostoru, vrednosti se privlače i odbijaju u skladu sa Zakonom Univerzalnog privlačenja. Potom, u skladu sa velikim Zakonom poznatim kao „Zakon povratka", vraćaju se, ponovo se otelotvoruju u ljudski organizam, u ovom Euklidovom trodimenzionalnom svetu.[**]

Voljeni čitaoče, eto načina na koji nam naše akcije praktično određuju budućnost sledeće egzistencije. Ovde je interesantno da znamo da ćemo privući Gnozu u svakoj egzistenciji ako umemo da sarađujemo, na jedan viši način, sa ovim Zakonom Univerzalnog privlačenja. Realno, svaka osoba privlači u svom životu one stvari ili događaje sa kojima je ostala povezana, u zavisnosti od sopstvenih interesa.

Ako su naši interesi pretežno duhovni, Zakon Univerzalnog privlačenja će nam dati, u najranijem dobu, u egzistenciji u kojoj smo, stvari srodne sa našim čežnjama kako bismo i u nastavku tražili Svetlost. U suprotnom slučaju, ako su naši interesi čisto materijalni, glupi i površni, Zakon Univerzalnog privlačenja će nas držati vezane

---

[*]   Peto Jevanđelje, konf. „Psihologija Samospoznaje"
[**]   Peto Jevanđelje, konf. „Poreklo Ja pod svetlost Gnoze".

za gluposti i banalnosti čisto mehaničkog života koji ne vodi ničemu dostojnom i koji će nas, malo pomalo, približiti Zakonu Involucije ili Drugoj smrti, onako kako kažu hrišćanski i hinduski spisi.

Voljeni čitaoče, ovaj Zakon Univerzalnog privlačenja ne oseća se samo u ljudskom ambijentu, nego i u tome što je u vezi sa našim čežnjama; takođe je prisutan na beskonačnoj većoj lestvici, na primer, u Makrokosmosu. Ovako proizilazi iz reči Avatara Vodolije, Samaela Aun Weora, u vezi sa ovom temom; da vidimo:

„Voleti, kako je sublimno da voliš; samo velike duše mogu i znaju da vole!“, tako je rekao veliki mislilac.

Pogledajmo zvezde, onda kada se obrću oko svojih centara univerzalne gravitacije; privlače se i odbijaju u skladu sa Zakonom Kosmičkog privlačenja; vole se i potom ponovo se vole.

*Moglo se često videti kako se svetlosti približavaju, sjaje, svetlucaju na nebeskom svodu zvezdanih noći; odjednom, nešto se događa: „Sudar planeta!“, uzvikuju astronomi u svojim divnim tornjevima. Da, ljubav, približile su se veoma mnogo, njihove su se mase ujedinile, integrisale se snagom nežnosti, pretvorile su se u novu masu. Evo nam čuda ljubavi na nebeskom svodu.**

Stoji zabeleženo, dobri čitaoče, u skaldu sa našim egoičkim težnjama, kao što sam rekao, privlačićemo prema svom životu ili uzastopnim životima, božanske ili mračne sile. Sledeći stihovi potvrđuju da, u dubini stvari, mi sami sejemo ignoranciju ili mudrost, u toku naših peregrinacija:

---

*   *Peto Jevanđelje, konf. „Metafizički univerzum seksa“*

BRONZANA RUŽA	*ROSA DE BRONCE*

Obeščastio sam svoju kuću svojim bludom,
krv sam prolio. Bio sam sin rasipnik.
Plameni panter iz Libije se pobunio
u mom srcu. Gordost je pobedila.

Kao Atlantiđanin sam kroz svet prošao,
noseći sa sobom mešine pune grehova,
tren za trenom život sam proživeo,
kao kocku sam ga obrtao.

Ponosan u bolu, patnju sam u tajni držao.
Vatreni bes Erosa
probi me svojim kopljem;
u blud se pretvori melanholija.

Nosio sam povez na očima,
dok mi je rana na rebru krvarila,
na ramenima mi lepršao ogrtač legendarni
sa kojim su se nevaljalci sudili.

I želeo sam da probudim one crne ptice,
što spavaju u najdubljem ambisu
i na moru na nasukanim lađama
da budem lep, kao crvena kataklizma.

Iz krvave njive lomim grančicu lovora
okom tigra u zenici
i moja duša, slatka, odazove se,
varvarskom pustošenju Atile.

Bio sam luciferičan. Protivna sudbina
učini da ponos usne nasmeši,
pogledah život – brata smrti,
i nađoh povoljnu umetnost mudrih.

—————————————
Ramon del Valle-Inclan

La casa profané con mi lascivia,
la sangre derramé. Fui el hijo pródigo.
Encendida pantera de la Libia
se alzó mi corazón. Mi orgullo código.

El mundo atravesé como un Atlante
cargado con los odres del pecado,
y con la vida puesta en cada instante
hice rodar la vida como un dado.

Altivo en el dolor, siempre secreta
tuve mi pena. La encendida furia
de Eros me pasó con su saeta,
y mi melancolía fue lujuria.

Llevé sobre los ojos una venda,
dando sangre una herida en el costado,
y en los hombros la capa de leyenda
con que va a sus concilios el malvado.

Y quise despertar las negras aves
que duermen en el fondo del abismo,
y sobre el mar, en zozobrantes naves,
ser bello como un rojo cataclismo.

Del sangriento laurel alcé una rama,
con el iris del tigre en la pupila,
y dio, doncel, mi corazón su llama
con el estrago bárbaro de Atila.

Fui luzbeliano. En la contraria suerte
dictó el orgullo su sonrisa al labio,
miré la vida hermana de la muerte
y tuve al sonreír arte de sabio.

—————————————
Ramón del Valle-Inclán

10

ZAKON MATRICA

Bolovi rastu ili se umanjuju merom kojom
se udaljujemo ili približavamo slobodi.
Monteskje

Probijamo se sada, prijatelju čitaoče, u veliku misteriju Gnoze. Odnosimo se na kapacitet duše da se odvoji od kosmičkog scenarija u koji je bila uključena. Ovaj aspekat metafizike bio je poznat i tibetanskim Inicijatima i, takođe, bio je prisutan u starom Egiptu kao deo mudrosti Misterija Ozirisa. Nesumnjivo da je za rukovanje ovom mogućnošću izvlačenja iz kosmičkog scenarija, potrebno da se raspolaže nekim procentom slobodne Svesti, budne, iluminirane, kako bi bilo moguće da se realizuje u paralelnim svetovima, ili hiperdimenzijama, mnogo željeno bekstvo.

Uzmimo njegovu Ekselenciju Majstora Samaela Aun Weora da bude taj koji će da nam objasni detalje u vezi sa ovom neverovatnom tehnikom. Hajdemo da vidimo šta nam kaže u jednoj od njegovih konferencija:

Slobodna Svest može da spozna Misterije Života i Smrti; na primer, u Orijentu, Slobodna Svest rukovodi mnoge preminule koji su se odlučili da slede kratak Put. Verujem da ste bar jednom čuli da se govori o Kratkom putu i Jasnoj Svetlosti. Postoje preminuli koji se odlučuju da se povuku iz scenaria ovog sveta, neki definitivno, a drugi, dok ne prođe Gvozdeno doba. Tada, dok su živi, rade što je više moguće na otapanju Ego-a, a nakon smrti nastavljaju rad u Višim svetovima sve do dezintegracije Ego-a i na kraju se utapaju u Veliki Okean.

Ali, jasno je, vrlo je teško da se ne vratiš. Treba da naučiš da Zatvoriš Matricu, da se ne vratiš, jer matrice žele da uhvate osobu, a ona treba da bude dovoljno jaka da bi naučila da ih zatvori i da utekne; treba da izdrži urlik uragana... Na primer, mnogi preminuli zgroženi beže; beže da se sakriju u jamama nekih pećina i kada se u tu šupljinu sklone bežeći od oluje i uragana, Srebrni kordon se povezuje sa tom jamom. Šta je ta „jama"? Matrica!

Drugi se vraćaju užasnuti cikom paklenog uragana, neki drugi pred zastrašujućim demonskim vizijama, neki pred probama Oca-Majke. Ne mogu da izdrže i vraćaju se; zaustave se u nekoj matrici. Ali, ako osoba zna da bude hladnokrvna i ako, pored toga, prima pomoć, ako se seti PREMILOSTIVOG ili Gospoda Sažaljenja itd, itd, ona na kraju uspeva da prodre u više molekularno Kraljevstvo, gde će biti poučavana od strane Deva. Njena Božanska Majka joj pomaže da istopi „nehumane elemente" koji su joj preostali sve dok se ne bude, na kraju, povukla iz Kosmičkog scenarija, preobražavajući se u jednostavnog Elementala ili Buda Elementala.

U ovim oblastima sreće može da ostane zauvek ili, jednostavno, dok ne prođe Gvozdena epoha; kada jednom bude prošla, ponovo se vraća u jednu Zlatnu epohu da bi se uključila u neku Školu Misterija i da se Autorealizuje.

Dobro, ovo je Kratak put. U Tibetu, oni atletičari Fove, odnosno, Nauke transfera Svesti, pomažu onima koji slede Kratak put; pomažu im vodeći ih, ohrabrujući ih itd, itd. Mogu da čekaju ili da padnu na putu. Dakle, ovo je divna Nauka... *

U nastavku, u vezi sa ovom temom, nudimo našem čitaocu druge reči koje izviru iz Avatara Vodolije, V.M. Samaela Aun Weora, povodom konferencije koju je u nekom dobrom času održao; da vidimo:

---

* *Peto Jevanđelje, konf. „Gnostička misterija Lepe Jelene".*

Učenik: Majstore, koju prednost ima, u momentu smrti, osoba koja poseduje Svest prema osobi koja je ne poseduje?

Majstor: Pa, prednost je da može, recimo, da bira matricu u koju će ući pre nego što će se roditi, zar ne? Prednost da „zatvori matricu" ako to želi, da se više ne vraća; rekli bismo, prednost da bira povoljniju sredinu. Za razliku od ovog, onaj uspavani nema nijednu od ovih prednosti, rađa se automatski, isto kao što i umire...

Učenik: Majstore, onaj ko „zatvara matricu", znači li to da može da bira da se više ne inkarnira?

Majstor: Dobro, ima osoba koje više nisu raspoložene da se povrate, jeli tako? Ali koje ne teže da postanu Majstori. Ovde, u fizičkom svetu, predlažu sebi da istope Ego i čak iako to ne uspevaju potpuno, nastavljaju sa ovim radom nakon smrti. Tako, ova vrsta ljudi može da se više ne povrati.

Ja sam poznavao nekog princa, poznavao sam prijatelja, u zemlji starog Egipta (zemlji faraona). on je sebi predložio da se više ne povrati i u toku života pobrinuo se da otopi Ego (neću da kažem da ga je u potpunosti otopio, ali u velikoj meri, da).

Nakon dezinkarniranja, sveštenici su mu mnogo pomogli. Tako, jednom mrtav, u Molekularnoj oblasti (u „Amenti", kako je nazivaju Egipćani), sveštenici su ga podsećali na njegovu želju, govorili su mu: „Nemoj da se vratiš! Nemoj da se vratiš! Udalji se! Udalji se!, i njihov je glas stigao do njega i on je slušao. Tada se događa da biva podvrgnut posebnim probama: pre svega , nakon što je ponovo video život koji je upravo prošao, dva Genijusa (jedan sa belim kamenčićima, a drugi sa crnim) računali su mu karmu...

Beli kamenčići su simbolizovali njegova dobra dela; crni kamenčići – njegova loša dela. A ona dva Genijusa, nije suvišno ako kažem, bili su delovi njegovog Bića (koje sav svet ima). Nakon svega toga, uragan karme odjekivao je u najdubljim dubinama Amentija, ali je on ostao spokojan...

Izbijale su unutrašnje oluje u Kosmosu i on je ostao spokojan, miran. Sveštenici su mu pomagali, kazivajući: „Udalji se! Udalji se!".

Lični Otac-Majka, individualni, odnosno, njegov Otac koji je u tajnosti i Božanska Majka, integrisani, zauzeli su strašne oblike da bi ga pokušali isprobati, da vide da li se vraća, ali je on ostao miran, nije se vratio...

Razne matrice pokušavale su da ga privuku, ali on nije dopustio da bude privučen ni od jedne matrice. Bio je „Zatvorio matricu", ostao je u Svesnom stanju, rekli bismo, udubljen u Iluminatornom vakuumu, a da nije dopustio da bude privučen ni od jedne matrice; a sveštenici su ga podsećali: „Nemoj se vratiti!"...

Na kraju, bio je primljen u neki „Raj", u Više svetove, u Molekularnu oblast, vodio ga je Deva. I tamo nastavlja rad na otapanju Ego-a; a njegova Majka Božanska Kundalini bori se zajedno sa njim, pomažući mu da otopi Ego, samo ja...

Na kraju, uspeo je da otopi nehumane elemente; tada se pretvorio u lepo stvorenje; u Unutrašnjim svetovima izgledao je lepo, lepa devojčica...

Kasnije, prošao je kroz druge faze Spoznaje, naprednije i na kraju, potpuno oslobođen Ego-a, utopio se u Okean Velike Realnosti, u Okean Slobodnog života u svom kretanju. Nije bio kao neki Majstor Belog Bratstva ili nešto slično tome, ne! Više je ličio na Elementalnog Budu. Uzeo je lik neiskazivo lepe devojčice i živi u onim oblastima u stanju neuporedive sreće.

Može da ostane zauvek u tim oblastima. Ali, ako želi da se ponovo vrati, moći će da to vrlo dobro uradi u budućoj Šestoj rasi koren, da bi sledio Put intimne Autorealizacije Bića.

*Ali, ako ne želi Autorealizaciju, ako ne želi Majstorstvo, utopiće se zauvek u Okean Velike Realnosti kao budički elemental, prepun sreće i to je sve.**

Cenjeni čitaoče, oslobađanje ima veoma veliku cenu i traži, od onog zainteresovanog za to, moralnu odlučnost i duhovnu opredeljenost koja će da bude sposobna da izađe kao pobednik iz svih proba...

Oremus...

---

* *Peo Jevanđelje, konf. „Važne doktrinarne manifestacije".*

11

ZAKON PADA

Priroda nas je stavila na takvu vagu,
tako da ako promenimo jedan njen tas,
menja se i drugi.
Paskal

Bilo bi veoma interesantno da govorimo sada o Zakonu Pada ili Zakonu Gravitacije. U univerzumu, prijatelju čitaoče, sile i sve što je energija imaju težnju da padaju u dubinu; očigledno, za vreme Maha-Manvantare, jer za vreme Kosmičke noći sav materijalni život postaje energetski i upija se u ono što mi, gnostičari, nazivamo Apstraktni Apsolutni Prostor. Venerabilni Majstor Samael Aun Weor nam govori o ovom Zakonu u svom magistralnom delu „Tri planine"; da vidimo:

Izvanredno uzdizanje Prve Zmije Svetlosti unutra i nagore, kroz Medularni spinalni kanal Fizičkog tela, dopustilo mi je da spoznam Tajnu Ambisa.

Fundament ove tajne nalazi se u Zakonu Pada, tako kako je bio izložen od Svetog Venome. Evo formulacije koju je pomenuti Majstor dao ovom Kosmičkom zakonu kog je on otkrio:

„Sve stvari koje postoje u svetu padaju prema dubini. A dubina, za bilo koji deo Univerzuma, je najbliža stabilnost, a tako nazvana stabilnost je mesto ili tačka kojoj streme sve linije sile koje dolaze iz svih pravaca.

Centri svih sunaca i svih planeta u našem Univerzumu jesu upravo tačke stabilnosti. One su samo unutrašnje tačke onih regiona prostora prema kojima definitivno teže sile koje proizilaze iz svih pravaca onog datog dela univerzuma. Takođe se u tim tačkama koncentriše ravnoteža koja dopušta suncima i planetama da održavaju svoj položaj."

„Tigar iz Turkestana" objašnjavajući, kaže:

„Iskazivanjem principa, Sveti Venoma kaže više, da stvari kada padaju u prostor, bilo gde da padaju, teže da padaju prema jednom ili drugom suncu, ili jednoj ili drugoj planeti, u zavisnosti od toga, kom suncu ili planeti pripada onaj deo prostora u koji pada objekat; svako sunce ili svaka planeta predstavljaju, u onoj određenoj sferi, stabilnost ili dubinu."

Prethodni paragrafi citirani pod znacima navoda, vrše jasnu aluziju na ona dva aspekta, spoljašnji i unutrašnji, Zakona Gravitacije. „Spoljašnjost nije drugo nego projekcija unutrašnjosti." Uvek se ponavlja u trodimenzionalnom obliku tajna gravitacija sfera...

Centralna srž ove planetarne mase na kojoj živimo je, bez imalo sumnje, mesto i matematička tačka prema kojoj streme sve linije sila koje se pojavljuju iz raznih pravaca. U centru planetarne stabilnosti sastaju se i recipročno se uravnotežuju Involutivne i Evolutivne sile Prirode.

Talasi Esencija započinju Evoluciju u Mineralnom carstvu; nastavljaju u Vegetalnom; idu dalje na Životinjsku lestvicu i na kraju dotiču nivo Humanoidne Intelektualne vrste. Talasi života silaze potom involuirajući u skladu sa Zakonom Pada, ponovo doživljavaju životinjske, vegetalne i mineralne procese prema centru zemljine teže (gravitacije).

Obrće se točak Samsare: na desno se diže Anubis evoluirajući, a na levo silazi Tifon (Tiphon) involuirajući. Ostajanje u stanju Intelektualnog Humanoida to je nešto krajnje relativno i cirkumstancijalno (zavisno od okolnosti).[*]

Ovde završavaju reči gnostičkog Patrijarha koji je osavremenio Gnosticizam svih vremena. Naravoučenije koje se može izvući iz ovih izuzetnih iskaza, sadržanim u ovom Zakonu, ljubitelji Gnoze znaju: treba da se borimo svim silama naše duše protiv Zakona Entropije, da bismo izbegli da budemo žrtve Zakona Pada...

LUX IN TENEBRIS LUCET

Svetlost sija u tminama.

---

[*] *Tri planine, pogl. 20. „Tajna Ambisa".*

12

ZAKON GUNA

> Ništa nije stabilno u ovom svetu; pamtite
> sve vreme ovu istinu. I nemojte da
> dopustite da vas radost ponese za vreme
> blagostanja, niti da budete bolom
> oboreni, u nesreći.
> *Izokrat*

Među zakonima odlučujućeg karaktera, Zakon Guna je sigurno jedan od najsnažnijih zbog kapaciteta koji poseduje, a to je da nas vezuje za svet relativnosti, ili u odnosu na trodimenzionalni prostor (Carstvo Malkuta), ili u odnosu na druge paralelne dimenzije u Univerzumu. Pre svega, čitalac treba da sazna da je izraz „Guna" sanskritskog porekla i da definiše kvalitete kosmičke materije. Pošto je čitav Univerzum sastavljen od kosmičke materije, a ova materija je utroba one koju Hindusi nazivaju „PRAKRITI" ili „MULAPRAKRITI", smatramo, prema tome, da je veoma potrebno objašnjenje koje nam Venerabilni Majstor Samael Aun Weor daje u pogledu ovog kvaliteta matrice Univerzuma. Prema tome, da vidimo:

Prakriti je Božanska Majka, prvobitna supstanca prirode. U Univerzumu postoje različite supstance, različiti elementi i pod-elementi, ali su sve to razne modifikacije (preinačenja) jedne jedine supstance.

Prvobitna materija je čista Akaša (Akasha) koja je sadržana u čitavom prostoru, Velika Majka, Prakriti.

Maha-Manvantara i Pralaja (Pralaya) su dva veoma značajna sanskritska termina na koje treba da se naviknu gnostički studenti. Maha-Manvantara je veliki kosmički dan. Pralaja je velika kosmička noć. Za vreme velikog dana Univerzum postoji. Kada stigne velika noć, Univerzum prestaje da postoji, rastvara se u Prakritinim nedrima. Neizmerni beskonačni prostor je ispunjen Sunčevim sistemima koji imaju svoju Maha-Manvantaru i Pralaju.

Dok su neki u Maha-Manvantari, drugi su u Pralaji. Milioni i milijarde Univerzuma se rađaju i umiru u Prakritinim nedrima. Svaki Kosmos se rađa iz Prakriti i rastvara se u Prakriti.

Bagavad-Gita kaže: „Velika Prakriti je moja matrica, tamo unosim klicu i iz nje, o, Bharata(!), rađaju se sva Bića." „O, Kountreya! Prakriti je istinska matrica svih stvari koje se rađaju iz različitih matrica i ja sam očinski oploditelj."

Sattwa, Rayas i Tamas, ove tri Gune (aspekti ili karakteristike) rođene iz Prakriti – o, ti, koji imaš snažne ruke! – čvrsto povezuju telo sa inkarniranim Bićem.

Među njima, Sattwa, koja je čista, svetlosna i dobra, povezuje inkarnirano biće – o, savršenstvo! – preko spoja sreće i spoznaje. O, Kountreya! Znaj da je Rayas strastvene prorode i izvor je želje i privrženosti; ova Guna čvrsto povezuje inkarnirano biće sa akcijom. O, Bharata! Znaj da se Tamas rađa iz ignorancije i vara sva bića; ona povezuje inkarnirano biće posredstvom nepažnje, lenjosti i sna (Uspavana Svest, san Svesti).

Za vreme Velike Pralaje ove tri Gune su u savršenoj ravnoteži na kosmičkoj vagi pravosuđa; kada se proizvede neravnoteža triju Guna, počinje zora Maha-Manvantare i rađa se Univerzum iz nedra Prakriti.

Za vreme Velike Pralaje, Prakriti je jednokupna, cela. U manifestaciji, Prakriti se deli na tri kosmička aspekta. Ta tri Prakritina aspekata za vreme manifestacije jesu: Prvi – beskonačni prostor; drugi – priroda; treći – čovek.

Onaj ko želi da se ponovo rodi, onaj ko hoće da osvoji krajnje oslobođenje, taj treba da izbaci iz svoje prirode one tri Gune Prakritine. Onaj ko ne izbaci Gunu Sattwa, taj se gubi u lavirintu teorija i napušta ezoterički rad. Onaj ko ne izbaci Gunu Rayas, osnažiće lunarni Ego posredstvom gneva, lakomosti i bluda... Ne treba da zaboravimo da je Guna Rayas sam koren životinjske želje i najjačih strasti. Rayas je koren svake pohotljivosti, a ova je, sama po sebi, poreklo svake želje. Onaj ko hoće da otkloni želju prvo treba da izbaci Gunu Rayas.

Onaj ko ne bude izbacio Gunu Tamas imaće uvek uspavanu Svest, biće lenj, napustiće ezoterički rad zbog slabosti, inercije, lenjosti, manjka volje, mekoće, zbog nedostatka duhovnog entuzijazma, biće žrtva glupih iluzija ovog sveta i umreće u ignoranciji.

Hitno je da izbacimo iz naše unutrašnje prirode one tri Gune, ako zaista želimo da uspešno realizujemo ezoterički rad. Bagavad-Gita kaže: „Kada mudrac vidi da su samo Gune te koje dejstvuju i prepozna ONOG koji je onostrano Gunama, onda on stiže do mog BIĆA.“

Mnogi bi želeli neku tehniku za eliminaciju triju Guna; mi tvrdimo da samo onda kada se otopi lunarni Ego mogu se uspešno izbaciti tri Gune. Ko bude indiferentan i ne smetaju mu Gune, ko je razumeo da samo Gune akcionišu i ostaje čvrst, nepokolebljiv, taj je već otopio lunarni Ego.

Onaj ko se jednako oseća i u zadovoljstvu i u bolu, ko živi u sopstvenom Biću, ko jednako vrednuje komad gline, kamena ili grumen zlata, ko je uravnotežen ispred zadovoljstva i nezadovoljstva, pred kritikom ili hvalom, u časti ili nečasti, pred prijateljem ili neprijateljem i ko je odustao od svake egoističke i zemaljske akcije, taj je već izbacio one tri Gune i otopio lunarni Ego.

Onaj ko nema pohotljivost, ko je ugasio bludnu vatru u svih 49 odeljenja podsvesne pameti, taj je izbacio tri Gune i otopio lunarni Ego.

U zori Velikog Kosmičkog dana, manifestuju se sva bića koja proizilaze iz nemanifestovane Prakriti; i na zalasku nestaju u istu nemanifestovanu. Onostrano nemanifestovane Prakriti nalazi se nemanifestovani Apsolut. Prvo treba da prodremo

u nemanifestovanu pre nego što ćemo se upiti u nedra nema-
nifestovanog Apsoluta. [*]

Sveprisutna aspiracija svakog anahoreta je da oseti dušu izvučenu iz božanskog vrtloga. Neophodno je da se odreknemo svih obmana, koje nam je tiranin dao tokom ciklusa reinkarnacija i povrataka, da bismo se oslobodili od jarma, postavljenog od onih triju Guna...

---

[*] *Ezoterički traktat Hermetičke astrologije, pogl. 6. „Devica"*

DA LI JE ZASPALO SRCE MOJE?	¿MI CORAZÓN SE HA DORMIDO?

DA LI JE ZASPALO SRCE MOJE?

Da li je zaspalo srce moje?
Zar ne radite više
košnice mojih snova?
Da li je usahnuo bunar misli?
Jesu li obrtne vedrice prazne
i senkama ispunjene?

Ne, srce moje ne spava.
Budno je, oduvek budno.
Ne spava, ne sanja,
otvorenim očima gleda
udaljene znake, sluša
na međi velike tišine.

———————
Antonio Machado

¿MI CORAZÓN SE HA DORMIDO?

¿Mi corazón se ha dormido?
Colmenares de mis sueños
¿ya no labráis? ¿Está seca
la noria del pensamiento,
los cangilones vacíos
girando, de sombra llenos?

No, mi corazón no duerme.
Está despierto, despierto.
Ni duerme ni sueña, mira,
los claros ojos abiertos,
señas lejanas y escucha
a orillas del gran silencio.

———————
Antonio Machado

13

ZAKON
EVOLUCIJE I INVOLUCIJE

*Isto toliko je teško da bogati dobiju
mudrost, koliko je za one mudre teško da
sakupe bogatstva.*
Epiktet

Budući da je deo niza Kosmičkih zakona koje je božanski Theo-
megalogos uneo u Kreaciju, Zakon Evolucije i Involucije je
prisutan u hiljadama i hiljadama manifestacija.

Da bismo ga valjano definisali, iskoristimo izvor savremenog
Gnosticizma, koga je predstavio Venerabilni Majstor Samael; da
vidimo:

*Sa strogo akademske tačke gledišta, reč EVOLUCIJA znači: ra-
zvoj, izgradnja, progres, napredak, uzdizanje, oplemenjivanje
itd. Ako pristupimo gramatički, pravilno i čisto, razjašnjavam:
izraz INVOLUCIJA znači obrnuti progres, regres, uništavanje,
degradacija, dekadencija itd.*

*Sada se šire, kako u Orijentu tako i u Okcidentu sveta, mno-
ge filozofske doktrine koje su zasnovane na dogmi evolucije.
Evolucija i Involucija jesu dve mehaničke sile koje funkcionišu
istovremeno u čitavoj Prirodi. Mi ne negiramo realnost ovih
dveju sila, samo ih objašnjavamo.*

*Naučne osnove evolucije su predstavljene nebuloznim te-
orijama o poreklu Univerzuma, sa bezbrojnim izmenama,*

dodacima, ograničavanjima itd, koje u realnosti, nikako ne menjaju prvobitnu pogrešnu koncepciju u pogledu mehaničkog procesa kreacije; i, u drugom redu, kapriciozna Darvinova teorija o evoluciji vrsta, sa svim kasnijim korekturama i izmenama. U realnosti, pojava novih vrsta, kao rezultat evolucije, ne stiže da bude više od proste hipoteze, jer nikada nije bila dokazana, niko nije nikada video da se pojavljuje nova vrsta.

Moderno mišljenje, onda kada je stvorilo Teoriju Evolucije, zaboravilo je na razaračke procese prirode. Motiv nalazimo u dosta ograničenoj intelektualnoj viziji u ovim vremenima. Iz ovog razloga se izrađuju sjajne teorije, veoma lepe, ali koje se ne zasnivaju na dovoljnom broju činjenica.

U ovim modernim vremenima, ljudska pamet je učaurena u dogmi evolucije, zna da misli samo u zavisnosti od sopstvene učaurenosti, a ostale pojave razaranja, dekadencije i degeneracije ocenjene su kao evolucija, razvoj i progres.

Iako bi nas moglo iznenaditi, sve ove evolutivne i involutivne procese svih stvari doživljava i ono što nosi naziv Svest, Esencija ili, jednostavno, Duša. Talasi egzistencije započinju evoluciju u Mineralnom carstvu, nastavljaju u vegetalnom stadijumu, potom ulaze na životinjsku lestvicu i, na kraju, dotaknu nivo intelektualnog humanoida. Talasi života se potom spuštaju involuirući, prema centru zemljine gravitacije, u skladu sa Zakonom Pada, doživljavajući ponovo životinjske, vegetalne i mineralne procese.

Mnogo se pričalo o doktrini Transmigracije Duša, koju je izložio Gospod Krišna na svetoj zemlji Veda, hiljadu godina pre Hrista. Svakoj Duši se pripisuje 108 egzistencija radi svoje intimne Autorealizacije. Oni koji se ne budu Autorealizovali u naznačenom broju života, očigledno je da odlaze u potopljeno Mineralno carstvo. Ali, analizirajmo detaljnije ovo što tvrdimo.

U svom delu Božanstvena komedija, Dante Aligijeri nam govori o Devet Danteovih krugova, koje on vidi u unutrašnjosti Zemlje. Naši preci iz Anahuaka, velikog Tenochtitlana, jasno govore o Miktlanu, nižoj oblasti, koju oni postavljaju u unutrašnjost našeg zemaljskog globusa.

Za razliku od nekih sekti ili religija, za naše pretke iz Anahua-ka, onako kako smo videli u njihovim kodicilima, prolaz kroz Miktlan je obavezan i smatrali su ga upravo kao svet proba, gde su duše bile podvrgnute probama, i ako su uspevale da prođu kroz onih devet krugova, nesumnjivo bi prodirale u Eden, odnosno, u Zemaljski Raj.

Ni za mohamedanske sufiste Pakao nije mesto za kazne već za instruisanje Svesti, za prečišćavanje. Za hrišćanstvo, na svim krajevima sveta, Pakao je mesto za kažnjavanje i večite patnje. Ipak, tajni krug hrišćanstva, skriveni deo hrišćanske religije, jeste drugačiji. U skrivenom delu svakog hrišćanskog pokreta, u intimnom ili tajnom delu, susrećemo Gnozu. Univerzalni gnosticizam ne vidi Pakao kao mesto večite, beskrajne patnje, nego kao mesto pokajanja, pročišćavanja i, takođe, mesto za instruisanje Svesti.

Očigledno, treba da postoji bol u Paklenim svetovima, jer je život strašno gust u unutrašnjosti Zemlje, pogotovo u Devetom krugu, tamo gde se konkretno nalazi srž, recimo tako, strašno čvrste materije. Tamo se neiskazivo pati. U svakom slučaju, oni koji ulaze u potopljenu involuciju u Mineralnom carstvu, ranije ili kasnije, treba da prođu kroz ono što hrišćansko Jevanđelje naziva „Druga smrt".

Svaka zemlja, svaka religija, svaka Era, svaka kultura, poznavala je ono što nazivamo „infernus" i na neki način dala mu je ime. Za stare stanovnike velike Hesperide, kako je pisao Virgilije, pesnik iz Mantove, u „Eneidi", Pakao je Plutonovo boravište. Nalazi se u onoj kavernoznoj oblasti, tamo gde će Trojanac Enej (Aeneas) naći Didonu (Dido), onu kraljicu koja je izvršila samoubitstvo iz ljubavi prema njemu, nakon što se zaklela Siharbasovom pepelu.

Ako razumemo sve ovo, možemo nastaviti: očigledno je da Božanska Majka Kundalini, Vatrena Zmija naših magičnih moći namerava da dobije naše samoostvarenje u toku onih 108 egzistencija koje su svakome od nas date; očigledno je da u takvom ciklusu uzastopnih života imamo nebrojeno mnogo prilika za autorealizaciju; preporučljivo je da ih iskoristimo. Na nesreću, mi neprestano recidiviramo (vraćamo se na isto) i krajnji je rezultat porazan.

Na nesreću, mi stalno padamo u grešku i, na kraju, rezultat je porazan.

Jasno je i očigledno da ne žele sva ljudska bića da slede putanju koja postoji radi vođenja ka finalnom oslobođenju. Razni vesnici koji dolaze sa visina, profeti, avatari, veliki apostoli uvek su želeli da nam tačno naznače kamenu putanju koja vodi ka autentičnoj i legitimnoj sreći.

Na nesreću, ljudi ne žele da išta znaju o božanskoj nauci, zatvarali su Majstore, ubijali su avatare, kupali se u krvi pravednih, smrtno mrze sve što ima ukus božanstva.

Spuštati se u Zatrpani svet radikalno je različito od evolutivnog uzdizanja prema površini Zemlje. Životinjsko ponavljanje u ambisu jeste degenerativnog tipa, descendentno, bolno. Vegetalno ponavljanje u utrobi Zemlje, zastrašujuće je; oni koji prolaze kroz ovaj proces liče na senke koje se provlače tamo-amo i onamo u neopisivim patnjama. Involutivno descendentno mineralno ponavljanje u utrobi sveta u kom živimo, gorče je čak i od smrti, stvorenja se fosilizuju, mineralizuju i polako dezintegrišu u borbi, neopisivoj rečima.

Oni koji veruju da će stići do autorealizacije vremenom, Evolucijom, dobijajući mnogo iskustava, greše; oni koji tako misle, nose grešku iz veka u vek, iz egzistencije u egzistenciju, a realnost je da se na kraju gube u Ambisu.

Spuštanje u utrobu mineralnog carstva sa ciljem da se oslobodi Esencija iz nepoželjnih elemenata koji, na ovaj ili onaj način, pristupaju psihi, ponavlja se jedanput i još jedanput sve do 3.000 puta. Okončavanjem ovih 3.000 perioda Velikog Točka, bilo kakva vrsta intimne autorealizacije biva nemoguća.

Ako se u toku 3.000 ciklusa, sa 108 života u svakom, neće doživeti ova tri činioca REVOLUCIJE SVESTI, svaka se kapija zatvara, i sama Esencija se pretvara u bezazleni Elemental, udubljuje se u nedro Velike Realnosti, odnosno u veliku Alayu Univerzuma, u Univerzalni Duh Života ili Parabrahatman, kako to nazivaju Hindusi.

Nesumnjivo, svaka Esencija koja je prošla kroz ciklus od 3.000 manifestacija, eksperimentisala je užase Ambisa 3.000 puta i tako se poboljšala i osvojila je Samosvest.

Ni Evolucija, niti Involucija neće nas nikada moći voditi ka intimnom samoostvarenju Bića. Ako mi stvarno želimo da se oslobodimo, ako ozbiljno čeznemo za autentičnom srećom, potrebno je, hitno i bez odlaganja, da stanemo na put Revolucije Svesti. Možemo podvući transcendentalnu i transcendentnu ideju da se ne može stići do Velike Realnosti, dok se neprestano obrćemo sa SAMSARA točkom.

Gnosticizam iz svih vremena ima dovoljno razloga da bude siguran, na odlučan način, da se samo preko smrti rađa novo. „Ako seme ne ugine, biljka se neće roditi", kažu hrišćanska Jevanđelja; isto tako, samo sa smrću životinjskog Ja, rađa se u nama nešto novo, odnosno, Biće.

Ostavimo sada poetu iz Sevilje da nas podseti pomoću popularnih stihova na dužnost koju svi imamo, kao ljudi, da umremo u svemu što je iluzorno i pusto:

REČENO MI JE NEKE VEČERI	*ME DIJO UNA TARDE*
Rečeno mi je neke prolećne večeri: Nađi na zemlji putanje cvetne, usmrti svoje reči, saslušaj svoju staru dušu.	*Me dijo una tarde de la primavera: si buscas caminos en flor en la tierra, mata tus palabras y oye tu alma vieja.*
Neka ti beli lan kog oblačiš bude odelo žalosti, praznikom da ga nosiš. Zavoli svoju radost, i tugu da voliš, a ako cvetne puteljke tražiš, na zemlji ih nađi.	*Que el mismo albo lino que te viste, sea tu traje de duelo, tu traje de fiesta. Ama tu alegría y ama tu tristeza, si buscas caminos en flor en la tierra.*
Odgovorih tada prolećnoj večeri: Otkrila si istinu koja leži u mom srcu: ja radost mrzim, jer mrzim tugu. Ali pre nego što krenem na tvom cvetnom putu, želim da ti ispred nogu donesem, mrtav, moju staru dušu.	*Respondí a la tarde de la primavera: Tú has dicho el secreto que en mi alma reza: yo odio la alegría por odio a la pena. Mas antes que pise tu florida senda, quisiera traerte muerta mi alma vieja.*
——————————— Antonio Machado	——————————— Antonio Machado

14

PLANETARNI ZAKONI

> Bog nagrađuje malobrojne prijatelje
> božanskim otkrovenjima.
> *P. Rivadeneira*

Probijamo se sada, dragi čitaoče, u izučavanje sledećeg zakona koji ima svoj uticaj na ljudski rod. Odnosimo se na Planetarne Zakone. Poznato je da, pored uticaja raznih konstelacija u nekvarljivom i beskonačnom Prostoru, i planete nam šalju svoje talase, koji se u našoj unutrašnjosti pretvaraju u sile koje nam određuju ponašanje i raspoloženje, uopšte.

Gnosticizam, posredstvom Venerabilnog Majstora Samaela, tvrdi sledeće:

Nije istinita ona stvar koju govore teozofi, a to je da u svakoj Inicijaciji Majornih (Velikih) Misterija Inicijat ulazi u drugi kosmički Radijus (Zrak). Svaki Majstor evoluira i odvija se u sopstvenom Zraku, nikada ne menja Zrak.

Svaki Zrak ima svog šefa:

1. Rukovodilac Zraka Meseca: GABRIEL,

2. Rukovodilac Zraka Merkura: RAFAEL,

3. Rukovodilac Zraka Venere: URIEL,

4. Rukovodilac Zraka Sunca: MIHAEL,

5. Rukovodilac Zraka Marsa: SAMAEL,

6. Rukovodilac Zraka Jupitera: ZAHARIEL,

7. Rukovodilac Zraka Saturna; ORIFIEL.

Ovo su sedam Zrakova o kojima su toliko mnogo govorili teozofi i kojima su bili posvećeni čitavi tomovi, ali se nikada nije dalo njihovo tačno i konkretno objašnjenje. Teozofi su opisali Radijuse u konfuznom obliku i toliko površno da, realno, ne ispunjavaju intimna stremljenja duše. Teozofi treba da budu praktični; realno, učenja Teozofskog društva nikome ne služe.

Pod uticajem ovih Radijusa evoluiraju milioni bića i bezbroj Jerarhija.

Svako ljudsko biće može da zna kom Zraku pripada, dovoljno je da izbroji poprečne linije na svom čelu:

1. Oni koji imaju jednu liniju pripadaju Radijusu Meseca,

2. Oni koji imaju dve linije pripadaju Radijusu Merkura,

3. Oni koji imaju tri linije pripadaju Radijusu Venere,

4. Oni koji imaju četiri linije pripadaju Radijusu Sunca,

5. Oni koji imaju pet linija pripadaju Radijusu Marsa,

6. Oni koji imaju šest linija pripadaju Radijusu Jupitera,

7. Oni koji imaju sedam linija pripadaju Radijusu Saturna.

Svi mi, Majstori, onih Sedam Radijusa sinovi smo Vaskrsnuća, svi smo prošli kroz gorčine Kalvarijuma; svi smo mi eksperimentisali, sami na sebi, Vaznesenje Gospoda.

Nijedan Majstor nikada ne izlazi iz svog Zraka, svaki Majstor radi samo u svom Zraku. Rukovodilac našeg Zraka je Otac naš koji se nalazi na nebesima. Nijedan Majstor nikada ne napušta Oca koji je na nebesima, zbog toga je nemoguće da Majstor prelazi iz jednog u drugi Zrak, onako kako veruju teozofi.

Ja, Aun Weor, sin sam Oca svog Samaela, pa iako sam u svojoj prošlosti evoluirao pod regente raznih planeta, nikada ne bih mogao da izađem iz Samaelovog Zraka, jer je Aun Weor odvojena iskra iz plamena Samaela; prema tome, iz Samaela *sam izašao i u Samaela sam se vratio i u svim svojim egzisten-cijama imao sam pet linija na čelu.*[*]

Budući da smo ovde u ovom kontekstu, možemo i treba da dodamo nekoliko reči Patrijarha savremenog Gnosticizma koje su u vezi sa influencijom koju ima Mesec nad nama u ovom slučaju.

Nekada, treba da opomenemo našeg čitaoca da za Gnosti-cizam Mesec nije satelit koji se obrće oko Zemlje. Za Gnozu, Mesec je mrtav svet koji pripada lancu svetova koji su postojali u prošloj Maha-Manvantari.

Svaki od ovih svetova one prošle Maha-Manvantare (Kosmičkog dana) dao je sedam svojih Rasa i svaka od njih je dala da se pojave sedam podrasa. Potom, po Zakonu Evolucije i Involu-cije, ti svetovi su ušli u Kosmičku noć (sav život svetova se povlači u više dimenzije Prostora), a u Prostoru su ostale samo ljušture ovih planetarnih jedinica koje dejstvuju kao sateliti nekih svetova koji se pojavljuju u sledećoj Maha-Manvantari. Dakle, evo da vidimo šta nam kaže Majstor Samael u vezi sa ovim:

Vidite li vi snagu koju ima Mesec; on proizvodi plimu i oseku; kada je Mesec u porastu, sok biljaka se diže prema gornjem delu drveta; onda kada je u opadanju, sok se spušta prema korenu. Mesec, ili je mlad ili u porastu ili u opadanju, ima odlučujući uticaj na nas. Ako se drva seku kada je Mesec u opadanju, dobijamo jedan rezultat; ako se to čini kada je Me-sec u porastu, rezultat je drugačiji.

Naši preci su sejali onda kada je Mesec u opadanju, jer su znali da će na ovaj način drvo biti bolje, bolji plodovi itd. Kada je Mesec u porastu, sve ima težnju da raste, da se diže. Prema tome, draga moja braćo, mehaničnost Meseca je potpuno dokazana; Mesec je teg koji pokreće svu mehaniku Prirode.

Mi nosimo ovaj Mesec (Luna) u našoj unutrašnjosti, mi smo lunarni, mehanička stvorenja i, očevidno, on ima odlučujuću influenciju na našu psihu. Vreme je da govorimo o svim ovim stvarima...[**]

[*] *Sedam reči*
[**] *PetoJevanđelje, konf. „Sedam ljudskih kategorija".*

Voljeni čitaoče, pored svih nepovoljnih posledica koje stvara, Mesec je bio izvor hiljade inspiracija, a jedna među njima je izražena u ovim pesničkim stihovima:

<table>
<tr><td>

DEČIJI SAN

Jedna noć
praznična i mesec,
noć mojih snova
prepuna radosti.
Bila je to svetlost moje duše
ali su sada samo plamičci,
dok moje lokne
još nisu bile crne.

Među vilama, najmlađa,
na ruke me je nosila
na veseli praznik
što na trgu peva.
Mreže igara
iz ljubavi su tkane
pri svetlosti fenjera.

I te noći,
praznika i meseca,
noći mojih snova,
radošću ispunjene,
najmlađa vila
poljubi mi čelo
i njenom slatkom rukom,
oprosti se milo...

Ruže sve
miris su širile,
sva trava je
ljubav darovala.

____
Antonio Machado

</td><td>

SUEÑO INFANTIL

Una clara noche
de fiesta y de Luna,
noche de mis sueños,
noche de alegría,
era luz mi alma,
que hoy es bruma toda,
no eran mis cabellos
negros todavía.

El hada más joven
me llevó en sus brazos
a la alegre fiesta
que en la plaza ardía.
So el chisporroteo
de las luminarias,
amor sus madejas
de danzas tejía.

Y en aquella noche
de fiesta y de Luna
noche de mis sueños,
noche de alegría,
el hada más joven
besaba mi frente...
con su linda mano
su adiós me decía...

Todos los rosales
daban sus aromas,
todos los amores
amor entreabría.

____
Antonio Machado

</td></tr>
</table>

15

ZODIJAČKI ZAKONI

> Za sve postoji određeno vreme i svako
> delo ima svoj momenat na nebu obeležen.
> *Eklezijast*

Probijajući se dublje u ovu interesantnu tematiku, stižemo sada do Zodijačkih Zakona. Naš čitalac treba da dozna da Gnoza tvrdi da, svaki put kada se naša duša ponovo vrati u ovu dolinu suza, ona ostaje pod vladavinom jednog zodijačkog znaka.

Što se tiče influencije na nas, svaki zodijački znak ima svoju pozitivnu stranu i negativnu stranu. Tako, na primer, guvernirajući u našem organizmu glavu, Ovan nam pridaje moć i inteligenciju. Ali, snaga Ovna – koji je kao sazvežđe, uzgred rečeno, kuća Marsa, koja je manipulisana od životinjskog Ego-a kog unutra imamo – pridaje nam težnju ka defektu gneva. Slično se događa i sa ostalim zodijačkim znacima.

Nesumnjivo je da svaki put kada dozvolimo našim psihičkim agregatima da se napajaju energijama svog zodijačkog znaka, punimo se karmama koje drže zarobljenu našu Esenciju u momentu kada želimo da težimo ka Oslobađanju.

O ovim karmama nam naširoko govori Venerabilni mudrac Samael Aun Weor u raznim svojim delima. Na primer, vidimo šta nam kaže u jednom od poglavlja traktata naslovljenog sa *Tri planine:*

Doživeti čitavu Dramu Hrista u Astralnom svetu bez ikakve sumnje jeste nešto što se nikada ne može zaboraviti.

Srazmerno sa harmoničnim razvijanjem i odvijanjem Trećeg stepena moći Vatre u Astralnom telu, proizvode se različiti događaji Hrističke drame.

Kada Sakralna Vatra stigne u divno sklonište mirnog srca, tada doživljavamo onaj intimni simbolizam povezan sa Hristovom Smrću i Hristovim Vaskrsenjem. Dokazuje se da je strašan onaj trenutak u kom simbolični Longinus ubada u rebro Inicijata Sveto Koplje, izvanredni amblem Faličke sile.

Parsifal je sa takvim Kopljem izvidao strašnu ranu koja je bolno pekla rebro Kralja Anfortasa. Kada sam ja bio u tajnosti potvrđen od određene Sideralne sile, mračni Adepti su me napadali prepuni mržnje. Među Misterijumima velikih Katedrala nikada ne nedostaje Sveti grob, a naravno da ni moj nije mogao nedostajati u Inicijaciji.

Unutar Svetog groba trebalo je da ostanem, na astralan način, tri dana pre pomenutog simboličnog Vaskrsenja. Spuštanje u mračno Boravište Plutona bilo je neophdno, nakon čitavog simboličnog procesa vaskrsenja.

Trebalo je da počnem sa mračnim rekapitulacijama u najdubljim unutrašnjostima Zemlje; tamo gde je Dante Firenčanin našao tvrđavu Dis (Dite).

Progresivno uzdizanje je išlo sporo kroz razne slojeve potopljenog Mineralnog carstva...

Jedno scensko ponavljanje, doživljeno, progresivno, ascendentno, bilo je neophodno radi potpunog poznavanja same Sopstvenosti, samoga Ja. Ponavljanje starih paklenih grešaka, često je od koristi kada je reč o otapanju Ego-a. Poznavati naše sopstvene Psihološke greške, sigurno je hitno, neodložno.

Sećajući se starih grešaka iz prethodnih reinkarnacija, trebalo je da prođem nakon trideset i tri dana kroz jedan neobičan, poseban događaj...

Tri od onih Četiri fundamentalnih stanja Svesti trebalo je da budu podvrgnuta probi vatre... Hitno je da definišemo ova Četiri stanja Svesti radi dobra naših voljenih čitaoca:

1.EIKASIA

2. PISTIS

3. DIANOIA

4. NOUS

Izašao sam pobednik iz teške probe; neosporno, na Putu sečiva noža treba da budemo više puta iskušavani. Hermetički simbolizam pomenute ezoteričke probe bio je veoma interesantan. Tri device veoma smirene među plamenima. Rezultat je bio Pobeda!

Dana današnjeg već se nalazim čvrsto utvrđen u Stanju Dianoia i Nous. Red je da potvrdim da su Eikasia i Pistis bile izbačene iz moje prirode posredstvom strahovitih Žrtvi Inicijacije. Nakon trideset i sedam dana od početka paklenih rekapitulacija, trebalo je da neposredno izučavam Dvanaest Zodijačkih konstelacija, pod čijom vlašću konstantno Evoluiramo i Involuiramo.

Svako od onih Dvanaest Zodijačkih sazvežđa sjaji svojim osobnim tonom. Astralna svetlost Sazvežđa Lava ima veoma lepu zlatnu boju, a kada je kontempliramo osećamo se inspirisanim.

I u nastavku gnostički Patrijarh dodaje:

U Kauzalnom svetu sam takođe video, mističkim iznenađenjem, budućnost koju očekuje planeta Zemlja i ljudska stvorenja koja nastanjuju ovaj Fizički svet...

Kasnije je trebalo da se udubim u beskonačni zvezdani prostor; trebalo je da ispitujem nešto u Amfiteatru Kosmičke nauke...

Iznenađen, začuđen (jer još nisam izgubio kapacitet Iznenađenja), mogao sam da percipiram Okom Dangme ili Okom Šive nešto nesvakidašnje i neobično...

Ispred mog Duhovnog vida pojavila se Zemlja smrtno opkoljena sa dvanaest ogromnih giganata, crnih, groznih, pretećih... (Dvanaest Zodijačkih Sazvežđa koja realizuju definitivnu kristalizaciju Svetske Karme).

Kontemplirao sam u Kauzalnom svetu, sa mističkim divljenjem, Veliku katastrofu koja se približava i pošto je ovo zona

Neopisive muzike, vizija je bila propraćena zvučnom trakom. Divna tragična simfonija odjekuje u dubinama nebesa Venere.

Ova je partitura divila, uopšte, svojom veličanstvenošću i majestetičnošću, svojom inspiracijom i lepotom svog karaktera, čistotom svojih tonova i raznobojnih nijansi njene mudre i umetničke instrumentacije. Nežno i strogo, grandiozno i zastrašujuće, tragično i žalosno u isto vreme...

Fragmentirani melodični odlomci (lajtmotivi) slušani u kauzalnom svetu, u momentima različitih profetskih situacija, imali su veliku ekspresivnu moć i bili su u intimnoj vezi sa velikim događajem i sa istorijskim cirkumstancijama koje će mu neminovno vremenski prethoditi...

Postoje, u partituri ovog velikog kosmičkog dela, delovi simfonije u vezi sa Trećim svetskim ratom; divni i pogrebni, grozni događaji, atomske bombe, radioaktivne zastrašujuće za svu Zemlju, gladovanje, totalno uništavanje velikih metropola, nepoznate bolesti, neprestane borbe na sve strane itd, itd, itd.

Pomešano sa umetnošću, bez presedana, čuju se jezive teme u vezi sa uništavanjem snažnih metropola sveta: Pariza, Rima, Londona, Njujorka, Moskve itd, itd, itd.

*Ljudi iz drugih svetova ne ignorišu veliku katastrofu koja se događa i oni će se približiti svojim brodovima da bi snimili ili fotografisali kataklizmu. Eto „Apokalipse" Svetog Jovana u punom odvijanju. Kolizija svetova. Teško! Teško! Teško!...**

Eto, cenjeni čitaoče, zašto treba da prođemo kroz budističku anihilaciju sa ciljem da se oslobodimo, apsolutno, od svakog Zakona koji nas drži vezane za zodijačku Karmu. Gore pomenuta anihilacija (poništenje) znači da neprestano umiremo na psihološkom nivou, da dezintegrišemo, u čitavoj našoj psihološkoj i animičnoj prirodi, svaki egoički oblik koji postoji u našoj unutrašnjosti...

Nesumnjivo, dobri čitaoče, Paralelni univerzumi su koridori kroz koje nam božanska bića, udubljena u astralnu ekstazu, pod svetlošću božanskih zrakova, govore o strašnoj dosadi koja obavija ljude njihovim glupostima. Na nesreću, mnogo je drugačije ono tužno tamo-amo duša usred hladnog i mračnog limba.

---

*   *Tri planine, pogl. 36. „Nebo Venere".*

Današnjeg dana ljudski rod je opustošena, tužna i prazna dolina; ogromni roj utvara koje se kreću na ringešpilu vremena, lišene božanskih preokupacija. Zbog toga, dopustite mi da zaključim ovaj komentar sa bogatom mudrošću koja nam, izvirući iz usta pesnika, opisuje duhovnu noć kao misterioznu voljenu:

RECI MI, O, NOĆI, PRIJATELJICE, STARA VOLJENA!

Reci mi, o, Noći, prijateljice stara,
voljena moja!
koja nosiš oltar mojih snova
pust i stalno neutešan,
unutra je samo utvara moja,
bedna mi tužna senka
je iznad stepe i pod vrelim suncem,
ili odgonetaš tuge
u glasovima svake tajne,
reci mi, ako možda znaš, stara voljena,
da li su moje ove teške suze?

A odgovori mi Noć: – Nikada
mi nisi otkrio ovu tajnu.
Ja nisam znala, voljeni,
da si ti, u tvom snu, ili utvara neka,
niti da je glas bio tvoj
ili nekog čudnog glumca.

—Lažljiva voljena, rekao sam glasno,
ti mi tajnu znaš, to je jasno.
Videla si često jamu duboku
gde kristal obrađuje moj san,
poznaješ moju bol, moju patnju staru.

—O, varaš se, ljubavi – reče Noć,
strana mi je tvoja tajna,
iako sam videla tu što pominješ,
utvaru pustu u tvom snu.

Ja umem da slušam dušu koja plače,
slušam njenu molitvu duboku,
usamljenu,
koju ti nazivaš istinski psalam;
ali u dubokim prostorima duše
ne znam da li je glas ili je odjek – plač.

Da bi ti slušala uzdah usana,
tražila sam te u tvom snu, tamo
te nađoh kako hodaš polako
kroz nejasne lavirinte ogledala.

———————————
Antonio Machado

OH, DIME, NOCHE AMIGA, AMADA VIEJA

¡Oh, dime, noche amiga, amada vieja,
que traes el retablo de mis sueños
siempre desierto y desolado, y solo
con mi fantasma dentro,
mi pobre sombra triste
sobre la estepa y bajo el sol de fuego,
o soñando amarguras
en las voces de todos los misterios,
dime, si sabes, vieja amada, dime
si son mías las lágrimas que vierto!

Me respondió la noche:
Jamás me revelaste tu secreto.
Yo nunca supe, amado,
si eras tú ese fantasma de tu sueño,
ni averigüé si era su voz la tuya,
o era la voz de un histrión grotesco.

Dije a la noche: Amada mentirosa,
tú sabes mi secreto;
tú has visto la honda gruta
donde fabrica su cristal mi sueño,
y sabes que mis lágrimas son mías,
y sabes mi dolor, mi dolor viejo.

¡Oh! Yo no sé, dijo la noche, amado,
yo no sé tu secreto,
aunque he visto vagar ese que dices
desolado fantasma, por tu sueño.
Yo me asomo a las almas cuando lloran
y escucho su hondo rezo
humilde y solitario,
ese que llamas salmo verdadero;
pero en las hondas bóvedas del alma
no sé si el llanto es una voz o un eco.

Para escuchar tu queja de tus labios
yo te busqué en tu sueño,
y allí te vi vagando en un borroso
laberinto de espejos.

———————————
Antonio Machado

16

ZAKON SOLIOONENSIUSA

> Ako želiš da budeš dobar i od koristi,
> smatraj sebe kao lutalicu i
> peregrina na Zemlji.
> *Toma Kempijski*

Evo sada, cenjeni čitaoče, stigli smo da studiramo sledeći Zakon, dosta transcendentalan, u velikoj Kreaciji. Nesumnjivo, odnosimo se na Zakon Solioonensiusa. U naučnom svetu se govori da je ruski fizičar, čije ime je George Lakhovsky, realizovao neke ozbiljne studije o načinu manifestacije, tokom vremena, ovog izuzetnog Zakona na ljudska bića i narode, uopšte.

Pre svega i da ne bismo ušli u doktrinarne komplikacije, želimo da pružimo našem čitaocu reči Patrijarha savremene Gnoze, V.M. Samaela Aun Weora, u vezi sa tematikom Solioonensiusa; da vidimo:

U ovoj epohi teledirigovanih raketa obavljene su detaljne studije o kosmičkim zracima i njihovoj influenciji na žive ćelije organizama, uopšte. Kompleksni mehanizam teledirigovanih raketa može da bude kontrolisan sa rastojanja posredstvom radio talasa. Više se ne može poreći radioaktivnost planeta u prostoru, niti njihova magnetska influencija na žive organizme.

Postoji kosmički zakon nazvan Solioonensius koji se mani-festovao na našoj planeti Zemlji 40 puta nakon potapanja Atlantide. Ovaj kosmički zakon proizilazi iz elektromagnet-skog napona Svetova. Naš Sunčev sistem Ors ima u komšilu-ku Sunčev sistem Baleooto.

Takođe, u kosmosu postoji poznata kometa Solni koja se po-nekad opasno približava sjajnom Suncu Baleooto. Često je primećeno da ovo sunce razvija snažni elektomagnetski na-pon, da bi moglo da održi uobičajenu kosmičku orbitu.

Ovaj napon, kao što je prirodno i logično, prouzrokuje iden-tični napon na svim suncima u blizini među kojima se nalazi i naše sunce nazvano Ors. Kada se naše sunce Ors natovari elektromagnetskim naponom, sa ciljem da ne bude izme-njena kosmička orbita, proizvodi identičan napon na svim planetama Sunčevog sistema Ors, uključujući i našu planetu Zemlju.

Ovo je kosmički Solioonensius, veliki zakon koji dejstvuje na našu Zemlju u veoma velikim vremenskim intervalima. Pri-rodno je da ovaj veliki Zakon proizvodi snažnu religioznost i duboku želju za intimnom Autorealizacijom, ali kada čove-čanstvo nije psihološki spremno za njegovo dejstvo, rezultat može da bude katastrofalan.

Godine 1917, pomenuti kosmički zakon se intenzivno mani-festovao, ali pošto je ruski proletarijat bio prepun dubokog zlopamćenja, ozlojeđenosti i gorčine, Solioonensius se kom-binovao, harmonično i negativno, sa psihom svake individue. Rezultat ove negativne kombinacije je bila Boljševička revo-lucija. Odavno se Rusija psihološki pripremala za ovu krvavu revoluciju.

U jesen 1905, revolucionarni boljševički pokret se proširio u čitavoj zemlji, dobijajući uništavajući impuls. Boljševička re-volucija je bila, sigurno, rezultat najnegativnije kombinacije Solioonensiusa sa psihološkom idiosinkrazijom svake indi-vidue. Ruski proletarijat je osetio samo ovu aspiraciju, ali je kombinovao sa marksističko-lenjinističkom teorijom i mizer-no je pao u ruke materijalizma.

Ipak, postojale su u Rusiji, u onoj epohi Boljševičke revolu-cije, neke osobe koje su znale da se inteligentno koriste So-lioonensiusom da bi razvile svoj Objektivni razum i individual-no Samoopažanje. U epohi Boljševičke revolucije postojao je veliki gnostički instruktor koji je utemeljio u Rusiji veliku Školu

*Regeneracije. Postojale su mnoge osobe koje su se Autorea-
lizovale u toj školi.*

*Prošlo je već mnogo godina i još ne znamo kada će se vratiti
Solioonensius; ono što znamo to je da treba da se pripremimo
na psihološkom nivou da bismo ga inteligentno primili. Logič-
no je da ako nas Solioonensius nađe psihološki nepripremlje-
ne, rezultat će biti katastrofalan.*

*U prošlosti, svaki put kada se manifestovao Solioonensius i
čovečanstvo nije bilo pripremljeno, rezultat je bio katastrofa-
lan. Setimo se starog Egipta, od jedne do druge dinastije bili
su strašni događaji. Dva puta se katastrofalno manifestovao
Solioonensius, u sunčanoj Kemovoj zemlji. Prvi put, u krvavoj
revoluciji, narod je odabrao rukovodioce preko krvi i smrti.
Kandidat koji je imao u „svojoj sakralnoj posudi" najveći broj
očiju koje su pripadale klasi legitimno konstituisanih vlasti,
bio je izabran kao vođa. Naravno, scene ovih pobuna bile su
grozne.*

*Drugi put kada se manifestovao ovaj kosmički zakon, egipat-
ski narod, prepun gneva, digao se protiv svojih vođa i ubio
ih je, tako što je kroz njih provukao metalni sakralni kabel.
Tada se nije poštovao ni pol, ni starost; taj kabel je više ličio
na jezivi prsten, kojeg su kasnije ugrabile životinje i odvukle
ga prema Nilu.*

*Nesumnjivo, i Francuska revolucija bila je rezultat druge ma-
nifestacije Kosmičkog zakona.*

*Solioonensius proizvodi želje za oslobađanjem, Revolucijom
Svesti, ali kada ljudsko biće nije pripremljeno, onda mu dođe
da ubija vođe, da ubija druge, da zbacuje kraljeve, da zapo-
činje ratove itd.*[*]

Neosporno, složiće se sa nama naš čitalac ako podvučemo,
govoreći gnostički, da nema veće nesreće u ovom svetu ili u bilo
kom drugom od trpljenja bodeža uspavane Svesti koja nam, kao
paukova mreža, proizvodi veliku prazninu koja će se kasnije smes-
titi u dubinu naše duše i koja nas okrutno ubada, proizvodeći nam
ledeni pakao.

Otvorenom pameću, zaključujemo ovu disertaciju, da bismo
sa dozvolom primili strogi zaključak jednog istaknutog pesnika:

---

[*]   *Revolucija dijalektike, pogl. „Solioonensius".*

DOSADA

Dosadni sati prolaze
u poznatom salonu,
u salonu gde sam ranije
započeo svoj san.

Na nekom zidu, časovnik stari
što u polusenci sija,
svojim tik-takom neprestanim
odvratno kuca.

Monotonija govori
preko bistre vode u padu;
dan sa danom je isti,
danas je isto ko juče.

Padne veče, a vetar zatrese
tužan i uveli park.
Koliko je plakalo
sve lišće uvelo!

Otkuca časovnik jedan sat
u mojoj sobi. Tužan lik
je noć imala. Mesec je krenuo
kao lobanja sjajna,

da se odozgo spušta
na čemprese u vrtu,
svojom svetlošću hladnom
 oblači hladne grane.

Kroz odškrinut prozor
do ušiju mojih stiže,
ko urlici oštri,
muzika iz daljine.
Nekadašnja tužna pesma,
mazurka zaboravljena,
nevina i šaljiva,
glupo je i loše izvedena.

I zgranut ja osetih
kako moja zjapi
duša, srce, glava,
pa ..., bolje je umreti.

———————————
Antonio Machado

HASTÍO

Pasan las horas de hastío
por la estancia familiar,
el amplio cuarto sombrío
donde yo empecé a soñar.

Del reloj arrinconado,
que en la penumbra clarea,
el tic tac acompasado
odiosamente golpea.

Dice la monotonía
del agua clara al caer:
un día es como otro día;
hoy es lo mismo que ayer.

Cae la tarde. El viento agita
el parque mustio y dorado...
¡Qué largamente ha llorado
toda la fronda marchita!

Sonaba el reloj la una,
dentro de mi cuarto. Era
triste la noche. La Luna,
reluciente calavera,

ya del cenit declinando,
iba del ciprés del huerto
fríamente iluminando
el alto ramaje yerto.

Por la entreabierta ventana
llegaban a mis oídos
metálicos alaridos
de una música lejana.
Una música tristona
una mazurca olvidada,
entre inocente y burlona,
mal tañida y mal soplada.

Y yo sentí el estupor
del alma cuando bosteza
el corazón, la cabeza,
y..., morirse es lo mejor.

———————————
Antonio Machado

17

ZAKON ENTROPIJE

Lenjost je toliko spora, tako da mizeriji nije
teško da je stigne.
Konfučije

Udubimo se sada, prijatelju čitaoče, u drugi zakon koji se pretvara u prepreku za sve nas koji, iz želje da eksperimentišemo VELIKU REALNOST, prodiremo na Realan Put. Reč je o takozvanom Zakonu Entropije. Pre svega, hajde da vidimo šta nam kaže oficijelna nauka u vezi sa ovim Zakonom:

Entropija je prirodna težnja da se gubi red. Može da se odnosi na fizičke, hemijske, astrofizičke i kosmogonske pojave i, u svim slučajevima, definiše se kao nered u svim ovim sredinama.

Gnosticizam, svojim predstavnikom, V.M. Samaelom Aun Weorom, ovim rečima objašnjava ovu veoma značajnu temu Entropije; da pogledamo:

Dakle, sve teži da involuira u skladu sa Zakonom Entropije i, na duže vreme, Entropija vodi ka izjednačenju stvari. Na primer, ako u zlatan kovčeg stavimo bogatog čoveka, a u drugi kovčeg, od običnog drveta, stavimo siromašnog čoveka, na kraju, ona dva tela biće ista, jer će od njih ostati samo kosti.

Onaj ko želi da se Autorealizuje, treba da se žrtvuje... svako žrtvovanje je užasno. Treba da budemo voljni da gubimo najdraže stvari... Samo po sebi požrtvovanje je bolno.

Između MI i FA postoji pauza da bi se moglo preći na sledeći cilj. Treba da nastavimo borbu, nezavisno od bola, sve dok se sve Niže (Inferiorne) sile ne pretvore u Više (Superiorne).

Samo reč „požrtvovanje" (sakrifikovanje) nas pretvara u Apostole... Hristos se razapeo da bi pobedio Zakon Entropije, a to raspeće i požrtvovanje treba da bude realizovano u svakome od nas.

Treba da pokušavamo da budemo uvek drugačiji, treba da žrtvujemo čak i svoj sopstveni identitet, treba da uništimo srce kako bi se rodio Solarni Čovek. Mi treba da damo sve, apsolutno sve...

Sve sile treba da se pretvore u nešto različito. Istinski čovek treba da se pretvori, kako bi se preobrazio u Ničeovog Natčoveka.

Svako požrtvovanje je bolno po svojoj prirodi; požrtvovanje Natčoveka košta mnogo krvi.

Dakle, isplati se da razumemo, jer imajući ovu osnovu, mogli bismo da izdržimo pred svim nesrećama života. Svaki projekat koji se realizuje bez žrtvovanja, nema uspeha, on je običan projekat.

Internacionalni Gnostički pokret izgradio se na osnovu požrtvovanja i zbog toga će imati uspeha.[*]

Kasnije, povodom intervjua sa V.M. Samaelom Aun Weorom, kada su ga upitali o pojavi Entropije, njegovi odgovori su bili sledeći:

Novinar: Doktore Samaele Aun Weore, možete li nam reći šta je Entropija?

Majstor: Sigurno, Entropija je neuredan proces, involutivan. Nesumnjivo, postoji Entropija u okviru naše psihološke idiosinkrazije, onda kada ne radimo na sebi, kada ne tražimo korenitu promenu, kada se zadovoljavamo da budemo onakvi kakvi smo.

U ovim vremenima, sve ide u descendentnom smeru, neurednom, involutivnom.

---

[*] *Peto Jevanđelje, konf. „Egzistancijalna radost Požrtvovanja".*

Entropija teži da sve izjednači. Tako, vidimo da se nakon dugog involutivnog procesa nailazi na smrt; prema tome, nije čudno da sve treba da se izjednači. Ako stavimo posudu sa vrućom vodom pored druge sa hladnom vodom, očigledno je da će se u dotičnim posudama stvoriti određeni involutivni neredi, decadenti. Na kraju, nakon svega toga, biće izjednačeni.

Na sličan način, kažemo, ako mi ne radimo na nama, ako ne pratimo radikalnu transformaciju čitave naše psihološke idiosinkrazije, na kraju, mi, stanovnici ove planete Zemlje bićemo svi jednaki, bićemo sama smrt, a ovo je žalosno.[*]

U okviru sastanaka između Majstora i učenika, ovi zadnji su pitali:

Učenik: Majstore, možeš li nam nešto reći o Entropiji?

Majstor: I, šta da vam kažem o Entropiji?... Imamo je pred našim očima. Na primer, sada se milioni ljudi nalaze na putu Entropije; pošto ne rade svakodnevno na sebi, svakog dana postaju sve imbecilniji, pamet im zakržljava, centri organske mašine su sve više degenerisani, već ne funkcionišu više sve cerebralne površine i tako će doći dan kada Zakon Entropije bude sve izjednačio, tamo dole, u Tartarusu...

Da li ste vi mislili na način na koji Entropija izjednačuje ljude? Jednog čoveka mogu da pokapaju u zlatnom sanduku, a drugog u drvenom sanduku i bilo koliko da je lep grob, na kraju, biće jednaki: kosti, i u jednom i u drugom. „Gospođa sa kosom" nas sve izjednačava, ovo je očigledno; ovo je Entropija.

Dakako, ovi „humanoidi" koji nastanjuju lice Zemlje, ovi trocerebralni ili trocentrični bipedi, biće jednoga dana svi jednaki: degenerisani i bespomoćni; biće toliko izjednačeni da će se tako veoma teško moći jedan od drugog razlikovati.

Opažajmo Zemlju; kaže se da je svakoga dana sve sporija, odnosno, svakog dana se sporije okreće oko svoje ose, zbog visokih plima i korozionih sila vode.

Sa druge strane, kažu da se Sunce hladi; ja to ne verujem, ali tvrdim da merom kojom se zemljina atmosfera razređuje,

---

[*] *Peto Jevanđelje, konf. „Avatarove izjave na televiziji".*

gubi kapacitet da analizira i razlaže zrake Sunca na svetlost i toplotu...

Mesec, kako stvari napreduju, udaljuje se i smanjuje brzinu obrtanja (tako se veruje i ja smatram da je tačno): to je Entropija.

Jednoga dana će ova Zemlja biti drugi Mesec, Entropija će je izjednačiti. Za momenat, pogledajmo kako sve ide pod influencijom Zakona Entropije. U kom stanju se nalaze mora; pa, pretvorena su u kontejnere za đubre; umiruće ribe, zagađene reke, umiru stvorenja, atmosfera je zagađena „smogom“, voće na zemlji je iskvareno, ovo je očigledno.

Sveznalice, oni koji „sve znaju“, zaista su istrošili voće Zemlje; sada ne možemo naći ni jabuke da jedemo i treba da „jedemo gluposti“: narandže bez semenki iz Kalifornije! Da li ste videli gluplju stvar? Jasno, eto Zakona Entropije: „sveznalice“, zadovoljne svojom „mudrošću“, ne znajući šta rade, degenerisali su biljke, učinili su da krenu putem Entropije.

Kako stvari napreduju, zemljište će postati neplodno, atomske eksplozije su upravo „požnjele žetvu“ i ako tako nastavimo, jednoga dana, Zemlja će se izjednačiti; tada će postati Mesec.

Na svu sreću, recimo da je mudrost Theomegalogosa sve izračunala; mi već znamo da je samo posredstvom transformacije moguće da pobedimo Zakon Entropije, jer transformacija pretpostavlja žrtvovanje, ovo je očevidno... Ako neko žrtvuje bes, pojaviće se skupoceni dragulj blagosti; ako se žrtvuje želja za novcem, nepodnošljiva pohlepa, tada se u toj osobi pojavljuje altruizam (nesebičnost); ako se žrtvuje zavist, pojaviće se filantropija, želja da se radi za one u okolini, radost za dobrobit ostalih; odnosno, ne može da postoji transformacija ako ne postoji žrtvovanje.

Ono što se događa jeste da je rezultat toliko drugačiji... Zato, vidimo na primer: gorivo kao ugalj, drugačije je od energije voza; kada se on žrtvuje, pretvara se u nešto drugo, kao što je energija koja pokreće voz. Ona je potpuno različita od energije uglja, različite su...

Na ovaj način, kada neka osoba žrtvuje svoje seksualne impulse, rezultat ove energije će da doprinese stvaranju Viših Egzistencijalnih tela Bića. Vidite li razliku? Vidite li koliko je rezultat drugačiji?

Prema tome, ako se u toku koitusa žrtvuje sperma, oslobođena energija daje da se rodi DUBOKO UNUTRAŠNJI ČOVEK i tada osoba utekne od ovog toliko gnusnog Zakona degenerativne Entropije.

Na primer, aktuelna Zemlja ide u potpunom skladu sa Zakonom Entropije i ako ne bude postojalo veliko žrtvovanje, sutra će biti izjednačena, pretvoriće se u Mesec; ali, pošto se program još nije završio (svaka planeta treba da dâ Sedam rasa pre nego što će se pretvoriti u Mesec), treba da učinimo veliko požrtvovanje: potrebna je katastrofa, a onaj koji se žrtvuje biće Theomegalogos...

Potrebna je katastrofa... Zašto? Da bismo transformisali, treba da žrtvujemo; sve ovo treba da se transformiše, žrtvuje. Potrebna je transformacija i kao rezultat ove transformacije energija, biće nova Zemlja, sa svojom Zlatnom epohom i svojom lepotom.

Prema tome, katastrofa je neophodna potreba da bi se pobedio Zakon Entropije; ako ne bi postojala ova katastrofa, Zakon Entropije bi pretvorio Zemlju u Mesec, postala bi drugi Mesec pre njenog vremena; ali, zahvaljujući požrtvovanju, a to će biti katastrofa, pojaviće se nova Zlatna epoha i novo čovečanstvo.

Dakle, Zemlja agonizira; Entropija je pretvara, malo pomalo, u Mesec (ovo može da vidi svaka osoba koja poseduje malo vidovitosti). Samo posredstvom transformacije može da se izbegne da za sada ne postane Mesec, da se iz haosa ponovo pojavi nešto novo.

Prema tome, da, transformacija koja će se ostvariti imaće za osnovu požrtvovanje.[*]

Dokazuje se da je sasvim drugačiji onaj, koji kada je odstranio iz svoje psihološke prirode elemente Entropije, okončava sa svojim

---

[*] *Peto Jevanđelje, konf. „Dijalektička transcendentalna učenja".*

duhovnim i materijalnim ograničenjima i tako stiže da pripada novom čovečanstvu. Ovo čovečanstvo više nije zarobljenik bolova i nesigurnosti, jer se temelji na Biću, a Biće – budući da je, samo po sebi i u samom sebi, jedina realnost – može tada da nam pokloni ono što se naziva „sreća".

„Bol je ćerka neznanja, a neznanje je izostanak Istine", kaže nam Gnoza. Ja je pusto, a njegov plod je bol. Bol je nehuman, a mudrost je njegov ubica. Svi ti koji su bili uzdignuti u boravište muza, veoma dobro znaju, da je Ja u ovom svetu iluzija i takođe, iz prolaznog prkosa, ono koje nam prouzrokuje bol. Tako je predvideo poeta koji nas, u svojim pozlaćenim stihovima, didaktički podseća na Ego i njegovu užasnu ruševinu, kao i na revnost koju nam neprestano proizvodi, u našem ljudskom mesu, iglu bola.

PROŠLI SU MOJI BOLOVI

Juče su moji bolovi
ko svilene bube bili
i čaure uvijali.
Danas su crni leptiri.

Iz toliko gorkih cvetova
vadio sam vosak beli!
O, vremena, kada su moji bolovi
ko pčele radili!

Danas sam kao ovas,
kao korov u žitu,
kao rđa u klasju,
moljac u stablu.

O, vremena kada su moji bolovi
dobre suze lili,
bile su kao voda iz vrela
koja je njivu zalivala!
Danas, su ko bujice
koje blato svoje
na zemlju nanose.

Bolovi, juče ste od mog srca
košnicu napravili.
Danas je, kao zid stari,
kog budakom želite
na zemlju da oborite.

———————————
Antonio Machado

ERAN AYER MIS DOLORES

Eran ayer mis dolores
como gusanos de seda
que iban labrando capullos;
hoy son mariposas negras.

¡De cuántas flores amargas
he sacado blanca cera!
¡Oh tiempo en que mis pesares
trabajaban como abejas!

Hoy son como avenas locas,
o cizaña en cementera,
como tizón en espiga,
como carcoma en madera.

¡Oh tiempo en que mis dolores
tenían lágrimas buenas,
y eran como agua de noria
que va regando una huerta!
Hoy son agua de torrente
que arranca el limo a la tierra.

Dolores que ayer hicieron
de mi corazón colmena,
hoy tratan mi corazón
como a una muralla vieja:
quieren derribarlo, y pronto,
al golpe de la piqueta.

———————————
Antonio Machado

18

ZAKON EPIGENEZE

Naša akcija ne treba da bude uperena
protiv sudbine, nego treba da ide
ispred nje, da bi je izbegla.
Hebbel

U prethodnim paragrafima govorio sam našem strpljivom čitaocu o mizernom stanju u kom se nalazi ljudska vrsta zbog toga što ne poseduje svetu individualnost. Iako izgleda čudno, Gnoza odlučno tvrdi postojanje egoičke mnogobrojnosti u unutrašnjosti ljudskog stvorenja, ono što čini da racionalni homunkul bude zastrašujuće slab pred raznim životnim okolnostima.

Ovaj nedostatak sakralne individualnosti pretvara humanoida današnjih dana u marionetu cirkumstancija (okolnosti). Rečeno na drugi način: čoveku se sve događa, kao kada grmi, kada pada kiša i on nije gospodar svojih akcija, niti okolnosti.

Zaista, sposobnost određivanja novih situacija, generisanja novih cirkumstancija, nosi naziv u ezoterizmu Zakon Epigeneze.

Da bismo se udubili u detalje ovog veoma interesantnog Zakona, dopustimo V.M. Samaelu Aun Weoru da nam govori u ovom smislu; da vidimo:

Druga jedna tema veoma raspravljana, a koju nipošto ne
treba da zaboravimo u ovom poglavlju, to je ona u vezi sa
Kauzalnim telom ili Telom Svesne volje.

Dokazuje se jasno, vidljivo i izražajno da su se i u ovom pogledu vidovnjaci nekih pseudo-ezoteričnih i pseudo-okultnih sistema žalosno prevarili, brkajući Esenciju sa Kauzalnim telom. Esencija, sama po sebi, jeste samo delić ljudske duše.

Neosporno je da je ovaj homunkul, na pogrešan način nazvan „čovek", podvrgnut Zakonu Rekurencije, nije sposoban da bude u začeću ničega novog, on je žrtva okolnosti. Svaki put kada se Ego ponovo vrati u ovu dolinu Samsare, on ponavlja tačno sve akcije svog prethodnog života, ili na višim spiralama, ili na nižim spiralama.

U ovim vremenima jeftinog pseudo-okultizma mnogo se priča o Zakonu Epigeneze, kapacitetu da se stvaraju nove okolnosti; očigledno je da samo autentični Ljudi, sa svesnom voljom, mogu izmeniti sebi sudbinu i mogu stvoriti novi poredak stvari.

Intelektualna životinja još nije fabrikovala Telo Svesne volje, Kauzalni vehikl; jadni racionalni homunkul je uvek žrtva večitih Zakona Povratka i Rekurencije. Nesumnjivo, mesto koje bi trebalo da zauzme u našoj unutrašnjosti Kauzalno telo, zauzeo je demon egipatskih misterija Nebt. Očevidno je da je ovaj demon živa personifikacija zle-volje.

Treba da stvorimo Kauzalno telo, ako iskreno čeznemo da inkarniramo (otelotvorimo) Biće. Samo Biće može da čini; samo ono može da modifikuje cirkumstancije i da majstorski obavlja Zakon Epigeneze. Onaj ko zaista želi da fabrikuje Kauzalno telo, treba da transmutira Seksualni Hidrogen Si-12 i da ga prevede, posredstvom Sahaje Majtune (Sahaja Maithuna) na četvrtu muzičku oktavu, da bi se kristalizovao kao višak u obliku Vehikla Svesne volje. Autentični mutant poseduje, činjenički i zakonito, ona četiri tela: fizičko, astralno, mentalno i kauzalno.

Želite li da znate koja će biti vaša buduća sudbina? Želim da znate da se preko večne noći prošlosti otvara večna noć sutrašnjeg dana, da li ste razumeli? Kad se ponovo rodite u ovoj dolini suza, prošlost će postati budućnost. Ovo znači da će se vaš aktuelni život, sa svim svojim pustim radostima, patnjama i bolovima, nesrećno ponavljati.

A Epigeneza, stvaranje novih uzroka, šta sa njom biva? Teško, jadnim smrtnicima Zemlje! Verujete li možda da je Ego, mnogostruko Ja, sposobno da stvara nešto novo? Da li ste zaboravili da je Ego memorija, vekovima sakupljana prašina? Gnostičari! Neophodno je da istopite Ego; hitno je da umirete tren za trenom, samo preko smrti se pojavljuje novo![*]

Zaključujući sada naše istraživanje u vezi sa ovim Zakonom Epigeneze, dodajemo ovde jedan kraći komentar gnostičkog Patrijarha, u vezi sa ovim Zakonom, temom naše studije:

Dakako, svaki život je ponavljanje prošlosti, plus njene posledice. Ali, nije sve ponavljanje; postoji Zakon nazvan Epigeneza, odnosno, ono što nam dopušta stvaranje novih akata koji daju da se rađaju novi efekti...[**]

Neosporno, naš čitalac treba da razume da se Gospoda Karme kreću u skladu sa Zakonom Epigeneze i, na ovaj način, stvaraju nove okolnosti oko nas, kao neke trambuline (odskočne daske) da bi nam dale mogućnost da platimo dugove koje smo napravili u prošlim egzistencijama. Dakle, i Zakon Epigeneze treba da bude prevaziđen u toku Puta, apsolutnom voljom Oca našeg koji se nalazi u tajnosti, odnosno, našeg Realnog BIĆA.

Duša, prijatelju čitaoče, u nedostatku istinske volje, ona je samo marioneta koju pokreću niti mehaničkog ponavljanja naše sopstvene lunarne psihe. Pokrenut ovim egoičkim uticajima, čovek luta kroz životnu struju, opijen i melanholičan, onako kako kaže cenjeni pesnik...

[*] *Moj povratak u Tibet, pogl. 32. „Mutanti" i pogl. 45. „Pratimoksha".*
[**] *Vrata za ulazak u Inicijacije, pogl, 9. „Reinkarnacija i Karma"*

SUMORNO I SIVO VEČE

   Sumorno je i sivo veče,
neuredno, ko duša moja;
stari nemir je taj koji
puni moju prirodnu nastranost.
   Uzrok ovog nemira,
ni približno ne znam;
sećanjem, sećam se i vičem:
   Da! Ja sam dete bio, a ti, moj drug.
   Nije istina, ja te poznajem, boli!
dobra si nostalgijo života,
tužno srce samoće,
nenasukane barke i bez ijedne zvezde.
   Kao napušteno kuče što ne traži trag,
lutalica na putu
bez ijednog pravca,
kao dete u noći karnevala
gubim se među svetom u vazduh prašnjavi
među svetlim svećama
i začuđen,
srce mi u tugu pada
zbog muzike i pometnje,
takav sam ja, unutrašnji pijanica,
gitarista, poeta nostalgičan,
jadni čovek u snovima zalutao, stalno,
u magli tražeći slepo Boga svog.

———————————————

Antonio Machado

ES UNA TARDE CENICIENTA Y MUSTIA

   Es una tarde cenicienta y mustia
destartalada, como el alma mía;
y es esta vieja angustia
que habita mi usual hipocondría.
   La causa de esta angustia no consigo
ni vagamente comprender siquiera;
pero recuerdo, y recordando digo:
— Sí, yo era niño, y tú, mi compañera.
   Y no es verdad, dolor, yo te conozco,
tú eres nostalgia de la vida buena
y soledad de corazón sombrío,
de barco sin naufragio y sin estrella.
   Como perro olvidado que no tiene
huella ni olfato y yerra
por los caminos, sin camino, como
el niño que en la noche de una fiesta
   se pierde entre el gentío
y el aire polvoriento y las candelas
chispeantes, atónito y asombra
su corazón de música y de pena,
   así voy yo, borracho melancólico,
guitarrista lunático, poeta,
y pobre hombre en sueños,
siempre buscando a Dios entre la niebla.

———————————————

Antonio Machado

19

ZAKON
MUZIČKIH OKTAVA

> Muzika je univerzalni jezik,
> koji harmonično peva
> sve senzacije života.
> *Molijer*

Postoji interesantan Zakon koji doprinosi održavanju kreacije i koji nas, na kraju, drži vezane za ovaj scenarij iz kog teže da uteknu svi oni koji su naslutili ono što Hindusi nazivaju „MAYA" (iluzija). Odnosimo se sada, strpljivi čitaoče, na Zakon Muzičkih oktava.

Ovaj Zakon je u tesnoj vezi sa univerzalnim zvukom, koji drži život Univerzuma i Kosmosa u svom ritmu, uopšte. Muzičke oktave je izučavao svojevremeno i Pitagora, koji, uzgred rečeno, nije prihvatio nijednog učenika ako ovaj nije bio upućen u matematiku i muziku, osim drugih disciplina koje je tražila njegova škola.

Iako bi našem čitaocu izgledalo čudno, čitav naš fizički organizam funkcioniše u skladu sa muzičkim oktavama. Probu ove činjenice je dokazao Venerabilni Majstor Samael Aun Weor, na svojoj konferenciji o načinima na kojima naš fizički organizam izrađuje Seksualni Hidrugen Si-12; da vidimo, dakle:

Hitno je da znamo da u Univerzumu postoji dvanaest fundamentalnih vrsta hidrogena (vodonika). One osnovne vrste vodonika jesu usklađene sa dvanaest kategorija materije.

Dvanaest kategorija materije postoje u čitavoj kreaciji; setimo se dvanaest zodijačkih znakova, dvanaest sfera kosmičke vibracije u okviru kojih treba da se razvija Solarno čovečanstvo.

Iz dvanaest osnovnih vrsta hidrogena izvedene su sve sekundarne vrste hidrogena, koji imaju različite gustine, od 6 do 12. U Gnosticizmu, ovaj termin ima široko značenje. Realno, svaki prosti elemenat je hidrogen sa određenom gustinom. Hidrogen 384 se nalazi u vodi, 192 – u vazduhu, 96 je mudro smešten u životinjskom magnetizmu, u emanacijama ljudskog tela, u zracima X, u hormonima, u vitaminima itd.

Braća Gnostičkog pokreta su već veoma dobro upoznata sa Hidrogenima 48, 24, 12 i 6, koje smo studirali u našim prethodnim Božićnim porukama. Hidrogen 48 odgovara Hloru (Cl), sa atomskom masom 35,45; Hidrogen 24 odgovara Fluoru (F), sa atomskom masom 19; Hidrogen 12 odgovara hemijskom Hidrogenu (H), sa atomskom masom 1. Ugljenik (C), Azot (N) i Kiseonik (O), imaju atomske mase 12, 14 i 16. Hidrogen 96 odgovara Bromu (Br), sa atomskom masom 80; Hidrogen 192 odgovara Jodu (I), sa atomskom masom 127.

Ova interesantna tema Hidrogena pripada okultnoj hemiji ili gnostičkoj hemiji i, pošto je dosta komplikovana, radi dobra naših studenata, radije ćemo to polako studirati u okviru svake naše Božićne poruke.

Pređimo sada da studiramo famozni Seksualni Hidrogen Si-12, divni stvaralački Hidrogen koji je mudro proizveden u fabrici ljudskog organizma. Pasivna hrana u tanjiru, unutar našeg organizma, prolazi kroz mnoštvo transformacija, rafiniranja i suptilizacija, koje se procesuju na muzičkoj lestvici DO, RE, MI, FA, SOL, LA, SI.

Kada žvaćemo hranu, u njenom grubom stadijumu, odjekuje DO; prolazeći kroz ždrelo, daje notu RE; posle toga, silazeći u stomak, daje notu MI; kada započinje proces jetre i slezine daje notu Kreacije FA, nota SOL se procesuje sa aktivnosti pankreasa i debelog creva; nota LA odjekuje kada već vitalni principi ulaze u krvni tok; SI, koja je najviša nota, odjekuje kada je već izrađen ovaj eliksir divne energije koji se nalazi u seksualnim žlezdama: Ens Seminis, Seksualni Hidrogen Si-12, grubi azot (n. prev.: alhemijski izraz).

Neosporno je da pomenuti Seksualni Hidrogen Si-12 predstavlja krajnji proizvod transformacije hrane u divnoj laboratoriji ljudskog organizma.

Ovo se događa u mikrokosmosu čoveku, ljubazni čitaoče, ali Zakon Muzičkih oktava je prisutan na najnižim i najvišim stepenicama kruga ogromne Kreacije. Zbog toga, gnostička Kabala, onda kada nam govori o dupliranju božanske energije da bi se preobrazila u Aeone ili Sefirote koji sastavljaju Univerzum, pominje nam i muzičku notu koja odgovara svakoj od ovih sefirotskih oblasti; da vidimo, na primer:

Nota DO odgovara PROTOKOSMOSU: Apstraktnom Apsolutnom Prostoru Sunčevog sistema, jer svaka „igra" svetova poseduje sopstveno Sveto Apsolutno Sunce.

Nota SI odgovara HAGIOKOSMOSU: sferi Logosnog trougla koja sadrži Božansku Monadu svake osobe (Keter), Intimni Hristos (Hokmah) i Sveti Duh (Binah).

U nastavku, nota LA je u vezi sa MAKROKOSMOSOM: kabalističkim Etičkim trouglom, sastavljenim iz ličnog Atmana svakoga (Hesed); Božanske Duše ili Budi (Geburah) i Ljudske Duše ili Manasa (Tiferet).

DEUTEROKOSMOS odgovara Sefirotu Necah (Mentalni svet) i pridaje mu se nota SOL.

Niže nalazimo MEZOKOSMOS, koji je sastavljen od Sefirota Hod (Astralni svet) i povezan je sa notom FA.

Kasnije, nalazimo se u prisustvu MIKROKOSMOSA, koji se sastoji od Sefirota Malkuta i Jesoda (Fizički i Eterički svet) i koga kontroliše nota MI.

I na kraju, završavamo sa TRITOKOSMOSOM, Klifosovim svetom, Podzemnim egipatskim svetom, predvođenim notom RE.

Evo, cenjeni čitaoče, probe koja dokazuje da je Zakon Muzičkih oktava prisutan u svemu što vidimo, osećamo, čujemo i dodirujemo; toliko o ovom trodimenzionalnom svetu kao i o svim sferama našeg nekvarljivog beskonačnog Prostora.

Muzika i njene oktave, natopljene misterijama, uvek su bile poznate poznatim ljubiteljima poezije; da vidimo:

<table>
<tr><td>

RUŽA SUNCA

Sunce mi pali rečite stihove,
koji geometriju sa „špancem" prave
i u žarkoj šumi slikovitog sveta,
Do-Re-Mi-Fa-Sol svira moja flauta.

Zlatna Matematika! Kategorički Numen!
Logos oblika! Hristička teologija!
Salve, sveta Pneuma! Peva pitagorejski jamb,
zlatni Sunčev broj!

Sunce je izvor vatre koja puni
večnim idejama samrtničku posudu.
Od žarke pesme iz njenih usta,
Geometrija je teozofska nauka.
Izbavi me, ritmička i sveta reči,
na kamenu Sveta.
Zvezda njegova kristal prožima.

———————————————
Ramon del Valle-Inclan

</td><td>

LA ROSA DEL SOL

Por el sol se enciende mi verso retórico,
que hace geometría con el español,
y en la ardiente selva de un mundo alegórico,
mi flauta preludia Do-Re-Mi-Fa-Sol.

¡Áurea matemática! ¡Numen Categórico!
¡Logos de las formas! ¡Teología Crisol!
¡Salve, Sacro Pneuma! Canta el Pitagórico
Yámbico, Dorado Número del Sol.

El Sol es la ardiente fuente que provoca
las ideas eternas en vaso mortal.
Por el encendido canto de su boca,
es la geometría ciencia Teologal.
Sacro verbo métrico redime a la roca
Del mundo. Su estrella trasciende al cristal.

———————————————
Ramón del Valle-Inclán

</td></tr>
</table>

20

ZAKON
UNIVERZALNE HARMONIJE

> Harmonija traži samu sebe. Ona je ono što
> treba da bude, izražava dobro, red, zakon
> i istinu, ona je superiornija od vremena i
> predstavlja večnost.
> *Amiel*

Da bismo se udubili u izučavanje ovog divnog Zakona sa kojim ćemo se sada pozabaviti, krenimo neposredno na izvor savremenog Gnosticizma, V. M. Samaela Aun Weora, koji nam kazuje sledeće:

Oni diskosi ili monete od pečene gline, nađene u izobilju u ruševinama stare Troje, ispunjeni su Jaina krstovima ili Svastikama. Sve ovo nas poziva da mislimo na ljude iz Shekelmesha; iako su bili srodni sa Atlantiđanima, u njihovim venama je tekla arijanska krv, kao i kod drugih naroda u Yucatanu (Jukatan).

Treba da se setimo da su Arijanci počeli svoj razvoj pre više od milion godina ranije. Prva atlantiđanska katastrofa dogodila se pre 800.000 godina, a poslednja, kao što sam rekao u poslednjoj Božićnoj poruci, dogodila se pre 11.000 godina.

Svastika na glinenim diskosima je ezoterički simbol od dubokog značaja. Dotični neizrecivi znak, zaista sjaji na glavi velike zmije kod Višne, kod Shesta-Ananta sa hiljadu glava, koji boravi u Patali ili u nižoj oblasti.

Ako dublje studiramo ovu stvar, videćemo da su svi stari narodi stavljali Svastiku na vrh religijskih amblema, jer je ona čekić Tora (Thor), magično oružje koje su stvorili pigmeji protiv giganata ili prekosmičke titanske sile koje se suprotstavljaju Zakonu Univerzalne harmonije.

Prema tome, sveta Svastika je čekić koji pokreće oluju i koju koriste Asovi ili nebeski gospodi. U Makrokosmosu, njeni kraci, u obliku pravog ugla, jasno i bez najmanje sumnje izražavaju neprestane evolucije i involucije onih Sedam Kosmosa.

U Mikrokosmosu, Svastika predstavlja čoveka, koji desnom rukom pokazuje nebo, a levom zemlju. Svastika je alhemijski, kosmogonski i antropološki znak, sa sedam različitih ključeva za tumačenje. Na kraju, kao simbol transcendentalnog elektriciteta, ona je Alfa i Omega univerzalne seksualne sile, od duha do materije i, zbog toga, onaj ko stigne da obuhvati sva njena mistička značenja, oslobađa se od Maye (iluzije).

Nema sumnje, Svastika je električni mlin fizičara. U njoj su sadržane Misterije Lingam-Yoni. Sama po sebi, Svastika je krst u pokretu: Sekso-Joga, Majtuna, Seksualna magija. Gnostičari vrlo dobro znaju da je Ens-Seminis, sadržan u seksualnim endokrinim žlezdama, voda života, izvor besmrtnosti, eliksir dugog života, nektar duhovnosti.

Intimna Autorealizacija ima svoje korene isključivo u kičmenoj moždini i u spermi, a sve što onuda ne prolazi, jeste žalosno izgubljeno vreme. Sav svet želi da se utopi u struju zvuka, radi Krajnjeg Oslobođenja, ali, zaista, zaista ti kažem: ako se ko ne rodi vodom i Duhom, ne može ući u carstvo Božije.[*]

Evo, prijatelju čitaoče, posredstvom onih titana koje smo pomenuli u prethodnim paragrafima, koji se suprotstavljaju Zakonu Univerzalne harmonije, treba da se ovde razume da su oni ti koji prouzrokuju nove talase života, ili, drugačije rečeno, nove Maha-Manvantare. Ovi titani su sve te sakralne individue koje, pošto imaju da plate karme, prouzrokuju neuravnoteženje onih triju Guna u nedrima Apstraktnog Apsolutnog prostora i, tako se pojavljuju novi scenariji u koje će biti uvučeni milioni i milijarde Esencija koje posle pate zarobljene na točku vremena ili Točku Samsare.

---

[*] *Ezoterički traktat Runske magije, pogl.46. „Runa gibur"*

Nepobitno je da su iz ovog razloga dotični titani nazvani „prekosmički", zato što zaista postoje pre nego što će se onih sedam kosmosa stvoriti, u nedrima blagoslovene Mulaprakriti (utroba Kosmičke Majke). Sa druge strane, takozvani „pigmeji", jesu svi ti talasi Esencija koji, zatvoreni u raznim svetovima, jesu mali, sa duhovne tačke gledišta. Zbog toga se kaže da su dotični pigmeji (duše koje formiraju onih sedam rasa), da bi se odbranili od tiranskih akcija titana, izradili tajno oružje koje im je osposobilo mogućnost da se odvoje od scenarija Kreacije. To oružje je Svastika, ta koja zatvara u sebi ključ velikog Arkanuma A.Z.F. (Seksualna magija).

Dakle, da bismo zaključili, recimo da bez Torovog čekića nije moguće da prodremo u Zakon Univerzalne harmonije, a to je ekvivalentno tome kao kada kažemo da samo putem majstorskog ključa Alhemije možemo da obnovimo u Fizičkom svetu i u Paralelnim univerzumima Zakon Univerzalne harmonije...

Oremus...

21

ZAKON
ONIH ČETIRI ELEMENTA

Razumi da si preko bola iskušavan,
da ne skreneš; razumi da si u blagostanju
iskušavan, da se ne zaneseš.
Sv. Isidor

Među vrlinama koje su oduvek bile tražene kod aspiranata Tajnog Puta, tokom vekova i milenijuma, ističe se posebno ona koja se odnosi na kontrolu uticaja koji na nas vrše ona Četiri elementa.

I mnogo vekova ranije, u vreme inicijatičkih hramova, neofit koji je težio da bude član bratstva istinskih Adepata, bio je podvrgnut probama u vezi sa Četiri elementa. Ove probe su bile veoma snažne pogotovo u starom Egiptu, u Kemovoj sunčanoj zemlji.

Mnogobrojni su bili oni koji su izgubili život u pokušaju da se podvrgnu mučnim probnim procesima. Pobednici su bili posle slavljeni u Kolegijumima Inicijata onih vremena i bili su kasnije uvedeni u naprednija učenja, koja bi trebalo da ih vode prema solarnom Adeptu.

Dopustimo Hijerofantu Majornih Misterija, Samaelu Aun Weoru, da nam priča kako su bile primenjivane one probe na aspirantima ka Oziriskoj Inicijaciji, u zemlji Faraona; da vidimo:

Bio sam reinkarniran u sakralnoj zemlji faraona za vreme dinastije Faraona Kefrena. Duboko sam poznavao Stare Misterije tajnog Egipta i zaista vam kažem da ih nikada nisam mogao zaboraviti.

U probi VATRE trebalo je, što sam bolje mogao, kontrolisati samoga sebe kada sam prošao kroz salon u plamenu; pod je bio pun usijanih čeličnih greda: put među tim gvozdenim gredama bio je vrlo uzak, jedva da je bilo mesta gde da se gazi nogama; u tim vremenima mnogo je aspiranata poginulo za vreme ovog napora.

Sećam se još, zgražavajući se, onog čeličnog prstena pričvršćenog u steni. U dnu se samo nazirala mračna grozna provalija; ipak, izašao sam pobednički sa probe vazduha; tamo gde su drugi propali ja sam pobedio.

Prošlo je mnogo vekova i još nisam zaboravio, uprkos prašini tolikih godina, one sakralne krokodile iz jezera; da nije bilo magičnih konjuracija, bili bi me proždereli ti gmizavci, što se desilo mnogim aspirantima.

Mnogo je nesrećnika bilo zdrobljeno i rasparčano stenama kod probe zemlje, ali ja sam pobedio i gledao sam ravnodušno dve stene koje su mi ugrožavale egzistenciju, približavajući se prema meni da bi me pretvorile u kosmički pepeo.

Sigurno je da sam samo bedan zemaljski crv, ali izašao sam pobednički. Tako sam se ponovo vratio, zaista, na put Revolucije Svesti, nakon što sam mnogo patio. Bio sam primljen u Kolegijum Inicijata; bio sam svečano obučen tunikom od belog lana Izisinih sveštenika i na grudi mi je bio stavljen Egipatski TAU Krst. [*]

Razne inicijatičke mučne probe o kojima se govori u prethodnim poglavljima, nesumnjivo je da ostavljaju snažan utisak u srcu. Neizbežno, telo i duša primaju stigmu koja zauvek rešava večita pitanja filozofije, onako kako je stigao da sintetizuje pesnik u nekom božanskom momentu jednokupnog razumevanja misterije koja obavija našu milenijumsku peregrinaciju:

---

[*] *Ezoterički traktat Runske magije, pogl. 12. "Egipatske Misterije".*

Odakle dolaziš? Najteži,
grozan put da tražiš.
Na tvrdom kamenu,
tragovi krvavih nogu;
ostaci jedne duše, isitnjene
u oštro trnje;
otkriće ti putanju koja
prema mom domu vodi.

Kuda ideš? Od svih pustoši,
onu prostu i tužnu da pređeš:
dolinu večnog snega i
večite melanholične magle.
I gde je usamljeni kamen znaćeš,
na kom ništa ne piše,
tamo gde vlada zaborav,
tamo grob moj naći ćeš.

____

Becquer

*De dónde vengo? El más horrible y áspero
de los senderos busca.
Las huellas de unos pies ensangrentados
sobre la roca dura;
los despojos de un alma hecha jirones
en las zarzas agudas,
te dirán el camino
que conduce a mi cuna.*

*¿A dónde voy? El más sencillo y triste
de los páramos cruza:
valle de eternas nieves y de eternas
melancólicas brumas.
En donde esté una piedra solitaria
sin inscripción alguna,
donde habite el olvido,
allí estará mi tumba.*

____

Bécquer

22

ZAKON
ATOMSKIH TELA

> Oslobođenje može da se dotakne samo
> putem percipiranja identiteta individualnog
> duha sa univerzalnim duhom.
> *Lao-Tse*

Usuprotnosti sa onim što mnoge pseudo-ezoteričke i pseudo-okultističke škole veruju o unutrašnjoj strukturi ljudskog bića, Gnoza odlučno tvrdi da je prividno ljudsko stvorenje NEDOVRŠENO BIĆE.

Tokom čitavog XIX veka i delom XX, Teozofija je tvrdila da se sve osobe rađaju sa Višim Egzistencijalnim telima Bića, odnosno sa: Astralnim telom, Mentalnim telom i Kauzalnim telom. Ipak, surova realnost činjenica, na nivou dubokih istraživanja na terenu metafizike, jeste da svako ljudsko biće poseduje Fizičko telo, eterički fond ili Eterično telo (oba tela su vehikli koje nam je poklonila Majka Priroda) i, pored ovih, postoje samo hiljade psiholoških agregata ili psiholoških Ja-ova, koji se međusobno bore radi kontrole ljudske mašine.

Da bismo dotakli Krajnje Oslobođenje, o kom nam toliko govore orijentalni spisi, potrebno je pre svega da budemo Ljudi, u duhovnom smislu reči. Milioni ljudskih jedinki koji lutaju po na ulicama bezbroj bučnih gradova, nisu na nivou autentičnih realnih ljudi. Mi smo neki fantomi koji napuštamo ovaj svet, a da to ni najmanje ne shvatamo i, nakon nekog perioda provedenog u astralnoj atmosferi, primorani smo da se ponovo vratimo u ovu dolinu suza ili Točak Samsare (govoreći hinduskim terminima), u istom stanju – sa tačke gledišta svesnosti – hipnotisani, uspavani, uopšte ne poznajući svoju sopstvenu realnost.

Zahvaljujući savremenom Gnosticizmu, koga je utemeljio Veliki Majstor Majornih Misterija, Samael Aun Weor, obelodanila se ova bogata tema. Nema sumnje, dokazalo se i još uvek se dokazuje da su reči Venerabilnog Majstora Samaela veoma oštre za hiljade čitalaca. Ali, stoji zabeleženo da: „istina je kao oluja, kad nailazi pravi pustoš..."

Ostavimo sada Oca Gnoze da nam malo bolje objasni to u vezi sa ovom hitnom potrebom da se dotakne stadijum istinskih Ljudi; da vidimo:

U svakom slučaju, odgovara nam da znamo da je čitavo čove-čanstvo sto posto strašno mehaničko. Očigledno, ova mehanič-nost proizilazi, ima poreklo, u ovom satelitu koji se okreće oko naše Zemlje i koji se zove „Mesec".

Mi treba da se oslobodimo od čisto automatskog, mehanič-kog života, a ovo je moguće ako u svojoj unutrašnjosti stvori-mo Psihološki Mesec.

Potpuna je istina da možemo da stvorimo ovaj Mesec. Važno je da izbacimo iz svog ljudskog personaliteta sve one tegobne i nespretne „elemente" koji ga kontrolišu.

Želim da se naglašeno odnosim na psihološke agregate gor-dosti, uobraženosti, sujete, mržnje, arogancije, ljubomore itd.

Ako budemo uspeli da izbacimo ove agregate, tada će se u našoj psihi ustanoviti Permanentni Centar gravitacije, Svesni Centar gravitacije. Nesumnjivo, ovaj centar možemo da nazo-vemo, odlučno, „Psihološki Mesec".

Očigledno, taj Mesec će nam dati kontinuitet ciljeva; onda više nećemo lutati po pitanjima u vezi sa radom na nama; dogodiće nam se izuzetna promena.

Ovo upliće, na samom početku, nadnapor. Treba da počnemo sa malim poznavanjem Alhemije; potrebno je da znamo da je

Merkur, o kom govore svi alhemičari, Metalna duša Sakralne sperme i ovo je stvar laboratorije.

Ako osoba ne priprema Merkur, čime će onda ostvariti Veliko Delo? Prema tome, da bi se realizovalo Veliko Delo treba da se pripremi Merkur Mudraca. A kako se priprema Merkur Mudraca? Posredstvom secretum secretorum Alhemije. Ovde je reč o jednostavnoj veštini koju već poznajete. Reč je o spajanju Lingam-Yoni, a da se ne ejakulira Ens-Seminis, jer se u Ens-Seminisu nalazi Ens-Virtutis Vatre (ovaj secretum secretorum Svete Alhemije je jednostavan).

Prema tome, kada je jednom pripremljen Merkur, onda se mogu stvarati Viša Egzistencijalna tela Bića. Na višoj oktavi, ovaj Merkur služi za fabrikovanje Astralnog tela. Na drugoj oktavi, služio bi nam kao osnova za fabrikovanje Tela Pameti i na trećoj oktavi, bio bi nam osnova za fabrikovanje Tela Svesne volje ili Kauzalnog tela.

Kada jednom budu stvorena ova tela, primaju se animični i duhovni principi, ili etički ili budički, koji nas odmah pretvaraju u Ljude, u kompletnom smislu reči.

Odnosno, sa ovim Egzistencijalnim telima, u stvari, mi već imamo minijaturni Solarni sistem u svojoj unutrašnjosti, ovde i sada; pretvaramo se u Mikrokosmički Solarni sistem; da budemo još tačniji, stvorili smo Psihološki Solarni sistem, kao što smo pre toga isto tako stvorili Psihološki Mesec.

Onaj ko poseduje u svojoj unutrašnjosti Psihološki Sunčev sistem je istinski Čovek. Pre nego što budemo posedovali Psihološki Solarni sistem u svojoj unutrašnjosti, pre nego što ga budemo stvorili, mi nismo Ljudi. Iako verujemo da jesmo; mi smo „intelektualne životinje", ali ne i Ljudi.

Najveći Mudraci su dali do znanja, ali nisu imali smelosti da to kažu. Ne smeju, iz straha: strah ih je, boje se reakcije ljudi, osećaju sram, ne kažu to; daju do znanja i ništa više. Iskreno, meni se čini da treba da stavimo karte na sto i da hrabro kažemo istinu, bilo šta bilo; sve dok ne budemo stvorili Viša Egzistencijalna tela u svojoj unutrašnjosti, nismo Ljudi, nego intelektualne životinja.

Čak se i na medicinskim fakultetima to kazalo. Ovde, usred Federalnog distrikta, neki profesor medicine je rekao za vreme kursa: „Mi smo intelektualni sisari", ili „racionalni", a to je ista stvar. Rekao je, a zanimljivo je da studenti nisu reagovali, svi su prihvatili. Profesor je rekao, a „ne dolazi u obzir" da svetska usta ćute; ali, pošto je ovo rekao na medicinskom fakultetu, nema problema. Opasno bi bilo da je ovo tvrdio u nekoj sali. A ipak, na fakultetu se govori i prihvaćena je činjenica...

Realno, to je taj koji nije stvorio Viša Egzistencijalna tela Bića. Ali, da bi ih stvorio, potrebno je da pripremi Merkur Mudraca.

Prema tome, kada osoba bude stvorila u svojoj unutrašnjosti Psihološki Solarni sistem i Psihološki Mesec, ako želi da malo više napreduje treba da se odluči... da se odluči, jer kada stigne do ovog nivoa Bića, predstavljaju mu se dva Puta: prvi – Put Spirale, Nirvanski (dobar je to rad); i drugi – Direktni, Neposredni Put koji vodi ka Apsolutu (to je superiorni rad).

A sada, prednost nas koji sledimo Neposredni Put je da se pretvaramo u Solarne Ljude. Ali, da bismo se preobrazili u Solarne Ljude, treba da fabrikujemo Psihološko Sunce u svojoj unutrašnjosti, ovde i sada; ovo je očigledno... Psihološko Sunce...

Ali, kako ćemo da stvorimo Psihološko Sunce u svojoj unutrašnjosti? Moguće je da ga stvorimo, ali putem eliminacije Suvog merkura i Arseničkog sumpora. Šta je Suvi merkur? može li neko od vas da mi kaže? Može li neko među vama da mi odgovori?

Učenik: To su psihički agregati.

Majstor: Tačno je! Psihički agregati konstituišu Suvi merkur. A o Arseničkom sumporu šta nam možeš kazati?

Učenik: To je negativna seksualna vatra.

Majstor: Vatra niskih Atomskih paklova čoveka; vatra koja dolazi od gnusnog Organa Kundartiguadora. Ova treba da se izbaci.

Ako osoba izbaci psihičke agregate i Arsenički sumpor, ona fabrikuje Zlato, Zlato najboljeg kvaliteta, Zlato koje je savršenije od onog što postoji u bilo kom rudniku na Zemlji.

Jasno, jer u našoj unutrašnjosti postoji Zlato, potrebna je velika veština, hermetičkog umetnika. Želim da se odnosim, jasno, na Antimonijum.

Postoji Merkur koji je veoma plodan, gde se uvek učvršćuje Zlato. Dobro, i u našoj unutrašnjosti postoji neka veza između Merkura i Zlata; na primer, merom kojom izbacujemo psihičke agregate ili Suvi merkur, u vezi sa Astralnim telom, jasno je da će Antimonijum da učvrsti Zlato u ovom telu i stići će momenat kada će se, zaista, Sideralno telo ili Astralno telo (poznati Eidolon) preobraziti u veoma fin vehikl od čistog zlata, najboljeg kvaliteta.

Stižući do ove etape, jasno je, Zmija proždire Astralno telo, guta ga; i tada se radujemo moćima čakri. Pre toga nije moguće, jer je jedno da budiš Zmiju, da je staviš da dejstvuje, a drugo je da se raduješ čakrama. Da bi se radovao čakrama, potrebno je, neizbežno, da te Zmija proguta.

Nakon što Astralno telo biva Progutano od Guje, dolazi rad sa Mentalnim telom. Mnogi mogu da napreduju do Astrala; kada počinju da rade sa pameću, ne uspevaju. Pamet je veoma tegobna... Znate li vi šta znači da pretvoriš sopstvenu pamet u Zlatnu Pamet, u Božansku Pamet? Ako je Pamet tako jogunasta!... I, treba li da je pretvoriš u Zlato? Koliko je teško da pretvoriš pamet u Zlato! Mnogi dovde stižu i ovde padaju, ne prolaze dalje...

U mojoj sadašnjoj egzistenciji, kada sam stigao do ovog nivoa, bio sam upozoren, rekli su mi: „Dovde su mnogi stigli; ali odavde do druge strane je teško da se pređe“. Rekao sam samo toliko: „Dobro, pokušaću...“ I odlučio sam da radim, da izbacim Suvi Merkur iz Pameti. Uspeo sam, pomoću supremnih žrtvovanja i veoma velikih napora i nakon pretvaranja pameti u Zlatni vehikl, progutala ju je Kobra; onda, moja pamet je ostala kod Izis...

Treće telo, na trećoj oktavi, pretpostavlja da radimo sa Kauzalnim telom. Izgleda da je neverovatno da u Svetu Prirodnih uzroka imamo Suvi merkur, ali je istina. Veoma je teško da izbacimo Suvi merkur iz Kauzalnog sveta, jer su, obično, psihički agregati u Kauzalnom svetu ili u Kauzalnom telu u vezi sa karmom, a ovo je ozbiljno opasno. Tada treba da pregovaramo da bismo mogli da izbacimo određene agregate; to su zastrašujući nadnapori, više od normalnog, strašna kajanja; tamo treba da „peremo svoje noge u krvi srca"; sve su ovo teške stvari...

Dobro, kada neka osoba uspe da izbaci psihološke agregate iz Kauzala, tada se zlato potpuno učvrsti u ovom telu i Zmija ga može prožderati; tada je primljen u Svet Prirodnih uzroka kao Kvalifikovani Adept i tako je primljen u hram Kauzalnog sveta kao Kvalifikovani Adept.

Mnogo kasnije, treba da radi sa Budi (Buddhi), ili sa Budičkim telom ili Intuicionalnim, koga su toliko mnogo „opevali" mnogi autori i koje se naziva „Valkirija", „Lepa Sulamka" – supruga Kralja Solomona, „Lepa Jelena iz Troje" itd...

Pretvoriti ovaj vehikl u Vehikl od čistog Zlata nije lako; da bi se uspelo treba da izbacimo sve one atome koji su bili, rekli bismo, deformisani našim greškama. Svaki takav atom ima Atomsku Svest drugačiju, deformisanu.

Odnosno, tamo ćemo naći, recimo, zle inteligencije (ali ne upravo u Budi, nego u njegovom protiv-delu, antonomaziji). Ovo zahteva određena spuštanja, strašna, u Paklene svetove da bismo mogli da izbacimo zastrašujuće nehumane psihičke agregate koji su povezani sa Svesti. Kada se jednom uspe, Budičko ili Intuicionalno telo blista „Zlatom Mudraca".

I, na kraju, dolazi rad sa Atmanom, Neizrecivim. Kada na kraju Atman bude pretvoren u Zlatni vehikl, ostajemo čvrsto stabilisani u Izis. Možemo uzviknuti: „Ja sam Zmija!... Zmija sam!..."

Čitav ovaj rad, o kom vam govorim, realizuje se u Devetoj sferi, u seksu. Zato što u Devetoj sferi osoba treba da rukuje Kopljem kako bi dezintegrisala nehumane psihičke agregate koje nosi u svojoj unutrašnjosti; Ognjište Kiklopa je mesto na kom majka Devi Kundalini Šakti unosi oružje Vulkana za potpuno uništenje Suvog merkura.

Dakle, nakon što je Čovek uspeo da fabrikuje Zlato u svojoj unutrašnjosti, on je spreman, pripremljen je da u njemu vaskrsne Hristos.

Intimni Hristos treba da oživi u srcu Čoveka. I kada bude vaskrsao, On će obući Tela od čistog Zlata, on dolazi na manifestaciju da bi radio u Velikom Delu Oca. Vitalno je, dakle, da stignemo do vaskrsenja, a ovo je moguće samo ako se radi onako kako treba u Devetoj sferi.

*Prema tome, ako treba da stvorimo Psihološki Mesec, ako treba da stvorimo Psihološki Sunčev sistem u svojoj unutrašnjosti, isto tako, treba da stvorimo Psihološko Sunce u svojoj unutrašnjosti.**

Eto, voljeni čitaoče, drugi stepenik na koji treba da zakoraknemo, na kamenitom Putu intimnog Oslobođenja. I tako kako nam je pokazao Avatar Vodolije u prethodnim paragrafima, potrebna su ona dva seksualna polariteta, sila muškarca i sila žene, koji će ujedinjeni, da stvore lepo čudo postanka istinskih Solarnih muškaraca i žena Maha-Manvantare.

Zaključujemo sada proslavljajući ovu divnu večitu dualnost koja treba da vodi ka božanskom androginizmu kome se radujemo u zori egzistencije, u onim vremenima u kojima je Realni Čovek bio verno oličenje svoga tvorca. Dopustimo da nas snaga poezije vodi na ove zvezdane puteve koji će da nas podsećaju na mističku dvojnost:

---

* *Peto Jevanđelje, konf. „Beskonačno mogućnosti Alhemije"*

DVA U JEDNO	*DOS EN UNO*
Dva vatrena jezika	*Dos rojas lenguas de fuego*
bliže se povezani	*que a un mismo tronco enlazadas*
za isto telo; ljubeći se	*se aproximan, y al besarse*
jedan plamen čine;	*forman una sola llama;*
iz violine dve note	*dos notas que del laúd*
istovremeno ruka hita	*a un tiempo la mano arranca*
i u prostoru se sastaju,	*y en el espacio se encuentran*
harmonične, u zagrljaju;	*y armoniosas se abrazan;*
dva talasa ujedinjena	*dos olas que vienen juntas*
dolaze na obalu da ginu	*a morir sobre una playa,*
kada se rasprše krunisani	*y que al romper se coronan*
krunom od čistog srebra.	*con un penacho de plata;*
Dva zraka ko iz pare	*dos jirones de vapor*
jezera izvinu se	*que del lago se levantan,*
i na nebu se zagrle,	*y al juntarse allí en el cielo*
beli oblak sastave.	*forman una nube blanca;*
Dve ideje istovremeno zapupe,	*dos ideas que al par brotan,*
dva poljupca u istom času pokrenu	*dos besos que a un tiempo estallan,*
dva odjeka što se spoje...,	*dos ecos que se confunden...,*
isto kao i naše dve duše.	*eso son nuestras dos almas.*

———

Becquer

Bécquer

23

ZAKON
ONIH ČETIRI KAJE

Želiš li da se više ne nalaziš među robo-
vima? Pokidaj okove svoje i isteraj iz sebe
svaki strah i svako očajanje.
Epicet

U našem prethodnom poglavlju govorili smo našem čitaocu o potrebi da se osvoji položaj Realnog Čoveka, Solarnog Čoveka. Rekli smo da kada budemo stigli da posedujemo Egzistencijalna (atomska) tela, isto je, u čistoj Alhemiji, kao i kada smo realizovali u svojoj unutrašnjosti Solarni sistem ili Mikrokosmos. Isto tako, bilo nam je rečeno, u prošlim paragrafima, da ovaj lični ili personalni Solarni sistem bi mogao da ima svoje centralno Sunce i da to Sunce nije ništa drugo nego Gospod Savršenosti, Intimni Hristos u svakome od nas.

Kada jednom osvoji položaj Solarnog Čoveka, ljudska individua može da se reinkarnira na bilo kojoj planeti u našem Sunčevom sistemu, posedujući apsolutnu nezavisnost. Drugim rečima, osvajamo slobodu u okviru našeg Sunčevog sistema.

Ali, ako želimo da se oslobodimo i od drugih Zakona, što je cilj onoga što mi nazivamo Finalno oslobođenje treba da znamo da, isto tako, Solarni Čovek ima pravo da se preobrazi u Galaksijskog Čoveka, pa da se čak reinkarnira na samom Centralnom Suncu Galaksije, zvanom Sirijus.

Da bi se postigao ovaj cilj, ljudsko biće treba ponovo da radi sa vodom i vatrom, odnosno, sa sakramentom alhemijske transmutacije. Da bismo više prodrli u predmet, dajmo opet reč prethodniku ove nove epohe koja se rađa na ruševinama ove mnogo hvaljene civilizacije. Da vidimo šta nam kaže Venerabilni pisac Samael Aun Weor:

Solarni Čovek ima pravo da se preobrazi u Galaksijskog Čoveka; ima pravo da stigne do Sirijusa, jer nas Zrak Revolucije Svesti vodi ka Sirijusu, Centralnom suncu Sirijusu, prestonici Mlečnog puta, oko koje se obrću milioni sazvežđa.

Ako neka osoba, neki Solarni Čovek, želi da se preobrazi u Galaksijskog Čoveka, neizbežno, biće primoran da stvori psihološku Galaksiju u svojoj unutrašnjosti. A da bi je stvorio, treba ponovo da siđe u Užareno ognjište Vulkana, da tamo radi sa vodom i vatrom; potrebno je da radi u Ognjištu Kiklopa; da stvori one veoma fine vehikle Nirmanakaya, Sambhogakaya (koji ima tri stepena više od Nirmanakaje), Addikaya i Dharmakaya, vehikle koji će da mu dopuste da postoji u Galaksiji kao Galaksijski Čovek i da živi na Sirijusu.

Radi toga treba da se spusti i da stvori Tela koja su mu potrebna da bi se pretvorio u Galaksijskog čoveka. Ne bi mogao da bude Galaksijski ako ne bi posedovao one Četiri Kaje Alhemije.

Dakako, kada su jednom stvorene, osoba postaje Galaksijski Čovek. Ne bi mogao da bude Galaksijski Čovek, ako ne bi posedovao one alhemijske Četiri Kaje.

Prema tome, kada budu stvorene, osoba postaje

Galaksijski Čovek. Zbog toga, jednom je prilikom neka gospođa Adept upitala na Sirijusu: „Da li bih mogla da se reinkarniram ovde, u ovom svetu?" Odgovor je bio: „Nemoguće! Ti si samo embrion, kako bi mogla da živiš na Sirijusu!... Ovo je mnogo teško!"

*Da, tamo mogu da žive samo Galaksijski Ljudi, samo oni. Uzmite u obzir činjenicu da je Sirijus prestonica ovog Mlečnog puta.**

Dobro, sada, koje su izuzetne osobine koje poprimaju atomski Vehikli Adepta, da bi bili kvalifikovani kao Kaja? Sam Majstor Samael Aun Weor nam opisuje ove karakteristike u pomenutim Telima ili Kajama (Kaya); da vidimo:

Kada se završi izbacivanje nehumanih ostataka iz psihe mrtvog, on treba da eksperimentiše, sam on, „iluminatorni vakuum"; ovo je „Dharmakaya". Ovaj vakuum uopšte ne liči na vakuum ništavila, nego na inteligentan vakuum, to je duhovno stanje Sambhogakaye.

Nerazdvojivi vakuum i jasnoća. Jasan vakuum samom svojom prirodom i jasnoća prirodom vakuuma je Addikaya, Prosvetljena Inteligencija.

Prosvetljena Inteligencija, koja bez prepreke blista u mrtvacu koji je uspeo da kompletno umre u sebi samom, svuda će zračiti: to je Dharmakaya.

*Samo putem neposrednog eksperimentisanja onih Četiri Kaya, moguće je osvajanje Totalnog Oslobođenja.***

Nesumnjivo, osvajanje Iluminatornog vakuuma jeste jedna od velikih čežnji dubljih struja Zen Budizma. Vakuum je potpun mir pameti, unutra, spolja, iznad i ispod. Ova ćutnja biva prekinuta samo inteligencijom Realnog Bića osobe koja je dotakla te vrhunce. U ovom slučaju, onaj Inteligentan vakuum, jasan i stalan, baca svetlost na bilo koji aspekat Kreacije, u unutrašnjosti Univerzuma ili samog čoveka, onda kada se traži odgovor za određenu pojavu ili kada se traži njen prvobitni uzrok.

Ponekad, pesnici, vide u unutrašnjem stanju i u trenutku inspiracije nam poveravaju, iz božanske zapovesti, plod ove smelosti, koja se za nas prevodi kao fascinantna emocija, koja je karakteristična nama koji čeznemo da što više spoznamo ono što nazivamo Bogom; da vidimo:

OVE NOĆI, DOK SAM SPAVAO

Ove noći, dok sam spavao,
o, sveta iluzijo(!), sanjao sam
vrelo što teče
u srcu mom.

Upitah ga: vodo, kojim skrivenim
kanalima k meni dolaziš(?),
izvore novog života,
iz kog pio nikad nisam?

Ove noći, dok sam spavao,
o, sveta iluzijo(!), sanjao sam
da je košnica
u mom srcu bila;

i zlatne pčele
u njoj su pretvarale
moju staru tugu,
ko vosak belu, u sladak med.

Ove noći, dok sam spavao,
o, sveta iluzijo(!), sanjao sam
kako je sjajno sunce gorelo
u mom srcu zapravo.

Bilo je žarko, jer je širilo
toplotu kao peć usijana;
bilo je sunce jer je sijalo.
Gledajući ga, ja sam plakao.

Ove noći, dok sam spavao,
o, sveta iluzijo(!), sanjao sam
da sam Gospoda imao
upravo u srcu svom.

———————————
Antonio Machado

ANOCHE CUANDO DORMÍA

Anoche cuando dormía
soñé, ¡bendita ilusión!,
que una fontana fluía
dentro de mi corazón.

Di: ¿por qué acequia escondida,
agua, vienes hasta mí,
manantial de nueva vida
en donde nunca bebí?

Anoche cuando dormía
soñé, ¡bendita ilusión!,
que una colmena tenía
dentro de mi corazón;

y las doradas abejas
iban fabricando en él,
con las amarguras viejas,
blanca cera y dulce miel.

Anoche cuando dormía
soñé, ¡bendita ilusión!,
que un ardiente sol lucía
dentro de mi corazón.

Era ardiente porque daba
calores de rojo hogar,
y era sol porque alumbraba
y porque hacía llorar.

Anoche cuando dormía
soñé, ¡bendita ilusión!,
que era Dios lo que tenía
dentro de mi corazón.

———————————
Antonio Machado

24

ZAKON
BESKONAČNOSTI

Ispred beskonačnosti,
svaki broj je nula.
Viktor Igo

Šta bi se dogodilo (pitamo našeg čitaoca) ako bi neko želeo da ide onostrano od naše Galaksije, odnosno, da se još više oslobodi od svih Zakona Kosmosa? Tada treba da se pripremi da postane Beskonačni Čovek. Da li je ovo moguće? Da vidimo šta nam kaže Gnoza u vezi sa ovim aspektom, posredstvom reči svog najvažnijeg predstavnika u XX veku, V.M. Samaela Aun Weora; da vidimo:

Da li sada, stanovnici Sirijusa (Galaksijski Ljudi, da bismo jasnije govorili) imaju pravo da još više napreduju? Kažem da imaju pravo da se preobraze u Beskonačne Ljude.

Kao što treba da se stvori psihološka Galaksija, da bi imali pravo da budu galaksijski ljudi, isto tako, da bi se imalo pravo da se živi u čitavoj Beskonačnosti koju poznajemo (u Beskonačnosti koju bi nazvao „Ajnštajnovom", jer je on rekao da Beskonačnost teži jednoj granici i da je Prostor kriv), da bi se imalo pravo da se živi u ovoj Beskonačnosti u kojoj postojimo, potrebno je da se stvori psihološka Beskonačnost, sa novim podesnim vehiklima. Radi ovoga treba da se spustimo u Ognjište Kiklopa, u Ognjište Vulkana. Dakle, i Galaksijski

Čovek je obavezan da se spusti u Devetu sferu, ako želi da se preobrazi u stanovnika ove čitave Beskonačnosti.

Ova Beskonačnost, koja se može percipirati najsnažnijim teleskopima, mogla bi da ima približno (računamo na srednji broj, uopšte) sto hiljada Galaksija (to je uopšteni broj, jer je nemoguće reći detaljnije). U svakom slučaju, da bismo imali pravo da živimo u ovoj Beskonačnosti, treba da stvorimo podesne Vehikle.

Onostrano od ove Beskonačnosti postoji prazan prostor i onostrano od ovog praznog prostora postoji druga Beskonačnost. U Pistis Sofiji se govori o više nebesa. Jeshua Ben Pandira (V.M. Aberamentho) ili Isus, mogao je da prodre na ova nebesa, odnosno, u druge Beskonačnosti. Različite Beskonačnosti imaju okultnu dokumentaciju, to su različita nebesa u Pistis Sofiji.

Odvojimo se na momenat od Aeona i mislimo na razne Beskonačnosti. Upotrebimo matematiku. Ako broj osam stavimo horizontalno i dodamo drugi, dobijamo rezultat: Beskonačnost + Beskonačnost = Beskonačnost ili Beskonačnost minus Beskonačnost = Beskonačnost ili Beskonačnost puta Beskonačnost = Beskonačnost ili Beskonačnost podeljeno Beskonačnost = Beskonačnost. Prema tome, dopušta četiri operacije; dopušta sabiranje, oduzimanje, množenje i deljenje Beskonačnosti.

Prema tome, ove različite Beskonačnosti mogu da postoje zahvaljujući Beskonačnosti koja sve podržava. Ali, ako neki čovek, koji je stvorio psihološku Beskonačnost i može da živi slobodan u bilo kom svetu u ovoj Beskonačnosti, koji može da bude Kralj i Gospodar u bilo kom svetu u ovoj Beskonačnosti, ako bi ovaj čovek želeo da pređe u sledeću Beskonačnost, on treba da se spusti u Ognjište Kiklopa da bi u svojoj intimnoj konstituciji stvorio potrebne uslove za prolaz u druge Beskonačnosti.

Prema tome, svaki put kada neko pokušava da uđe na novo nebo, treba da se spusti u Užareno Ognjište Vulkana. Ovo je surova realnost činjenica: svaki put kada neko pokušava da

pređe na viši nivo Bića, on treba da se spusti u Užareno Ognji-
*šte Vulkana...**

Neosporno, strpljivi čitaoče, treba da se neprestano psihološki i alhemijski preporađamo ako zaista želimo da stignemo do naše najdublje unutrašnje realnosti. Roditi se za novi život, sami sebe oživeti polazeći od nule, jeste matematički aksiom hermetičke filozofije, onda kada se izučava relativna misterija BIĆA. Ponekad, na nekom imaginarnom putovanju na sakralna mesta, pesnici stižu da se povežu sa galerijama nepromenljivih stvari i onda nam kažu ovako nešto:

____

*   *Peto Jevanđelje, konf. „Beskonačne mogućnosti Alhemije"*

PREPOROD

Galerije duše ... Duša dete!
Jasna joj se svetlost osmehuje;
i mala istorija
i radost novog života...

Ah! ponovo da se rodiš i započneš put,
kada jednom nađeš izgubljeni put!

I da ponovo u svojoj ruci osetimo
nežnost majčine blage ruke...
Na put snova da krenemo
vođeni rukom ljubavi.

U našoj duši sve se rukovodi
rukom tajanstvenom.
Neshvaćeno, nemo,
ništa o našim dušama ne znamo.
Duboka reč mudraca
otkriva nam, svima,
šta vetar kaže kada šapuće,
šta vode vele kada žubore.
Možda je rukom, kao u snu,
sejač zvezda, učinio
da zaboravljena muzika odjekuje
kao tonovi ogromne lire,
i ponizni talas učini
da se sa naših usana otme
po neka reč istine.

Moći ćeš da spoznaš,
ako se setiš mutnih slika iz starih snova,
ovog tužnog dana kada,
otvorenih očiju, ti koračaš.
Od svih sećanja vredan je samo dar,
vrhovni, u snovima prikazan.

____
Antonio Machado

RENACIMIENTO

Galerías del alma... ¡El alma niña!
Su clara luz risueña;
y la pequeña historia,
y la alegría de la vida nueva...

¡Ah, volver a nacer, y andar camino,
ya recobrada la perdida senda!

Y volver a sentir en nuestra mano,
aquel latido de la mano buena
de nuestra madre... Y caminar en sueños
por amor de la mano que nos lleva.

En nuestras almas todo
por misteriosa mano se gobierna.
Incomprensibles, mudas,
nada sabemos de las almas nuestras.
Las más hondas palabras
del sabio nos enseñan
lo que el silbar del viento cuando sopla,
o el sonar de las aguas cuando ruedan.
Tal vez la mano, en sueños,
del sembrador de estrellas,
hizo sonar la música olvidada
como una nota de la lira inmensa
y la ola humilde a nuestros labios vino
de unas pocas palabras verdaderas.

Y podrás conocerte, recordando
del pasado soñar los turbios lienzos,
en este día triste en que caminas
con los ojos abiertos.
De toda la memoria, sólo vale
el don preclaro de evocar los sueños.

____

Antonio Machado

25

ZAKON AFINITETA

Čemu služi čoveku šansa,
ako ne ume da je iskoristi?
George Eliot

U ovom zakonu koji je ispleten između nas i Apsolutnog Prostora, studirajmo sada drugi, koji se naziva Zakon Afiniteta. Na svu sreću, stiže nam od strane našeg Patrijarha Samaela Aun Weora neposredna informacija u vezi sa detaljima ovog Zakona; da vidimo šta kaže:

Naravno, ono što je vredno to je način biti svake osobe; neki subjekti će biti pijanice, drugi trezveni, oni čestiti i oni besramni; u životu ima svega...

Masa je zbir jedinki; ono što je jedinka to je i masa, jeste i Vlast itd... Masa je dakle ekstenzija individue; nije moguća transformacija masa, naroda, ako se individua, ako se svaka osoba, ne bude transformisala...

Niko ne može da opovrgne da postoje različiti društveni nivoi; postoje crkveni ljudi i bordelski; trgovci i seljaci itd...

Takođe, postoje razni „Nivoi Bića". Ono što smo na unutrašnjem nivou, sjajni ili podli, darežljivi ili tvrdice, nasilnici ili miroljubivi, neporočni ili bludni – povlači različite životne okolnosti...

Naravno, ono što treba uzeti u obzir, jeste način ophođenja svake osobe; neki subjekti su pijanice, drugi apstinentni, ovi pošteni, oni drugi bezobrazni; života ima u svemu...

Masa je znači ekstenzija individue; nije moguća transformacija mase, naroda, ako se svaka osoba ne menja...

Niko ne može poreći da postoje različiti socijalni nivoi; postoje crkveni ljudi i bordeljski ljudi; ljudi koji se bave trgovinom i seljaci itd...

Isto tako postoje različiti nivoi Bića. Ono što smo u unutrašnjosti, sjajni ili malodušni, darežljivi ili tvrdice, nasilni ili staloženi, prečisti ili bludni, privlači različite životne okolnosti...

Neko ko je bludan uvek će privlačiti scene, drame, čak i tragedije lasciviteta u koje će biti umešan... Pijanica će privlačiti pijanice i uvek će se nalaziti u barovima i kafanama, ova stvar je očigledna...

Šta će privlačiti kamatnika, egoistu? Koliko problema, tamnica, nesreća?

Ipak, ljudi puni bola, umorni da bi još patili, žele da se menjaju, da okrenu stranicu svoje istorije... Jadni ljudi! Žele da se menjaju, ali ne znaju kako, nalaze se u bezizlaznoj situaciji...

Ono što im se dogodilo juče, dešava se danas i desiće se i sutra; ponavljaju iste greške i ne uče iz lekcije života ni pod topovskom pretnjom.

Sve se stvari ponavljaju u njihovom sopstvenom životu; pričaju iste stvari, rade iste stvari, oplakuju iste stvari... Ovo dosadno ponavljanje drama, komedija i tragedija, nastaviće da traje toliko kolko nosimo u našoj unutrašnjosti nepoželjne elemente Gneva, Pohlepe, Razvrata, Zavisti, Gordosti, Lenjosti, Proždrljivosti itd, itd, itd...

Koji je naš moralni nivo? Ili bolje reći: koji je naš nivo Bića?

Dotle dok se nivo Bića radikalno ne menja, nastaviće se ponavljanje svih naših mizerija, scena, nesreća i beda...

Sve stvari, sve okolnosti koje se događaju oko nas, na sceni ovog sveta, isključivo su refleksija onoga što nosimo na unutrašnjem nivou.

Sa pravom možemo svečano tvrditi da je „spoljašnjost refleksija unutrašnjosti".

Kada se neko menja na unutrašnjem nivou i ta promena je korenita, spoljašnost, okolnosti, život, menjaju se na isti način.[*]

I, na magistralan način, sam Patrijarh Univerzalnog Gnosticizma, daje nam primer kojeg je upravo on doživeo i koji odslikava uticaje koje ovaj Zakon Afiniteta ima na ljudska bića; da vidimo:

U neko ranije vreme, studirao sam grupu „padobranaca“, tamo, u F.D. Oni su živeli pored moje kuće; zauzeli su neki tuđi teren. Dobro, predložio sam sebi da posmatram sa terase svoje kuće: živeli su infrahumano, bili su pijani...

U toj četvrti, gde sam živeo, retko su se videle policijske patrole, ali, od kada su ovi „padobranci“ zauzeli teren, onuda su sve vreme prolazile policijske patrole. Nikada pre toga nije bilo prolivanja krvi, sada, da. Živeli su sve vreme u međusobnoj svađi, ružno su se ponašali jedni sa drugima, umesto da dele svoj bol, umesto da se ponašaju kao braća...

Tada sam mislio na sledeću stvar: ako bi bar jedan od tih ljudi promenio svoj nivo Bića, kako bi on bio drugačiji...

Ali, da bi on učinio korak napred prema Biću, trebalo bi, nesumnjivo, da primi informaciju, trebalo bi da neko bude umešan i da siđe kod njih i da im objasni na koji način mogu da izmene nivo Bića, da se dignu na viši nivo; mogao bi da pređe na viši nivo ako bi on, budući svestan svoga rada, sebi predložio da eliminiše nehumane defekte.

Ali, neosporno, kad bude počeo da ih izbacuje, izašao bi „iz stada“, iz veze sa onima koji su mu u

okruženju ali, posredstvom Zakona Afiniteta, uspostavio bi kontakt sa ljudima sa drugim nivoom Bića, ušao bi u vezu sa drugom klasom ljudskih bića ovi bi doneli druge prilike, tada bi napustio onu „garažu“ i bolje bi živeo.[**]

Jadnik, ako bi izmenio svoj nivo Bića, prestao bi da bude mizeran i imao bi bolju ekonomsku situaciju, ovo bi mu dalo podstrek da nastavi rad na sebi; ali, potrebno je da radimo sa svim ovim ljudima koji su u mizeriji.

[*] *Revolucionarna psihologija, pogl. 1. „Nivo Bića“*
[**] *Peto Jevanđelje, konf. "Stubovi Gnosticizma"*

Sve ove promene koje je moguće da ostvarimo na našem animičnom kontinentu, bile su otpevane, u svoje vreme, grandioznom lirikom jednog pesnika, koji nam je, darom inspiracije, mističkom emocijom napunio srce:

SVAKI PUT KADA DUŠA IZAĐE

Kada duša svaki put izađe
iz osenčene galerije potresnog sna,
iznad svetlosnih polja pogled zastane
i neko hladno sunce bojom pospe.

Pojavi se dosada dana; mutni,
nejasni i konfuzni oblici nestaju
oni koji vazduh nastanjuju,
idoli poete, sumnjive ljubavnice,
uoči rđe koju san stvara,
a zalazak briše.

I duša se ponovo sprema,
u nezahvalne sate,
za radnju bezvrednu,
da kuje tvrdo gvožđe,
dok u daljini
crni talas, misteriozni,
svoje penušavo perje u tišini trese ...
On mresti zlatnu žetvu
u svojoj utrobi koja senči!
____
Antonio Machado

SIEMPRE QUE SALE EL ALMA

*Siempre que sale el alma de la oscura
galería de un sueño de congoja,
sobre un campo de luz tiende la vista
que un frío sol colora.*

*Surge el hastío de la luz; las vagas,
confusas, turbias formas
que poblaban el aire, se disipan,
ídolos del poeta, nebulosas
amadas de las vísperas carmíneas
que un sueño engendra y un oriente borra.*

*Y a martillear de nuevo el agrio hierro
se apresta el alma en las ingratas horas
de inútil laborar, mientras sacude
lejos la negra ola
de misteriosa marcha,
su penacho de espuma silenciosa...
¡Criaderos de oro lleva
en su vientre de sombra!...*
____
Antonio Machado

ZAKON RESORPCIJE

 lazimo sada u izučavanje sledećeg interesantnog Zakona koji se upliće između nas i Apsoluta. Strpljivi čitaoče, reč je o Zakonu Resorpcije.

U skladu sa ovim Zakonom, koji je onostrano od mehaničkih Zakona Evolucije i Involucije, onda kada se završi jedan period kosmičke manifestacije ili jedne Maha-Manvantare, sve se završava sa resorpcijom u nedra Prakriti.

Potom, sledi takozvana „Kosmička noć" ili „Pralaya", na hinduskom jeziku.

Nesumnjivo, onostrano Pralaje, zajedno sa njenom uključenom resorpcijom, nalazi se električni uragan koji stavlja ponovo u pokret atome majstore iz Kreacije i tako se manifestuje nova Maha-Manvantara. Vrhovni ključ za oslobađanje od ovog idi-dođi, od Maha-Manvantare i Pralaje, ima svoju osnovu, nesumnjivo, u eliminaciji želje za postojanjem, što je mnogo onostranije od poništenja životinjskog Ego-a i uništenja naše lične Bestije, čiji je broj u hermetičkoj Kabali 666.

Ali, bolje je da znamo kako se manifestuje ovaj Zakon resorpcije, kako bismo ga poznavali i, jednog dobrog dana, da se i od njega odvojimo.

Radi toga, zatražimo ponovo pomoć od strane giganta Gnosticizma, V.M. Samaela Aun Weora i da vidimo šta nam on kaže u pogledu ovog subjekta, na jednoj od svojih konferencija:

Šta znaju fizičari? Sto hiljada analiza da bi stigli do atoma i veruju da sve znaju. Šta znaju naučnici o atomima, pre nego što je Univerzum postojao i kako se oni ponašaju i kako će nastaviti da se ponašaju kada Univerzum bude prestao da postoji?

Dobro znamo da su i atomi guvernirani svetim Zakonom Večitog Heptaparaparshinocka (Zakon Sedmice); odvija se na sedam nivoa... Zna li neko septenarnu (sedmičnu) konstituciju atoma?

U poslednjoj sintezi je atom Anu; on se odvija u haosu. Svaki atom hidrogena, svaki atom ugljenika, ili kiseonika, ili azota, iako se razlaže i prolazi kroz mnogostruke faze, u poslednjoj sintezi, ostaje kao prvobitni atom Anu, jer je Zakon septenarni, a atom Anu pripada haosu, jer odande proizilazi.

Takvi atomi, pre i posle egzistencije Univerzuma, u haosu, imaju određene osobine; ispunjeni su aktivnostima i moćima koje fizičari ni približno ne poznaju.

U ime Istine, imam hrabrosti da tvrdim da su fizičari „slavni ignoranti", koji pokušavaju da daju lekcije atomima, pokušavajući da ih ograničavaju; nikada ne bi mogli ni da slute kako se atom ponaša u haosu. Ne govorim o evoluciji ili involuciji, ali šta znaju fizičari o Resorpciji?

Zakoni Evolucije i Involucije su čisto mehanički, oni stvaraju mehaničku osu čitave prirode, ali postoji treći Zakon, koji se naziva - Resorpcija.

Prema tome, na kraju krajeva, svaki atom, nakon evolutivnih i involutivnih procesa, ponovo se upija u haos. I, isto kao i Univerzumi, ne okunčavaju, kao što to mnogi veruju: evoluiraju i involuiraju i, u poslednjoj sintezi, ponovo se upijaju u Haos i tada stiže Velika Pralaja, Kosmička noć.

U našoj unutrašnjosti postoje slični procesi: U Mikrokosmosu čoveku se uvek ponavljaju isti procesi kao u Makrokosmosu. Imamo svoj Haos; svako ga u sebi ima.

Postoji Grubi Azot, grubi mineral (odnosim se na Svetu Spermu, na Exioehary). Očigledno, tamo se nalazi Haos.

I, isto kao što se tamo gore (pre nego što se bude inicirala aurora Maha-Manvantare), Svetovi nalaze u Haosu, sastavljeni od prvobitnog atoma Anu, plus imaju mogućnost da se pojave na novoj manifestaciji onda kada ih Stvaralačka vatra učini plodnim i ovde dole, u našem Mikrokosmosu čoveku, Vatra oplođava Haos, naš lični Haos, Sakralnu Spermu.

Ovde se nalaze lični svetovi svakoga od nas, koji formiraju i koji će formirati naš unutrašnji univerzum; ovde se nalaze mogućnosti drugog Tela i trećeg i četvrtog. Ali, potrebno je da oplodimo ovaj Haos pomoću Vatre, kako bi se ova Tela ili Svetovi u našoj unutrašnjosti razvijali i odvijali.

„Kao što je tamo gore, jeste i ovde dole…". Ovde, nama pripada da učinimo u svojoj unutrašnjosti, u malom razmeru, ono što je Veliki Arhitekta Univerzuma, Stvaralački Demiurg, realizovao u velikom razmeru, tamo u Makrokosmosu.

U svakom slučaju, postoje dve vrste materije ili supstance: ova poznata, koju dodirujemo, koja je ispred nas, a koju oni „mudri" ne poznaju, iako su izumeli mnoštvo teorija, manje ili više utopijskih; i druga, „Negativna", koja je Haos.

Svetovi se ne okončavaju, kao što to glupo veruje profana nauka. Ne! Oni se ponovo upijaju, nakon što su evoluirali i involuirali; ponavljam, ponovo se upijaju u Više Svetove, svaki put u sve više dimenzije, sve dok, na kraju, ne ostanu uskladišteni u Mulaprakriti, odnosno, u Haosu.

Šta je „Mulaprakriti"? To je prvobitna supstanca, izvorna, a Svetovi koji su postojali za vreme jedne Maha-Manvantare, nastavljaju da postoje u prvobitnom atomu Anu, u unutrašnjosti negativne haotične materije. Tamo čekaju dolazak električnog vrtloga, električnog uragana, da bi ih ponovo stavio u aktivnost, u jednom novom Velikom Danu ili Maha-Manvantari...

Draga braćo, hitno je da razumemo potrebu da oplodimo Haos kog nosimo u svojoj unutrašnjosti, kako bi se Svetovi svoje sopstvene individualnosti ili Unutrašnja tela pojavila na ličnoj kosmičkoj manifestaciji. Tako stižemo do intimne Auto-realizacije Bića.

Ali ako glupo istrošimo oplođenu materiju, odnosno Vatru, koja je Stvaralačka energija, kako ćemo onda moći da učinimo da budu plodne ove klice koje spavaju u našem ličnom Haosu? Kako će se pojaviti na egzistenciju ova Viša Egzistencijalna tela Bića?

Vidite li kako nas beznačajni detalji, kao što je gubitak dugmeta, uznemiruju i na momenat nam smetaju; kako gluposti, kada jedni prema drugima postajemo gnevni, čine da gubimo snagu i prazne nas, sprečavaju nas da u svojoj unutrašnjosti učinimo ono što je Veliki Arhitekta Univerzuma ostvario, učinio tamo gore, u međuzvezdanom prostoru...

Moći ćemo zauvek da se integrišemo sa Nemanifestovanim Adi-Budom, sa Aelohimom, samo onoga dana kada budemo samoostvarili u nama u svojoj unutrašnjosti, integralno, onih Deset Sefirota hebrejske Kabale, ovde i sada.

Učenik: Venerabilni Majstore, govorili ste nam o Zakonu Resorpcije. Kada se neka planeta iz ovog trodimenzionalnog sveta, na primer, ponovo upija u Anu, šta onda ostaje umesto nje u ovom trodimenzionalnom svetu?

Majstor: Ništa! Važna je Resorpcija. Svaka planeta koja se ponovo totalno upija u Anu, prolazi kroz totalnu dezintegraciju; ali, kao proto tip ili svet, ostaje uskladištena u Mulaprakriti, u Haosu, u Atomu Anu.

Učenik: Ni u Prostoru ne ostaju vestigije?

Majstor: U Prostoru ne ostaju tragovi, samo „inferiorne ljušture", ali se ove malo pomalo dezintegrišu; to je sve...

Učenik: Da li će naš Prostor, pošto je Materija, imati kakve posledice nakon Resorpcije?

Majstor: Prostor je Prostor, a naš Gospod Buda je ostavio za-beleženo: postoje u životu tri večite stvari: Zakon, Nirvana i Prostor. Prostor je Prostor, on je nepromenljiv, za vek vekova, Amin.[*]

Kategorično, reći ćemo našem čitaocu da jedini način da se spasemo od svake vrste Makrokosmičke ili Mikrokosmičke pojave u vezi sa Maha-Manvantarom ili Pralajom, nije i neće biti drugi osim totalnog odustajanja od želje za postojanjem – svesne ili nesvesne.

Treba da se udaljimo od svih konstantnih „jučerašnjih dana" koji nam stvaraju razne iluzije života, od ovih opsena koje nam donosi Maya (san egzistencije). Neka nam bude dopušteno da zaključimo ove redove pomoću stihova pesnika, koji su u saglas-nosti sa našim tvrdnjama; da vidimo:

---

[*] *Peto Jevanđelje, konf. "Sedam Vatre i Hermesov Pečat"*

ELEGIJSKI STIHOVI

Teško onome žednom
što gleda vodu kako teče,
kada kaže: Moju žeđ
nijedna voda ugasiti neće!

Teško onome koji pije,
a kada žeđ ugasi, život potcenjuje;
novčić kockaru daje se
da njime nasumice plati!

Teško razočaranom što uzdiše
pod redom suverenim
i teško onome ko u snovima nosi
pitagorejsku liru u ruci!

Teško plemenitom putniku,
koji nakon dugog puta
stane da meditira
zgrožen da će na kraj stići!

Teško melanholiji,
koja smirena uzdiše;
teško melanholiji,
srcu operete!

Teško našem slavuju
ako jedne noći vedre,
izlečivši bolno srce,
bez muke peva i plače!

Teško tajnim vrtovima
i pejzažima u snovima,
teško natovarenim snovima
sa uzdržanim namerama!

Teško udvaraču bez para,
koji Mesecu udvara;
teško njima, palih sa Meseca,
i onima koji ka Mesecu idu!

Teško onome ko ne stiže
do roda na grani.
Teško onome ko rod grize
i gorak ukus oseti!

I teško našoj prvoj ljubavi
i neplaćenoj vernosti,
a takođe, onome koji zaista
našu ljubavnicu voli.

____

Antonio Machado

COPLAS ELEGÍACAS

¡Ay del que llega sediento
a ver el agua correr,
y dice: la sed que siento
no me la calma el beber!

¡Ay de quien bebe y, saciada
la sed, desprecia la vida;
moneda al tahúr prestada
que sea al azar rendida!

Del iluso que suspira
bajo el orden soberano
y del que sueña la lira
pitagórica en su mano.

¡Ay del noble peregrino
que se para a meditar,
después de largo camino,
en el horror de llegar!

¡Ay de la melancolía
que llorando se consuela,
y de la melomanía
de un corazón de zarzuela!

¡Ay de nuestro ruiseñor,
si en una noche serena
se cura del mal de amor
que llora y canta sin pena!

¡De los jardines secretos,
de los pensiles soñados,
y de los sueños poblados
de propósitos discretos!

¡Ay del galán sin fortuna
que ronda la luna bella;
de cuantos caen de la luna,
de cuantos se marchan a ella!

De quien el fruto prendido
de la rama no alcanzó,
de quien el fruto ha mordido
y el gusto amargo probó!

¡Y de nuestro amor primero
y de su fe mal pagada,
y, también, del verdadero
amante de nuestra amada!

____

Antonio Machado

27

ZAKON KLATNA

> Zakon je Svest čovečanstva.
> *Concepcion Arenal*

Izučavajmo sada sledeći Zakon koga treba da transcendujemo u peregrinaciji prema našoj intimnoj realnosti.

Odnosimo se na Zakon Klatna. Ovaj Zakon je u odnosu sa samom mehanikom u koju smo svi utopljeni zbog stanja kome (pospanosti) naše Svesti, a pod Svešću razumemo upravo kapacitet kaptiranja ili razumevanja svih spoljašnjih i unutrašnjih pojava svojstvenih čoveku, u ovom scenariju naše egzistencije.

Ovaj Zakon Klatna ima uticaj ne samo na spoljašnje činove društva, na istoriju, nego, što je gore, i na psihički ili intimni aspekat osoba, odnosno, utiče i na naše psihološko ponašanje.

Da bismo dobili šire i sjajnije objašnjenje ovog Zakona, približavamo se ovom stadijumu uz pomoć argumenata koje nam pruža, u dobrom času, najuzvišeniji mistik XX veka, V.M. Samael Aun Weor; ovo su njegove reči:

Započnimo večerašnje izlaganje. Istina je da čovečanstvo doživljava borbu antiteza, u surovoj borbi suprotnosti: ponekad smo mnogo veseli, zadovoljni; drugom prilikom se osećamo potišteni, tužni.

Imamo periode progresa, blagostanja — duže ili kraće — u skladu sa Zakonom Karme; takođe, imamo kritične periode na ekonomskom nivou, na društvenom nivou itd. Ponekad smo optimisti, u vezi sa životom, a ponekad smo pesimisti.

Uvek se moglo videti da svakom periodu radosti, zadovolj-stva, sledi jedan depresivni, bolni period itd. Niko ne može, a da ne opazi da smo stalno podvrgnuti mnogim promenama na praktičnom terenu života. Obično, posle perioda koje mi nazivamo „srećnim", slede periodi nemira.

Realno, Zakon Klatna je taj koji vlada nad našim životom.

Videli ste, na primer, klatno jednog časovnika, uzdiže se nade-sno i potom silazi da bi se uzdiglo nalevo. Ovaj Zakon Klatna, nema sumnje, rukovodi takođe narode.

U epohama, na primer, onda kada je Egipat cvetao na oba-lama Nila, jevrejski narod je izgledao, odnosno nije izgledao, nego je lutao po pustinji. Mnogo kasnije, kada je civilizacija egipatskog naroda opala, pobednički se uzdigao hebrejski narod – to je Zakon Klatna.

Pobednički Rim se oslanja na pleća mnogih naroda, potom pada, po Zakonu Klatna, a ti narodi se pobednički uzdižu.

Sovjetski Savez, na primer, bio je strastven prema materijali-stičkoj dijalektici, ali se sada Klatno menja, prelazi na drugu stranu, a rezultat toga, materijalistička dijalektika ostaje ili je već praktično ostala po strani, nema više nikakve vrednosti. Sada, najveća produkcija što se tiče parapsihologije, zaslužna je Sovjetskom Savezu.

Dokazano je već, imajući u vidu podatke, da Sovjetski Savez proizvodi najveću količinu materijala koji su u vezi sa parap-sihologijom: koristi se hipnoza u klinikama, parapsihologija je prisutna u svim bolnicama itd. Kako idu stvari u Sovjetskom Savezu, nakon malo vremena biće, upravo, na suprotnoj stra-ni materijalizma, postaće apsolutno mistična i duhovna ze-mlja. Već ide tim putem i mnogi su se paladini istakli, dakle, u Rusiji.

Dijalektika Karla Marksa? Pa, ostala je po strani, praktično pada u provaliju zaborava da bi obezbedila mesto parapsiho-logiji i kasnije naučnom ezoterizmu, okultizmu, jogi itd, zato *što se Zakon klatna menja, prelazi na drugu stranu; od teze prema antitezi.*

Sva ljudska bića zavise od Zakona Klatna, ova stvar je očigledna. Imamo dobre prijatelje i ako umemo da ih razumemo, jasno je da ćemo moći da očuvamo naše prijateljstvo. Bilo bi apsurdno da mi zahtevamo da naši prijatelji nikada ne budu podvrgnuti Zakonu Klatna. Nikada ne treba da nas čudi, na primer, da jedan prijatelj sa kojim smo uvek imali dobre odnose neočekivano bude namrštenih obrva, gnevan, spreman na svađu, loše raspoložen, koji će nam se obraćati teškim rečima. U ovim slučajevima treba da uputimo ljubazan pozdrav i da se povučemo, kako bi naš prijatelj mogao da opusti živce; a zbog činjenice što nas je jednog dana „mrsko gledao", mi ne treba da se obeshrabrimo, naprotiv, treba da ga razumemo; jer ne postoji ljudsko biće koje nije potčinjeno Zakonu Klatna. Prema tome, isplati se da budemo sračunati.

Ovaj Zakon Klatna se pojavljuje i shvatam da postaje veoma uočljiv, pogotovo kod Blizanaca (od 21. maja do 21. juna). Oni u Blizancima, kaže se, imaju dupli personalitet. Kao prijatelji, oni su izvanredni, divni, stižu čak da se žrtvuju za svoja prijateljstva, ali kada se personalitet menja, onda su suprotnost toga i ceo svet biva dezorijentisan.

Dakle, ovo je upravo jedan primer onoga šta je Zakon Klatna. To ne znači da su oni jedini u ovoj stvari Zakona Klatna; ne, nismo dotle stigli. Ali oni zaista naznačuju, ističu, služe kao etalon, pokazuju ono šta je zaista ovaj Zakon.

Mi koji poznajemo rođene u Blizancima, umemo da se sa njima snalazimo. Kada se njihov fatalni ili negativni personalitet manifestuje, ne pružamo nikakav otpor i miroljubivo čekamo da se na aktivnost vrati simpatični personalitet.

Čitav svet, u svojim odnosima ili međuodnosima, živi potpuno potčinjen Zakonu klatna; uzdiže se burnom radošću, hvaleći se uspehom, a potom prelazi na drugu stranu, potišten, pesimističan, nespokojan, očajan. Sve to izgleda komplikovano, u skladu sa Zakonom klatna. Nestalnost vrednosti novca, finansijski porast i pad, periodi divnih harmonija među rodbinom, periodi konflikata i problema, sve je to naizmenično, neizbežno, u skladu sa ovim Zakonom klatna.

Pomoću našeg načina viđenja stvari, možemo tvrditi, naglašeno, da je Zakon klatna sto posto mehanički. Ovaj Zakon klatna imamo u svojoj pameti, u svom srcu i, takođe, u Motoričko-Instinktivno-Seksualnom centru. Očigledno je da u svakom centru postoji Zakon klatna.

U pameti je savršeno definisan posredstvom borbe antiteza, u postojećim mišljenjima itd. U srcu, posredstvom antitetičkih emocija, posredstvom stanja nespokojstva i sreće, optimizma i potištenosti. U Motoričko-Instinktivno-Seksualnom centru zakon se manifestuje u običajima, navikama, pokretima: namrštimo obrve, nismo društveni onda kada smo potišteni; ili se veseli osmehujemo pod impulsom Motoričkog centra, kada smo mnogo zadovoljni itd. Poskakujemo uvis kada smo radosni zbog jedne lepe vesti, ili nam podrhtavaju noge ispred neizbežne opasnosti; tu je teza i antiteza motoričkog centra, Zakon klatna u Motoričkom centru.

Zaključak: mi smo robovi neke mehanike; ako nas neko potapše po ramenu, mirno se osmehujemo; ako nas neko ošamari, uzvratićemo na isti način; ako nas neko pohvali, osećamo se srećnim, ali ako nas neko povredi agresivnim rečima, osećamo se užasno uvređenim. Zaključno: mi smo mašinice potčinjene Zakonu klatna, svako može da sa nama čini što god mu se prohte.

Požele li da budemo zadovoljni? Neka nas potapšu po ramenu i neka nam šapnu na uvo nekoliko umirujućih reči, onda smo krajnje zadovoljni. Žele li da nas vide gnevne? Neka nam kažu reč koja nam ranjava samoljublje, neka nam kažu bilo koju grubu reč i videće nas kako smo uvređeni, besni.

U zaključku, psiha svakoga od nas je, zaista, podvrgnuta tome što drugi požele. Mi nismo (a ovo je žalosno) gospodari svojih sopstvenih psiholoških procesa, mi smo marionete kojima bilo ko rukuje.

Ako ja želim da vi budete ovde zadovoljni dovoljno mi je da vam uputim lepe reči, da vas pohvalim i vi ćete biti srećni. Ako ja želim da vi budete ljuti na mene, počeću da vas vređam i tada ćete vi namrštiti obrve; više me nećete gledati „blagim očima" kao što me gledate ovog momenta, nego srditi, „streljaćete me očima". A ako opet zaželim da budete zadovoljni, vraćam se i kazaću vam nekoliko slatkih reči i ponovo ćete biti zadovoljni, i ponovo ćete me blago gledati. Zaključak: vi ćete postati, za mene, jedan instrument na kome mogu da izvodim melodije, bilo nežne, bilo tužne, bilo agresivne, bilo romantične, bilo kakve.

Tada, gde je dakle individualnost ljudi? Pa, ne poseduju je, ako nisu gospodari svojih ličnih psiholoških procesa. Onda kada neko nije gospodar svojih ličnih psiholoških procesa, ne može da kaže, realno, da ima individualnost.

Na primer, izlazite na ulicu; idete veoma zadovoljni sve dok ne naiđete na nešto što će da vas uznemiri. Možda se krećete vozeći kola i u blizini prođe jedan ludak, među onima koji jure kroz grad, obiđe vas sa desne strane i vama preseče put. Ova stvar će vas duboko uvrediti. Ako vi u tom momentu ne protestujete rečima, protestovaćete trubeći, ali nećete odustati od protesta.

Odnosno, onaj u kolima koji vas je obišao, koji vas je iznervirao, koji vas je živčano povredio, učinio je da se potpuno izmenite. Išli ste zadovoljni, a ispunili ste se gnevom; to znači da je onaj u kolima imao veću moć nad vama, dakle, on je imao sposobnosti da rukuje vašom psihom, a vi to niste mogli.

Vidite li, dakle, Zakon klatna? Prema tome, ima li načina da jedna osoba utekne od ovog strašnog Mehaničkog zakona klatna? Verujete li vi da ima neka mogućnost da se izbegne? Ako ne bi postojao, bili bismo osuđeni da živimo mehanički život „per secula seculorum, amen" (za vek vekova, amin)... Očigledno je da treba da postoji neki sistem koji će da nam dopusti da zaobiđemo ovaj Zakon, da njime rukujemo. Realno postoji: treba da shvatimo, da postanemo razumni, refleksivni, da učimo da u životu vidimo stvari onakve kakve su.

Očevidno, svaka stvar u životu ima dva lica. Bilo koja strana nam pokazuje postojanje druge suprotne strane; ovo je neosporno. Jedna strana medalje nam sugeriše suprotnu stranu. Sve ima dve strane; Tmine su suprotnost Svetlosti. U

Supraosetljivim svetovima može da se uoči da pored jednog Hrama Svetlosti uvek postoji jedan Mračni Hram; ova stvar je jasna.

Ali, zašto činimo grešku da se radujemo nečemu pozitivnom i da protestujemo zbog nečeg negativnog, ako su dva lica iste stvari ? Računam da se najveća naša greška sastoji upravo u tome što ne umemo da gledamo obe strane svake stvari ili svake cirkumstancije itd.

Uvek vidimo samo jedno lice, poistovećujemo se sa njim, smešimo se ; ali kada nam se pojavi antiteza istog lica, protestujemo, cepamo svoju odeću, „grmimo i sevamo"; mi u stvari ne želimo da sarađujemo sa neizbežnosti i, upravo je ovo naša greška.

Ponekad se radujemo jednom tasu vage, a ponekad drugom tasu; jednom idemo na jednu krajnost Klatna, a potom idemo na drugu i zbog toga nema mira među nama, naši odnosi su veoma loši, konfliktni.

Posle svakog perioda mira sledi period rata i iza svakog perioda rata dolazi period mira. Žrtve smo Zakona Klatna i ova stvar je bolna. Upravo ova činjenica je uzrok „oluji svih isključivosti", borbe među klasama, sukoba između kapitalista i radnika itd.

Ako bismo mi mogli da vidimo obe strane iste stvari, sve bi realno bilo drugačije; ali nam na nesreću nedostaje razumevanje. Ako bismo želeli da vidimo one dve strane istih stvari, nastaje neophodnost (po mom shvatanju stvari) da ne živimo u okviru Zakona Klatna, nego unutar jednog zatvorenog kruga, Magičnog kruga.

Imaginirajmo jedan krug oko nas, jedan Magični krug. Oko ovog Magičnog kruga možemo da vidimo veoma interesantnu uzastopnost: otkrićemo, na primer, da svakoj radosti slede, ubrzo, depresivna, nemirna, bolna stanja. Za koliko se ljudi više kikoću, za toliko su suze krupnije i plač jači.

Opažajte, videli ste već da su u životu postojali trenuci kada se ceo svet smejao, u porodici su svi bili vrlo zadovoljni, postojala je samo radost i smeh... Ovo je loša stvar. Kada neko vidi u jednoj porodici ovu stvar, može da prorokuje (sigurno je da neće pogrešiti) da ta porodica očekuje tugu kada će svi plakati.

Ova stvar je sigurna, jer je u životu sve duplo. Onom kreveljenju i kikotanju sledi drugo fatalno kreveljenje: najtežeg bola i plača. Usklicima radosti slede uzvici najvišeg bola. Sve ima dva lica: pozitivno i negativno, ova je stvar očigledna.

Ovaj znak, na primer, ezoterički... slutite... ili reflektujte ovde, dole. Vidite li dole senku, šta se vidi? Đavo. A ipak je znak ezoterizma, a ta senka je lice Đavola. Sve je u životu duplo, nema ničega što nije duplo.

Onda kada se neko navikne da gleda sve stvari iz centra jednog Magičnog kruga, sve se menja, oslobađa se od Zakona klatna.

Nekada u prošlosti, ja sam imao telo Tome Kempijskog, napisao sam u jednom delu koji nosi naslov „Oponašanje Hrista“ sledeću rečenicu: „Nisam bolji zato što me hvale, niti sam gori zato što me osporavaju, jer sam uvek onaj ko sam“... Ova stvar je jasna, sve ima dva lica: hvalu i osporavanje, pobedu i poraz... Sve ima dva lica...

Kada se neko navikne da vidi svaku okolnost, svaku stvar, svaki događaj celovito, jednokupno, sa svoja dva lica, tada se u životu oslobađa od mnogih razočarenja, mnogih šteta, mnogih obmana itd.

Ako neko ima prijatelje, tada treba da razume da taj prijatelj nije savršen, da on ima svoje psihičke agregate; da u bilo kojoj prilici može da se od prijatelja pretvori u neprijatelja (jer je to prirodno). A onog dana kada se to bude zaista dogodilo, tog dana kada se događaj bude ostvario, osoba neće više doživeti nikakvo razočarenje, „bila je unapred spremna“; ovo je očevidno.

Sećam se perioda kada sam započeo Gnostički pokret. Tamo, sledile su me tri ili četiri osobe i ja sam se zaista iz sveg srca angažovao za ove ljude, boreći se da bih im pomogao: ili da izađu sa Astralnim telom, ili u meditaciji, ili u studiranju Gnoze itd. Uspeo sam da ostvarim jednu određenu grupicu; sve sam tada očekivao osim da se neko od njih povuče, jer sam uložio sve, posvetio sam mnogo ljubavi da stvorim tu grupicu.

Naravno, kada se jedan od njih povukao, osetio sam kao da mi je srce nožem bilo ubodeno. Rekao sam sebi: „Ali ako sam se toliko mnogo borio za ovog prijatelja, ako sam želeo da on ide Putem, onako kako bi trebalo da bude, ako ja nisam učinio nikakvo zlo, zašto me on izdaje?“

Priključio se drugoj školi. Mogao sam svašta da zamislim, osim toga da onda kada neko prima Učenje može da se priključi drugoj školici. Ipak, odlučio sam da stoički nastavim svoj rad.

Grupa se povećala i stigao je dan kada je bilo mnogo ljudi. U tim danima bilo mi je rečeno iz Viših svetova da je „Gnostički pokret voz u pokretu i da neki putnici na jednoj stanici silaze, a drugi se penju na drugoj stanici, i da i dalje neki silaze, a mnogo dalje drugi se penju“. Zaključak: bio je to voz u pokretu, a ja sam bio mašinovođa koji je vozio lokomotivu. „ I upravo zbog toga ne treba da brinem“ …

Tako sam razumeo ovu stvar, a kasnije sam mogao da realno ustanovim: neki putnici se penju na jednoj stanici, a drugi dalje silaze na drugoj stanici i tako dalje. Od tada sam postao stoičan. Video sam takođe da se jedan povlači, a desetak dolaze. „Dobro, rekao sam sebi, tada nemam zašto da brinem.“

Od tada, dakle, nakon jednog većeg bola iz razloga što se jedan povukao, shvatio sam da je vrlo redak onaj ko stiže do poslednje stanice. Ta stvar me je teško bolela. Ako se danas povuče neki brat, neka mu je nazdravlje! Nisam više onaj koji se mnogo uznemirava, obeznađen zbog jednog brata; ta su vremena već prošla. Ako se neko povlači, dolaze desetoro, dvadesetoro… Šta znači jedan pored tolikog sveta? Za ljude ne treba da se bijemo; ovo je jasno.

Svi su podvrgnuti Zakonu klatna: oni koji su danas ushićeni Gnozom, sutra su razočarani. Ova stvar je normalna, svi žive u okviru ove mehanike. Naučio sam tada da vidim dva lica svake osobe. Šta ako se neko priključi Gnozi? Pomažem mu po svim pravilima, ali sam apsolutno siguran da taj neko neće biti čitav život sa nama, da taj neko neće stići do poslednje stanice. Kako da to unapred znam? Pa, „uzeo sam mere predostrožnosti“.

Postavio sam se, tačno, u centar Magičnog kruga da bih video sve što prolazi pored kruga: svaku okolnost, svaku osobu, svaki događaj, sve što se dešava sa ona dva lica – pozitivnim i negativnim. Kada se neko postavi u centar i vidi sve što oko njega prolazi, a da pri tom nema stav prema pozitivnoj ili negativnoj strani bilo koje stvari, tada izbegava mnoga razočarenja, mnoge patnje.

Najveća greška u životu je želja da se gleda samo jedno lice svake stvari, jedno lice nekog prijateljstva, jedno lice neke okolnosti, jedno lice bilo koje stvari, jedno lice nekog događaja. Ovo je ozbiljna stvar, jer to je sve duplo. Kada stigne negativna stvar, onda taj neko oseti kako se ubadaju sedam bodeža u srce.

Treba da učimo da živimo, prijatelji moji, treba da znamo da živimo, ako vi želite da stignete daleko, ne kao oni mnogi. Jer ako vi vidite samo jedno lice i ništa više, ne vidite antitezu, drugo lice, ono fatalno, onda treba da prođete kroz mnogo razočarenja, kroz mnogo patnje; završićete bolesni i na kraju umirete.

Jadna Blavatska, na primer, bila je ubijena. Ko ju je ubio? Svi klevetnici i pogrdnici i tajni neprijatelji i njeni prijatelji (ili oni koji se nazivaju „prijateljima"). Jednostavno su je ubili; ne pištoljima niti noževima, ne, ne, ne; govorili su loše o njoj, javno su je klevetali, izdali su je itd, itd, itd. i mnogo štošta. Zaključak: umrla je jadna ispunjena bolom...

Ja je iskreno žalim. Ali stvarno neću da pričinim to zadovoljstvo čitavoj braći iz Pokreta. Ja vidim u svakom bratu dva lica. Brata koji je danas sa nama, koji izučava našu Doktrinu, cenim ga, ali onog dana kada će se povući, za mene je normalno da se povlači; više ću biti iznenađen ako neko duže vreme izdrži.

Ali, da bih naučio ovu ružnu lekciju, trebalo je užasno da propatim. Pretrpeo sam... da, kao da su mi zabili nož u srce; ubrzo sam se, nakon toga, mnogo bolje osećao, izgleda da mi se okalilo srce.

Bolje rečeno, smatram da je bolje da osoba živi u centru Magičnog kruga, nego na krajnostima Klatna. Ovaj centar, u Orijentu, pogotovo u Kini, naziva se „TAO".

Tao je ezoteričko-gnostički rad, Tao je tajni put, Tao je INRI, Tao je BIĆE. Kada neko živi u centru kruga, onda ga ne privlači mehanička igra Zakona klatna, nije podvrgnut onim izmenama nemira i radosti, uspeha i poraza, veselja i bola, optimizma i pesimizma itd, ne; oslobodio se Zakona klatna, ovo je očigledno.

Ali, ponavljam, treba da naučimo da vidimo, svaku stvar, sa svoja dva lica: pozitivnim i negativnim; i da se ne poistovećujemo ni sa jednim, ni sa drugim, jer su oba prolazna – sve prolazi; u životu, sve prolazi…

U okviru ovog sveta koji se može nazvati „intelektualnim", uvek sam osećao određenu odvratnost prema mišljenjima. Jer sam razumeo da neka ispoljena misao nije ništa drugo nego intelektualno ispoljavanje jednog koncepta, iz bojazni da je drugi koncept istinit. Ova činjenica, naravno, pokazuje krajnje neznanje, ova stvar je ozbiljna, tamo se nalaze antiteze.

Još nisam razumeo, ne shvatam iz kog je razloga, određena pitonisa rekla Sokratu da „postoji nešto između Mudrosti i Ignorancije" i da je to „mišljenje". Iskreno, iako je ta pitonisa bila veoma sveta, nisam mogao da prihvatim njenu tezu, zato što mišljenje dolazi od personaliteta, a ne od Bića.

Personalitet, realno, vodi ljudska bića prema potopljenoj involuciji u Paklenim svetovima. Personalitet je mnogostruki kao što sam vam rekao jednim povodom, on ima mnogo nevidljivih delova, on je veštački, sastavljen je od običaja sa kojima smo bili poducavani, posredstvom one lažne edukacije koju smo primili u školama i kolegijumima, koja nas je odvojila od Bića i koja više ne neguje nikakvu vezu sa različitim delovima Bića. Personalitet je veštački. Pošto nas on udaljuje od našeg sopstvenog duboko unutrašnjeg Bića, očigledno je da nas usmerava na pogrešan put koji nas vodi prema involuciji u potopljeno mineralno carstvo.

Tako da, smatram (ovde glasno mislim) da onda kada neko ne zna, bolje je da ćuti nego da ima mišljenje, jer je mišljenje proizvod ignorancije. Ko ima mišljenja to je zato što ne zna; da nije tako, ne bi imao mišljenja. Neko izjavljuje jedan koncept, bojeći se da će drugi biti istinit; vidite li vi ovaj dualizam pameti, ovaj strašni Zakon klatna: jednom mišljenju se suprotstavlja drugo!

Prema tome Personalitet se kreće u okviru Zakona klatna, živi u svetu suprotnih mišljenja, protivteznih mišljenja, borbi antiteza. Dakle, Personalitet ne zna ništa i mišljenje je proizvod ignorancije.

Ako analiziramo šta je Personalitet (taj koji stvara mišljenja), stižemo do zaključka da je mišljenje rezultat ignorancije. Tako da ono što je pitonisa rekla Sokratu, meni se čini pogrešno.

Sokrat je takođe upitao pitonisu o Ljubavi (pitonise u Delfima su bile nazvane Divinus). Sokrat je rekao: „Ljubav je lepa, neopisiva, sublimna". Pitonisa je rekla da: „zapravo, nije lepa". Sokrat, začuđen, odgovori joj:

—Zar nije lepa? Da li je onda ružna? Pitonisa mu reče:

—Ne možeš da vidiš samo ružno, kao da postoji samo ružno? Nije li moguće da zamisliš da između lepog i ružnog postoji nešto drugačije, nešto posebno? Ljubav nije ni lepa ni ružna; ona je drugačija i to je sve... Sokrat, pošto je bio mudar, trebalo je da ne kaže ništa.

Znamo da postoji velika bitka između moći Svetlosti i moći Tmina. Upravo u svetoj spermi postoji ova borba između atomskih moći Svetlosti i atomskih moći Tmina. U svemu što je stvoreno postoji ova velika bitka; čete Anđela i Demona recipročno se suzbijaju, u svim delovima Univerzuma.

Kada neko još ne poseduje Filozofski kamen, smatra da je nemoguća rekoncilijacija (izmirenje) suprotnosti (Svetlosti i Tmina) u njegovoj sopstvenoj unutrašnjosti. Ali ako neko osvoji Filozofski kamen, Kamen Zmije, na osnovu svesnog rada i dobrovoljnog požrtvovanja, onda, njegovim posredstvom, uspeva da izmiri suprotnosti, i miri ih u sebi samom, jer on prepoznaje da sve u kreaciji ima duplo lice; i samo posredstvom jednog trećeg položaja, odnosno, samo posredstvom

Tao (u centru Magičnog kruga), samo posredstvom sinteze možemo da pomirimo suprotnosti u samoj svojoj unutrašnjosti; ova stvar je očigledna.

Prema tome postaje neophodno da učimo da izmirimo suprotnosti, nastaje neophodnost da se mi oslobodimo Zakona klatna i da bolje živimo u okviru Zakona kruga.

Neko se oslobađa Zakona klatna kada se postavlja u Zakon kruga, kada se postavlja u Tao, koji se nalazi u centru Magičnog kruga. Zato što onda, oko njega, sve prolazi; oko Svesti osobe, pored kruga; oko sferične Svesti osobe, vidi se kako prolaze razni događaji, sa oba lica; sa njihovim stvarima, sa njihovim dvojnim položajima, okolnostima itd, pobedama i porazima, uspehom i porazom.

Sve ima dva lica, a neko, ko se nalazi u centru, miri suprotnosti, on se više ne boji ekonomskog neuspeha, on više nije sposoban da „puca sebi u glavu, da izvrši samoubistvo, figurativno" jer je preko noći izgubio svoje bogatstvo kao što su to mnogi igrači u kazinu iz Monte Karla učinili; gube bogatstvo i izvršavaju samoubistvo; više nećete patiti zbog toga što vas prijatelji izdaju, postajete nepovredivi i pred zadovoljstvom i pred bolom.

Vidite li vi šta je izvanredno, šta je divno! Ali ako mi ne naučimo da živimo unutar kruga, ako se ne postavimo tačno u Tao (centralna tačka Magičnog kruga), nastavićemo takvi kakvi smo: izloženi pred tragični Zakon promene Klatna, koje je potpuno mehaničko, sto posto bolno.

Prema tome, dragi moji prijatelji, treba da učimo da živimo inteligentno, svesno; ova stvar je očigledna. Na nesreću čitavo čovečanstvo je potčinjeno Zakonu klatna.[*]

Unosimo ovde nekoliko reči koje su bile upućene grupi gnostičkih žena, za vreme Kongresa Gnostičke antropologije, koji je bio održan u gradu Guadalahari, državi Halisko, godine 1976. U okviru ovog izlaganja, Venerabilni Majstor je još jednom govorio o Zakonu Klatna; pogledajte:

---

[*]   *Peto Jevanđelje, konf. „Ponašanje Čovečanstva po Zakonu klatna"*

Podsetite se da je u prirodi sve podvrgnuto Zakonu Klatna; da, ako danas postoji demografska eksplozija, ako se naš stav bude promenio u skladu sa kretanjem Klatna, stići ćemo do druge krajnosti i zabeležiće se demografski pad.

Prema tome, postoji plus i minus po pitanju stanovništva. Svaki demografski višak je potpuno kontrolisan od strane Zakona prirode. Ako ljudsko stanovništvo dostigne preveliki broj, uvek dolazi rat ili kuga, ili oboje odjednom. Činjenica da u ovim trenucima postoji demografska eksplozija, pokazuje, opominje približavanje rata, kuge i mnogih drugih epidemija.[*]

Evo ovde je, željni čitaoče, odslikano naše aktuelno stanje. Mi smo, dakle, klatnasta stvorenja i samo posredstvom psihološkog rada na sebi moći ćemo da se radujemo istinskoj individualnosti, pred bilo kakvim okolnostima. Onaj ko pobedi sebe samog pobeđuje prirodu i nevidljive Zakone koji je guverniraju. „Onda se uspostavlja u Kraljevstvo Natčoveka“, tako je uvek tvrdila večita Gnoza...

Hrišćanska Jevanđelja podvlače: „Tražite istinu i ona će vas učiniti slobodnim“. Nesumnjivo, istinska sloboda je moguća samo onda kada se budemo oslobodili od svih različitih Zakona o kojima smo govorili i koji, u svom ansamblu, stvaraju našu tamnicu. Zaključimo, prijatelju čitaoče, sa pesmom u čast slobode, koju je u svoje vreme izrazio, jedan tražitelj istine:

---

[*] *Peto Jevanđelje, konf. „Pitanje koje upućuju gospođe gnostičarke“*

NA SLOBODI!

Na nebesima odjekuje: Sloboda! Sloboda!
Ali ne i u Zemljinim mračnim nedrima.
U ropstvo su pale supruge, ali ne
one iskvarene, nego samo razmažene.

Iz ruku su joj ispali Zakoni i sa Zemlje,
sa milošću i ljubavi, ona ih diže,
a njihove noge okuje
i zadovoljna ostane.

Sve vreme dok vika ne odjekuje
u nedrima neprodorne Zemlje,
ti, Slobodo, na nebesima ćeš biti,
a tvoj rob, u prašini.

Slobodo, Slobodo, ako želiš
da svoje robove slobodne vidiš
predaj se i sa neba siđi
i u utrobu jadne majke uđi.

Sve dok Zemlja u svojim granicama pati,
doline, polja Gospoda bivaju pašnjaci,
njegovi klinci slobodnih ruku će ići
i lance za sobom će tegliti.

Sveta Slobodo, siđi sa neba
budi u nedrima Zemlje inkarnirana
i pojavićeš se jednog lepog dana
usred krvi i bolova.

Dođi, spasitelju, izvoru nade,
čeka te žarko Majka jadna;
dođi, obuci svetu odeću
i donesi život svima nama.

Dan spasa, slave i ljubavi,
biće dan rođenja – u proleću –
i krvi i bola, sunca i života,
kada ti budeš naša.

Siđi sa neba, Slobodo sublimna,
ponizi se u svetu, budi humana,
podle sudske rešetke polomi
i Zemlju za nas otvori.
____
Miguel de Unamuno

A LA LIBERTAD

*¡Libertad! ¡Libertad!, sonó en los cielos
mas no en el seno oscuro de la Tierra,
cayéronsele al siervo las esposas,
rotas no, sino sueltas.*

*De las manos cayéronle, y del suelo
la Ley las recogió, piadosa y seria,
le ató los pies con ellas, hechas de grillos,
y quedó satisfecha.*

*Mientras no suene el grito en lo profundo
del seno inviolado de la Tierra,
andarás, Libertad, tú por los cielos
y tu esclavo a la gleba.*

*Libertad, Libertad, si quieres libres
a tus esclavos, date tú por presa,
baja del cielo y de la pobre Madre
en las entrañas entra.*

*Mientras la Tierra cotos sufra y vallas,
y los campos de Dios sean dehesa
irán sus hijos con las manos libres
y arrastrando cadenas.*

*Baja del cielo, Libertad sagrada,
hazte carne en el seno de la Tierra,
y entre dolor y sangre un día hermoso
nos nacerás entera.*

*Ven, redentora, fuente de esperanzas,
la pobre Madre con afán te espera,
ven, hinche pronto su regazo santo
y tráenos vida nueva.*

*Día de redención, de amor, de gloria,
será el día del parto, en primavera,
y de sangre y dolor, de sol y vida,
cuando tú te hagas nuestra.*

*¡Baja del cielo, Libertad sublime,
y humillándote al mundo hazte terrena,
rompe los grillos del derecho infame,
y ensánchanos la Tierra!*
____
Miguel de Unamuno

28

ZAKON
UNIVERZALNE VIBRACIJE

Ništa nije teže od spoznaje samoga sebe.
Tales iz Mileta

U nastavku našeg izučavanja stižemo sada do studije Zakona koji je inherentan svakoj Kreaciji. Odnosimo se na Zakon Univerzalne vibracije. Gnostički isposnik, ljubitelj Istine, onaj ko čezne da otkrije skrivališta mreže koja obavija dušu i sprečava je da se oslobodi, treba da spozna ovaj Zakon.

Sledeći odeljci, koji su izvedeni iz dela Venerabilnog istraživaća Samaela Aun Weora, govore nam o ovom misterioznom Zakonu; evo:

Veliki advokat Jose M. Seseras je rekao sledeće: „Ne postoji ni sreća, ni nesreća, ni uspeh, ni poraz; sve je vibracija etera". Ako naučimo da rukujemo Tatvama, moći ćemo da povoljno rešavamo sve životne probleme.

Vi treba da iskoristite povoljne okolnosti da biste kristalisa- li sve vaše projekte (komercijalne, društvene, profesionalne itd). Podsetite se: Tatva je vibracija etera. U ovoj epohi radija, televizije i dirigovanih raketa, bilo bi apsurdno da negiramo eter. Veliki mudrac je tvrdio: „Život se pojavio iz radijacije, postoji pomoću radijacije i okončava se posredstvom svake oscilatorne neravnoteže".

Vi imate pravo da pobedite. Duh treba da pobedi materiju. Ne možemo da prihvatimo mizeriju. Setite se da je mizerija

*svojstvena propalim dusima. Kada duh pobedi materiju, re-
zultat je Svetlost, blistavost, kompletna pobeda nad ekonom-
skim, društvenim i duhovnim aspektima.*

*Potrebno je da razumete Zakon Univerzalne vibracije. Studija
Tatvi je veoma značajna. Tatva (Tattva –izraz hinduskog pore-
kla) je vibracija etera. Sada naučnici tvrde da eter ne postoji
i da je jedina realna stvar magnetno polje. Isto tako, mogli
bismo da kažemo da materija ne postoji i da je jedina realna
stvar energija; ovo su samo reči, ovo je stvar termina. Ma-
gnetno polje je eter. „Sve proizilazi iz etera, sve se vraća u
eter“. Sir Oliver Lodge, veliki britanski naučnik, kaže: „Eter je
taj koji daje da se pojavljuju, raznim promenama svoje ravno-
teže, sve pojave Univerzuma, od nedodirljive Svetlosti, sve do
izvanrednih masa svetova“.*

*Prana je kosmička energija. Prana je vibracija, električno kre-
tanje, svetlost i toplota, univerzalni magnetizam, život. Prana
je život što treperi u svakom atomu i u svakom suncu. Prana
je život etera, Veliki Život, odnosno, Prana se pretvara u neku
intenzivno plavu supstancu, veoma božansku. Ime ove sup-
stance je Akaša. Akaša je divna supstanca koja ispunjava či-
tav beskonačni Prostor i koja, kada se modifikuje, pretvara se
u eter. Interesantno je da znamo da se eter, svojom modifika-
cijom, svojevremeno pretvara u ono što mi nazivamo Tatve.*

*Studija vibracija etera (Tatvi) je neophodna. Setite se da poslo-
vi, ljubav, zdravlje itd, jesu pod kontrolom kosmičkih vibracija.*[*]

Realnost, prijatelju čitaoče, je potpuno, apsolutno potpuno,
u stalnoj vibraciji. Atomi, sa svojim komponentama, neprestano
vibriraju. Sve je, u beskonačno velikom razmeru i u beskonačno
malom razmeru, uvek u konstantnoj vibraciji. Ćelije i atomi našeg
tela konstantno vibriraju, neprestano. U svetu vibracija postoje dve
kategorije. Dakle, postoje više vibracije i postoje niže vibracije. U
vezi sa ovim, venerabilni transcendentalni pisac i ezoteričar, Sa-
mael Aun Weor, onda kada se odnosio na mogućnost da se menja
vibracija našeg organizma, rekao je:

---

[*]   *Uvod u Gnozu, lekcija 3.*

U normalnim okolnostima, fizičko planetarno telo vibrira sa sedam nota muzičke lestvice, Do-Re-Mi-Fa-Sol-La-Si. Ova lestvica može da se ponavlja na višim oktavama, od Do, pa do Si. Normalno, Anđeli i Mahatme dolaze na višu oktavu i zbog toga su nevidljivi za fizičke oči, ali mi možemo da podignemo nivo vibracije svog planetranog tela (fizičkog tela) da bi ga preneli na višu muzičku oktavu, tamo gde žive Anđeli i Mahatme.

Onaj ko želi da podigne nivo vibracija fizičkog tela, da bi ga preneo na višu oktavu, treba da praktikuje post, ćutanje, molitvu, meditaciju i dobar tamjan. Potrebno je da se sagoreva dobar tamjan u sobi i da se ni sa kim ne razgovara u toku posta. Potrebno je da se razgovara samo sa Anđelom ili Majstorom sa kojim želimo da stupimo u vezu, tako se podiže naš vibratorni nivo i tako prelazimo na višu muzičku oktavu. Onda, mi se podižemo, a Majstor se spušta, da bi sa nama razgovarao, tako se postižu znamenite materijalizacije o kojima nam toliko govori okultistička, teozofska literatura itd, itd, itd.

Mi preporučujemo nauku posta da bi izlečili najteže bolesti. Mi preporučujemo post, meditaciju i molitvu da bi se materijalizovali Veliki Majstori.[*]

Prethodni paragrafi nas upozoravaju, onako kako tvrdi Tao, da se sve nalazi u našoj unutrašnjosti i šalje nam takođe, zacrtani iskaz od strane Grka još u antikvitetu na frontispis poznatog Hrama u Delfima, a koji, preveden na latinski, ovako glasi: „HOMO NOSCE TE IPSUM" (Čoveče spoznaj samoga sebe).

Postoje autori i istoričari koji dotičnu rečenicu nastavljaju ovako: „I spoznaćeš Univerzum i Bogove koji ga nastanjuju".

Strpljivi čitaoče, život su definisali filozofi kao veliku misteriju, a nauka, u svojim naporima, pokušava da ga dešifruje, provocirajući hrabro religiju, umetnost pa čak i filozofiju. Ovo su bili zaključci koji su učinili da neki pesnik kaže:

NE RECI DA JE TVOJE
ISTROŠENO BLAGO...

Ne reci da je tvoje istrošeno blago,
nedostatak događaja, liru ućutkalo;
moguće je da nema pesnika,
ali će uvek pesme biti!

Sve dok talasi svetlosti
trepte u poljupcu zapaljeni;
sve dok su oblaci pocepani
vatrom i zlatom Suncem obavijeni;
sve dok bude u tvojoj odeći
vazduha, harmonije i mirisa;
sve dok u svetu bude proleća,
uvek će pesma postojati!

Sve dok nauka ne bude u stanju
da izmisli izvor života,
a u morima i na nebu ambis postoji,
kog računanja ne mogu objasniti;
sve dok čovečanstvo ide,
a ne zna kuda se kreće;
sve dok će za čoveka još tajni biti,
poezija neće nestati!

Sve dok se oseća radost duše,
a da su pri tome usne neme;
sve dok se može plakati, a da se
oči ne namrače;
sve dok srce i glava boj vode;
sve dok bude sećanja i nade,
i poezija mora da bude!

Sve dok budu oči koje odslikavaju
druge oči koje ih gledaju;
sve dok usni koja ječi
druga uzdahom uzvraća;
sve dok dve duše budu osećale
da su se u poljupcu ujedinile,
stalno će biti poezije!...

———————
Becquer

NO DIGAS QUE,
AGOTADO SU TESORO

No digas que, agotado su tesoro,
de asuntos falta, enmudeció la lira;
podrá no haber poetas, pero siempre
habrá poesía.

Mientras las ondas de la luz al beso
palpiten encendidas,
mientras el Sol las desgarradas nubes
de fuego y oro vista,
mientras el aire en su regazo lleve
perfumes y armonías,
mientras haya en el mundo primavera,
¡habrá poesía!

Mientras la ciencia a descubrir no alcance
las fuentes de la vida,
y en el mar o en el cielo haya un abismo
que al cálculo resista,
mientras la humanidad siempre avanzando
no sepa a do camina,
mientras haya un misterio para el hombre,
¡habrá poesía!

Mientras se sienta que se ríe el alma,
sin que los labios rían;
mientras se llore, sin que el llanto acuda
a nublar la pupila;
mientras el corazón y la cabeza
batallando prosigan,
mientras haya esperanzas y recuerdos,
¡habrá poesía!
Mientras haya unos ojos que reflejen
unos ojos que los miran,
Mientras responda el labio suspirando
al labio que suspira,
mientras sentirse puedan en un beso
dos almas confundidas,
mientras exista una mujer hermosa,
¡habrá poesía!...

———————
Bécquer

29

ZAKON LEVIJATANA

*Koliko više volimo, toliko više patimo.
Zbir bolova koje duša može da izdrži je
proporcionalan sa stepenom savršenstva.*
Amiel

U okviru autentične Masonerije govori nam se o Zakonu Levijatana. Ali, u čemu se sastoji ovaj Zakon? Uopšteno, možemo da kažemo našem čitaocu da se ovaj Zakon primenjuje samo Majstorima koji hodaju po grubim putanjama Druge inicijatičke planine.

Ove ezoteričke ili inicijatičke struje su, u svakom trenutku, povezane sa radom u Devetoj sferi, Arcanum Magnum Gnoze, Arkanumom A.Z.F, odnosno, tajnom koja se odnosi na Seksualnu Alhemiju, koja je bila osnova ili temelj svim onim oslobođenim Majstorima koje je čovečanstvo poznavalo tokom milenijumima.

Detalje Zakona Levijatana magistralno je objasnio neko kome je pripalo da ga neposredno doživi. Ovo je V.M. Samael Aun Weor. Dopustimo mu, sada, da nam govori o ovim misterijama, koje su povezane sa ovim masonskim Zakonom; da vidimo:

Ako neko Dva puta rođen ili neko ko je stigao do Adepta pokuša da stigne do Anđeoskog stanja, on treba da se još jednom spusti u Duboki bunar Univerzuma, u Devetu sferu i, kada jednom završi rad, da se popne na Luciferovu lestvicu kako bi stigao do Anđeoskog stanja.

Ako bi hteo da bude Arhanđel ili Princip (Načelo) ili Presto ili Heruvim, on treba da uradi istu stvar, „da se spusti, pa da se zatim uzdigne".

Treba da se razume i da se pravi razlika između onoga što je „Pad" i što je „Spuštanje", onaj kome je bila odsečena glava ne može da mu se nazad vrati. Uoči ulaska u Apsolut, treba da se spusti u Devetu sferu.

Ako se stigne do Drugog rođenja, Seks postaje zabranjen, Seks se više ne može koristiti iz sopstvene želje, ali ako se primi nareрenje od Belog bratstva, Sakralnog reda ili od Oca koji se nalazi u tajnosti i naredi se da se spusti u Bunar Ambisa, treba da se potčini; ovo nije zadovoljstvo, nego bol, požrtvovanje. Na Luciferovu lestvicu treba da silazimo i treba da se uzdižemo, potrebno je da postanemo Majstori kako za Superiorne sile, tako i za Inferiorne. Otac koji se nalazi u tajnosti naređuje ono što treba da se radi, spušta se samo kada se primi nareрenje. Inicijatičke stepene gubi samo onaj koji pada, a ne onaj koji se spušta. Kada se jednom bude završio rad, primaju se nareрenja i od tada se više ne koristi Seks iz kaprica, Otac je gospodar ovog akta i od njega treba da dođe nareрenje. Seks ne pripada čoveku, već Ocu.

Zakon Levijatana je onog Masona koji je već prošao sve Radove ili Ezoteričke stepene i, pošto je već bio obezglavljen (dekapitiran), ne može da mu se vrati glava nazad, ne može više da čini zlo ni gore ni dole, živi u skladu sa Zakonom, sa Velikim Zakonom.

Ovo je viša spoznaja Ezoteričke Masonerije. Prvo, čini kapricioznu Volju. Potom, treba da čini Volju Oca. Kada više nema „Ego", nestaje zloba i zna da čini samo volju Oca, on je naše istinsko Biće, on je Starac Dana, nalazi se onostrano od Atmana; onda kada on zapoveda, njegove zapovesti treba da budu ispunjene.

Neko ko se oslobaрa od Devete sfere onda kada se preobrazi u Paramarthasatyu (stanovnika Apsoluta), tada se utapa u Apstraktnu Sreću. Ali pre nego što će tamo stići postoji poniženje, dotični treba da se ponovo spusti, inače krši Zakon Levijatana, Solomonov Pečat.

U Apokalipsi Svete Biblije nailazimo, takođe, na misterije Devete sfere: „I čuh broj zapečaćenih, sto i četrdeset i četiri hiljade zapečaćenih od svih kolena sinova Izrailjevih." (Apokalipsa 7:4) Ako sabiramo kabalistički brojke, dobićemo broj Devet. 1+4+4=9. Devet je Deveta sfera, Seks. Biće spašeni samo oni koji su dostigli Apsolutnu Seksualnu neporočnost.

„I videh, i gle, Jagnje stajaše na gori sionskoj, i s Njim sto i četrdeset i četiri hiljade, koji imahu ime Oca Njegovog napisano na čelima svojim." (Apokalipsa 14:1) Gora Sionska su Viši svetovi, brojke su simbolične količine i na kabalistički način se tumači ovako: 1+4+4=9, Seks. Samo pomoću Velikog Arkanuma možemo da budemo spašeni i možemo da primimo na čelo ime Oca. Narod iz Siona je Duhovni narod Božiji. Ovaj narod je sastavljen od svih onih koji su praktikovali Seksualnu magiju (Narod Seksualno neporočnih).

U pogledu Novog Jerusalima, kaže: „I razmeri zid njegov na sto i četrdeset i četiri lakta, po meri čovečijoj, koja je anđelova." (Apokalipsa 21:17) 1+4+4=9, Seks. 9 je mera Čoveka, koja je i Anđela.

Devet meseci ostajemo u utrobi majčinoj. Samo u Devetoj sferi se može roditi Sin Čovečji. Nikada se nije poznavao neki Anđeo koji se nije rodio u Devetoj sferi.

*Onaj ko želi da odrubi glavu Meduze (Ja), treba da se spusti u Devetu sferu. Onaj ko želi da inkarnira Hrista, treba da se spusti u Devetu sferu. Onaj ko želi da otopi Ego, treba da se spusti u Devetu sferu. Deveta sfera je Sanctum Regnum Božanske Omnipotencije (Svemoći) Trećeg Logosa. U Devetoj sferi nalazimo Užareno ognjište Vulkana.**

Ovim rečeno, naš čitalac treba da zna, na kraju, Zakon Levijatana mogu da razumeju i dožive samo Inicijati koji, kada stupe na Drugu ezoteričku planinu, transcenduju zakone koji su primenjivani običnim smrtnicima, jer su pre toga bili deklarisani psihološki mrtvi. I, zbog toga, ne može da se ubije onaj koji je psihološki ubijen, onaj koji je prošao kroz Budist:ičku anihilaciju (poništenje).

---

* *Tarot i Kabala, pogl. 9 „Arkanum 9, Pustinjak"*

Neosporno je da onaj koga guvernira Zakon Levijatana, nalazi se pod nadzorom Viših zakona, koji mu dopuštaju, ako dozvoli Otac koji se nalazi u tajnosti, da realizuje mnoge stvari koje neofitima ili uključivo Adeptima Prve planine nije dopušteno.

Očigledno je da samo na put mističke smrti možemo da stignemo do visina Velikih Misterija. Samo posredstvom smrti životinjskog Ego-a možemo da uteknemo od svih Zakona koji vladaju nad ljudskim mravinjakom kom svi pripadamo. „Umreti je najbolje", kaže jedan od najstarijih gnostičko-egipatskih rituala. Smrt „samog ja", „svoje sopstvenosti", smrt životinjskog Ja u nama, oslobodiće našu Svest i, malo pomalo, moći ćemo da orijentišemo svoju barku prema horizontima čiste slave. Sublimnim mogućnostima mudre orijentacije, neki pesnik je strastveno posvetio ove stihove:

ORIJENTACIJA

Orijentisanje? Golub
se na nebo diže kada
neki trag on sledi,
pogledom horizont odmeri
i tada se odjednom, odlučno,
kao strela u let vine.

Orijentisanje? Kokoška,
koja ima inertna krila,
gazi zemlju gde se stvorila.
Nogom miče, pomalo, skoro nikako,
kada dole traži zrno.
I na prečici drema i tako se,
bez napora i slave,
rađa, raste, piliće donosi i umire.

Orijentisanje? Sa neba
se jasno istok vidi;
a među trnjem i korovom
njegova svetlost božanska,
eto, kako se gubi.

Ako želimo da lice orijentišemo
prema Suncu što nam pali dušu,
neka svoj let uzvisimo,
neka izgubimo iz oka zrno
i obavijeni svetlošću,
neka samo istok tražimo!

I kada se odande, odozgo, sa neba,
kao sitno zrno vidi
naš kutak maleni,
u širem okruženju koje lebdi
na samom nebu što ga nosi
i oslonac njegov biva,
tamo ćemo nazirati kolevku
Sunca duše, u plamenu.

———————————————

Miguel del Unamuno

ORIENTACIÓN

¿Orientarse? La Paloma
sube al cielo cuando quiere
tomar rumbo; el horizonte
todo otea, y de repente,
recto y firme y bien seguro
como un dardo el vuelo emprende.

¿Orientarse? La gallina
presa al suelo, de ala inerte,
del corral en que naciera
poco o nada el paso mueve,
picotea en tierra el grano
y en la percha el sueño prende,
y así sin pena ni gloria
nace, crece, cría y muere.

¿Orientarse? Desde el cielo
se descubre, claro, oriente;
y entre breñas y malezas
su luz divina se pierde.

Si queremos orientarnos
cara al Sol, que al alma enciende,
levantemos nuestro vuelo
dejando al grano perderse
de vista mientras buscamos
envueltos en luz, oriente.

Y cuando allá desde el cielo
nuestro rincón como leve
mota se funda en la vasta
redondez que se nos muestre
flotando en el cielo mismo,
que la ciñe y la sostiene,
columbraremos la cuna
del Sol del alma, encenderse.

———————————————

Miguel de Unamuno

30

ZAKON SUDBINE

> Ostavi sina svog da ide tamo
> gde ga zove njegova zvezda.
> *Servantes*

O sudbini, u čitavom svetu, mnogo su raspravljali intelektualci i filozofi tokom vekova i milenijuma. Bilo je bezbroj teologija koje su se uključivale u rasprave u vezi ove veoma interesantne teme i, očigledno, neki je podržavaju dok je drugi odbijaju.

U redovima materijalističke dijalektike, Zakon Sudbine je uvek bio negiran, sa argumentacijom da je oružje za bacanje, sa kojim se Crkva oduvek želela braniti od mogućih podlosti. Ali, sa tačke gledišta mnogih ezoteričkih istraživača, Zakon Sudbine zaista postoji i, da bi to dokazali, koriste se događajima koji su obeležavali prekretnicu u istoriji čovečanstva.

Šta nam Gnoza kaže u vezi sa ovim? Da bismo doznali šta misli Gnosticizam o ovom prividno nepromenljivom Zakonu, dopustimo upravo predvodniku savremene Gnoze da nam da svoj doprinos o ovoj temi; da vidimo:

U ime istine, potvrdimo da mi, svako od nas, u dubini naše Duše, imamo sudbinu; ali ima momenata u kojima se osoba ne ponaša u skladu sa Zakonom Sudbine; postoje momenti u kojima osoba upada gde ne treba, a rezultat se zove „promašaj"...

Na primer, neka žena želi da se uda, a moguće je da će ući u brak sa nekim ko joj ne odgovara po Zakonu Sudbine; kao posledica ili korolar, nailazi promašaj.

*U nama su dva Zakona koji dejstvuju i dobro je da ih vi razumete: prvi je Zakon Sudbine; drugi je Zakon Akcidencije (slučajnosti).**

Zakon Sudbine pripada našem Biću, Duši, Duhu – kako želite da kažete; za razliku od Zakona Akcidencije koji, realno, odgovara personalitetu, Ja-u eksperimentalne Psihologije.

Zakonom Sudbine guverniraju najviši božanski principi Bića. Zakona Akcidencije pripada „životinjskim", najbestijalnijim principima koje nosimo u unutrašnjosti.

Mnogi od današnjih brakova su akcidentalni, a to je zaista žalosno.

To je slučaj, na primer, žene koje se zaljubljuju u mladiće; često, da se bar zaljubljuju, nego jednostavno, udaju se za njih, samo da bi bile u sigurnosti.

*Isto tako, postoje slučajevi muškaraca koji se žene sa ženama koje im ne pripadaju. I čine to samo iz zlobe ili jednostavno mehanički, automatski, jer bivaju fascinirani prividnostima, jer im se čini da su veoma lepe itd, itd; u zaključku: doživljavaju poraz.***

Neki muškarci, takođe, čine grešku što žele da se požure sa brakom; dokazuje se da je rezultat loš. Sklopiti brak sa ženom koja ti ne pripada u skladu sa Zakonom Sudbine, upliće poraz, ovo je očigledno... Ali, postoji narodna izreka koja kaže: „Brak nije baš rog izobilja, nego je izobilje rogova"...

Muškarci koji ne umeju da malo pričekaju, koji silom požuruju brak, završavaju posle sa „par rogova", a ovo je tužno...

---

*   Namerno nismo uključili u ovo delo poglavlje koje bi tumačilo Zakon Akcidencije, jer je, isto kao i drugi zakoni koji se opažaju u raznim sferama višedimenzionalnog Prostora, samo zakon koji je plod akcije i reakcije svih stvari i, kao posledica toga, oni ne pripadaju kategoriji ovih 48 Zakona koje Inicijat treba da transceduje da bi ušao u Apsolut.

**   Peto Jevanđelje, konf. „Transcendentalni plodovi Supraseksa"

Postoji zakon kog će mnogi prihvatiti, a drugi neće. Ja ga, zaista, prihvatam, a oni koji žele da ga prihvate neka to učine: Zakon Sudbine.

*Smatram da za svaku ženu postoji muškarac; smatram da za svakog muškarca postoji žena. Onda, bilo bi dobro da one sačekaju muškarca koji im pripada; ako im muškarac ne pripada, treba da se sa time slože, neka se pomire i ostaju „matore devojke".**

Dobro, kada smo dovde stigli, treba da postavimo sledeće pitanje: da li je moguće da izmenimo ovaj Zakon Sudbine? Gnoza odgovara sa da, moguće je. Kako? Na koji način? Koja je to sila sposobna da prekine sudbinu čoveka i da je menja sa drugom?

Jedan od najvećih argumenata Gnosticizma, tokom vekova, bila je tvrdnja da u animičnim dubinama ljudskog stvorenja postoji ono što se naziva „intimni Hristos". Mnogi prehrišćanski i hrišćanski gnostički autori govorili su već o Salvadoru Salvandusu ili intimnom Spasitelju. Upravo je Sveti Pavle govorio o unutrašnjem Isusu Hristu, i tako je kazivao u svojim pridikama.

Venerabilni Avatar Vodolije, poznavalac Hrističkih Misterija, u vezi sa ovom mogućnošću kazao nam je sledeće:

Nisu sva bića u Zakonu Subdbine. Milioni stvorenja nalaze se uhvaćeni u Zakonu Akcidencije (Slučajnosti). Ne treba da zaboravimo da su Aeoni i Arhonti vezani u sferi i u sudbini.

Moguće je da, lično, posredstvom oproštenja i pregovora, podesimo stvari koje su u vezi sa Zakonom posredstvom Guvernera i Aeona sudbine i sfere.

Gospod Univerzuma je Kosmički Hristos, intimni Hristos. Hristifikovani Čovek, Blagosloveni, Hristos-Čovek, koji je sličan Velikom Caru Kosmosa, ima ključeve svih firmamenata (nebesa). Hristos, Gospod naš, ima moć da uđe u Sanctum naše sopstvene zodijačke sudbine. Intimni Hristos je Veliki Oslobodilac.

Gospod Savršenstva može da nas oslobodi od zodijačke tiranije. Hristos može da nas oslobodi od Zakona Sudbine. Intimni

* *Peto Jevanđelje, konf. „Čudo ljubavi"*

Hristos odvezuje veze i kida lance; on je Veliki Oslobodilac. Stići, dakle, do Hristifikacije je hitno, neodložno, bez kašnjenja...

Blagosloveni takođe poznaje misteriju imena svih onih koji se nalaze pod Zakonom Sudbine. Oni koji žive u sferi sudbine obožavaju Solarnog Logosa.

Intimni Isus Hristos, pobednik, može da uđe u onih Dvanaest Aeona ili Oblasti. Hristos pobednik ima moć da prođe kroz onih dvanaest dveri i da stigne do Trinaestog Aeona.

Intimni Hristos, u Čoveku, uzdiže se u unutrašnjosti Vaskrslog Adepta sve do izvanrednih misterija Trinaestog Aeona. Ispred Hristifikovanog i Vaskrslog Adepta otvaraju se Misterije Trinaestog Aeona.

Gospod ima moć da prodre u sferu kuća sudbine. Gospod ima moć da prodre u sferu Aeona. Jedno je sfera kuća sudbine, drugo je sfera Aeona. Hitno je da pravilno razumemo misteriju svake sfere.

Unutar Zakona Sudbine putuje čovečanstvo planete Zemlje; ljudska bića bila su postavljena licem ulevo u toku šest meseci i drugih šest meseci okrenuta udesno.

Adamas, Zakon, može da učini da Inicijati plate i pate, ali intimni Hristos pomaže duši koja želi da se spase iz Univerzuma relativnosti.

Gospoda Zakona prate Pistis Sofiju, ali ona ima poverenja u intimnog Hrista. Svetlost duboko unutrašnjeg Gospoda može da oslobodi Inicijata od njegovih pratioca.

U svoje vreme i momenat, intimni Hristos, u unutrašnjosti Inicijata, trebalo bi da reši pregovore sa Adamasom i Guvernerima da bi oslobodio Pistis Sofiju. Hristos nas oslobađa od Adamasa, Princa Superiorne Karme. Samo intimni Hristos spasava Inicijate i plaća dugove. Ovo je moguće samo na osnovu velikog kajanja i dubokog razumevanja.

Gospod Savršenstva može da nas oslobodi od zodijačke tiranije. Hristos može da nas oslobodi od Zakona Sudbine. Sudbina može da se menja samo ako Logos ili Hristos to želi. Gatari *i čitači zvezda moći će da kažu ljudskim dušama šta će im se dogoditi samo ako sudbina ovih nije bila izmenjena.*[*]

Evo, tako, dobri čitaoče, otkrivene enigme, dešifrovane misterije, zahvaljujući transcendentalnoj logici Vaskrslih Adepata. Iz ovog razloga, na teološkom terenu, Gnoza se ponovo potvrdila kao jedina doktrina koja je sposobna da otkriva skrivališta egzistencije, za dobro čoveka kao dela Kreacije i za sreću svog Tvorca, Theomegalogosa.

U opštim crtama, cenjeni čitaoče, sudbina je rezultat naših akcija koje smo realizovali u nizu života, na ovom ekranu kog nazivamo „egzistencija". Ipak, sudbinu percipiramo samo kao nešto totalno predodređeno i fatalističkog i nepromenljivog karaktera. Stihovi pesnika podržavaju naše reči:

[*] *Pistis Sofija otkrivena*

SUDBINA

Mir mi utopi u nespokojstvo
da bi tvoju tajnu krio. Ti, sudbino,
ne daj da se na putu zaglavim,
jer ništa ne pitam i slepo te sledim.

Ni časa žala ni molitve ne daj mi,
kopljem me stalno bodri
da budan putnik budem u svetu,
a iz kuće, na leđima, nosiću vatru svoju.

Želim da se za mir izborim,
da osvojim san pustolovni,
spokojstvo, ne daj mi –
zaključano u tvojoj dubini –
sve dok ne otkrijem crnu tajnu
i kada se u zemljina nedra vratim,
učini da mir večni zaslužim.

____
Miguel de Unamuno

AL DESTINO

En inquietud ahógame el sosiego
tu secreto velándome. Destino,
no me dejes parar en mi camino,
sin inquirirte te obedezca ciego.

Ni hora me des de queja ni de ruego,
aguíjeme tu pica de continuo,
y que en el mundo, insomne peregrino,
a cuestas lleve de mi hogar el fuego.

Quiero mi paz ganarme con la guerra,
conquistar quiero el sueño venturoso,
no me des ocio el que tu entraña encierra
de esclarecer enigma tenebroso,
y cuando al seno torne de la tierra,
haz que merezca el eternal reposo.

____
Miguel de Unamuno

31

ZAKON ODVAJANJA

> Onaj ko prođe kroz život bez želja i može
> da odustane od svakog cilja, živeće
> nepovređen i spokojan usred vatre i
> očuvaće
> se čist u najčistijem elementu.
> Šiler (Schiller)

Zaista, postoji nešto što izgleda strašna logična suprotnost, a „to nešto" je neophodnost da se jednoga dana odvojimo od svih moći koje smo osvojili u ezoteričkom prolasku doživljenom na Putu. Značajno je da objasnimo našem ljubaznom čitaocu da je Put na kog se odnosimo, govoreći okultnim terminima, Direktan Put, tako kako nam ga je opisao Avatar Vodolije, u onih preko šezdeset napisanih dela i na približno šest stotina audio konferencija, koje su danas zabeležene na papir.

Na osnovu ove doktrine, koju danas možemo da nazovemo Samaelova Gnoza, postoje dva ezoterička Puta na koja ide onaj ko čezne za Istinom. Ovi su Putevi nazvani u Kabali i u Alhemiji, Vlažni Put (Nirvanski Put Zen Budizma) i Suvi Put (Direktni Put ili Put Apsolutnog oslobođenja, po Taoizmu).

U okviru ovog Direktnog Puta, ono što istraživač Misterija Života i Smrti traži to je da stigne da se oslobodi od svih Zakona koji ga odvajaju od Apstraktnog Apsolutnog Prostora (o kom smo govorili na početku ovog dela), a koji je boravište apsolutne sreće.

Ovaj trofej osvaja samo onaj ko je uspeo da izađe sa Točka Samsare (Točak rađanja i smrti ili Točak osude na patnju u toku egzistencija).

Na ovom Putu, koji se još naziva i Krsni Put ili Put Golgote, Inicijat, nakon što se suočio sa strašnim i zlokobnim aspektima svoje intimne psihe, nakon što je osvojio svakojake ezoteričke stepene, nakon što se ispunio mističkim transcendentalnim ezoteričkim uzvišenjima, na kraju, kao krunisanje svog metafizičkog putovanja, da bi mogao da izabere spoznavanje Nemanifestovanog, treba da odustane od svojih izuzetnih animičnih sposobnosti (fakulteta) i od svake želje prema ultrafizičkim moćima koje ga mogu držati vezanog za manifestovani svet. Ovoj proces je nazvan Zakon Odvajanja i mnogima, među onima koji su imali smelosti da krenu u traganje za Zlatnim Runom, teško je da ga prihvate.

Nema sumnje, onome ko uspe da osvoji ovo odvajanje poklanja se supremna sreća u naručju Večitog Kosmičkog Zajedničkog Oca, u najdubljim skrivalištima Apstraktnog Apsolutnog Prostora.

Da bi se dobro opisalo sve što predstavlja ovaj Zakon Odvajanja, iskoristimo doktrinarni okean koga je stvorio ovaj Titan XX veka, čije ime je Samael Aun Weor; da vidimo:

Onda kada neki Bodisatva odustane od svih psihičkih moći, kada korenito izbaci lažnu ideju da mu je potrebno nešto spoljašnje da bi bio srećan, osvaja specijalnu spoznaju, divnu blistavost nazvanu u okultizmu Dharma Megha, oblak vrlina. Ova vrsta Bodisatvi više ne pada; ova specijalna vrsta Bodisatvi poseduje u svojoj unutrašnjosti sve osnove Spoznaje, oni se raduju najdubljem miru i iz njihovih srca izvire supstanca ljubavi.

Na Jovanovom Putu se napreduje na osnovu odustajanja, svaki put sve strašnijih.

Kao što stablo ima više grana, isto tako i sa Direktnog Puta se odvaja više transverzalnih puteva. Neki nas vode ka Elementalnim Rajevima, gde se pretvaramo u Genijuse ili Deve Prirode; drugi nas vode do dubine Kosmosa gde se možemo pretvoriti u planetarne bogove; neki nas potapaju u Nirvansku sreću itd.

Oni koji napuštaju Direktni Put, oni koji se nalaze na bočnim putevima, pre ili kasnije, treba da se reinkarniraju kako bi ponovo stigli na Jovanov Put, na Nebeski Put, na Pravilan Put.

Sveznanje i Svemoć su veoma željeni kvaliteti i oni pridaju izuzetne moći nad čitavom Prirodom; ako odustanemo od ovih izuzetnih moći, uništavaju se određena semena koja, u ovom ili onom obliku, nakon svake Velike Pralaje, čine da se uvek ponovo vraćamo u uzastopne Maha-Manvantare.

Hitno da znamo, neophodno je da razumemo da je Univerzum iluzorne prirode. Treba da umiremo, da umiremo i da umiremo u sebi i da odustajemo, da odustajemo i da odustajemo da postojimo u svih onih Sedam Kosmosa, da bismo imali pravo da postojimo u Apsolutu.[*]

Osim prethodnih kazivanja, veoma značajnih sa doktrinarne tačke gledišta, povoljno je da naš čitalac vodi računa o činjenici, u vezi sa odvajanjem ili odustajanjem koji imaju za cilj potapanje u duboka nedra Apstraktnog Apsolutnog Prostora, da je neophodno da ne dozvolimo da budemo prevareni niti čak od Svetih Individua koje, trudeći se da budu rektori Konstelacija ili Galaksija, žele da ostave svoja mesta drugima, kako bi se oslobodili od Zakona, koji ih obavezuju da ostanu u tim anđeoskim oblastima, pa da idu prema Svetom Premilostivom. Primere takvih teških i zamršenih lavirinata možemo naći u sledećim rečima Oca Gnoze, V.M. Samaela Aun Weora; pogledajte:

Rekao sam u „Belovoj revoluciji": „Demoni se preobražavaju u Bogove"; ovo je jedna od velikih misterija… Ne obelodanjujem, ni manje ni više, osim tajne Ambisa. I, sa moje strane, iskreno vam kažem da sam dotakao (zahvaljujući svom unutrašnjem Bogu) onaj stepen Kosmokratora nakon spuštanja u Ambis, ali, sada me oduševljava samo jedna stvar: da se udaljim od tog Puta Kosmokratora (ako Otac to zaželi) i da sledim Put prema Apsolutu. Zašto? Zato što vidim, na primeru Boga Sirijusa. Koliko je puta Bog Sirijus sišao u Ambis? Koliko puta je prošao kroz Drugu Smrt da bi stigao da bude sada

Guverner Mlečnog Puta? Onda, ovo je Put koji te povezuje za karmu svetova; tako da je bolje da stigneš u Apsolut.[*]

Postoje kolosalni Bogovi, kao što je Bog Sirijus, koji guvernira osamnaest miliona sazvežđa i, pored svega toga, još je rob Zakona prirode i, iz ovog razloga, još nije osvojio pravo da definitivno stanuje u Apsolutu.

Čak su i najuzvišeniji Bogovi podvrgnuti padu. Van svake opasnosti smo samo onda kada se budemo oslobodili od Zakona prirode i kada budemo definitivno ušli u Apsolut.

Kada neki veoma uzvišeni Inicijat želi da prevaziđe Zakone prirode kako bi ušao u Apsolut, tada se pojavljuju Bogovi iskušivači, koji se boje da ne izgube svoju jerarhiju i nude aspirantu mogućnost da ga učine guvernerom u određenim oblastima u Univerzumu, kako se ne bi oslobodio. Ovi bogovi iskušivači su hiljadu puta opasniji nego ljudi. Skoro svi bogovi imaju svoje boravište u okeanu divne svetlosti koji se naziva ZABRANJENI PRSTEN.

Autentična sreća se osvaja samo onda kada definitivno uđemo u Apsolut. Sve dok je čovek rob Zakona prirode, ne može biti potpuno srećan.[**]

Ali, prijatelju čitaoče, ako idemo malo dalje u ovu tematiku odvajanja, vidimo da u delu Tarot i Kabala Venerabilnog Majstora Samaela Aun Weora, kada nam se govori o AIN SOPH PARANISHPANNI, otkrivamo sledeće:

Unutar čoveka postoji Božanski Zrak. Ovaj zrak želi da se vrati svojoj Zvezdi koja mu se uvek osmehivala. Zvezda koja rukovodi našom unutrašnjosti jeste Suprabožanski Atom Apstraktnog Apsolutnog Prostora. Kabalističko ime ovog atoma jeste Sakralno Ain Sof. Ain Sof je naša Atomska Zvezda. Ova Zvezda sjaji puna slave u Apstraktnom Apsolutnom Prostoru.

Dakle, iz ove Zvezde izlazi Keter (Otac), Hokmah (Sin) i Binah (Sveti Duh) svakog čoveka.

Ain Sof, Zvezda koja je vodič naše Unutrašnjosti poslala je svoj Zrak u svet da bi postala Svesna svoje sopstvene Sreće.

---

[*] *Peto Jevanđelje, konf. „Esencijalna istraživanja Gnosticizma"*
[**] *Ulazna vrata za Inicijaciju, pogl. 11. „Apsolut"*

Sreća bez Svesnosti sopstvene Sreće nije Sreća.

Zrak (Duh) je imao Mineralnu, Vegetalnu i Životinjsku Svest. Kada se Radijus prvi put inkarnirao u divlje i primitivno ljudsko telo, probudio se i bio je Samosvestan svoje sopstvene Sreće. Tada je Radijus mogao da se vrati Zvezdi koja je upravljala njegovom Unutrašnjosti.

Na nesreću, u dubokim nedrima gustog vrtloga šume, Želja je učinila da se rodi Ja.

Instinktivne sile Prirode zarobile su bezazlenu Pamet čoveka, pa se pojavila lažna iluzija Želje. Tada Ja nastavlja da se inkarnira da bi zadovoljio svoje Želje. Tako ostajemo potčinjeni Zakonu Evolucije i Karme.

Iskustvo i patnja komplikovali su Ja; Evolucija je proces komplikovanja energije. Ja je očvrslo i komplikovalo se istovremeno sa iskustvima. Sada je već kasno. Milioni osoba su se pretvorili u monstruozne Demone. Samo strašna Revolucija može da nas spase od Ambisa. Kada čovek otopi Ja, tada postoji totalna Revolucija. Čovek može da prestane da pati onda, kada bude sposoban da otopi Ja. Bol je rezultat naših zlih dela. Bol je od Satane (Psihološko Ja), jer je on taj koji čini stvari zla. Apstraktni Apsolutni Prostor, Univerzalni Duh Života jeste Apsolutna Sreća, Supremni Mir i Blagostanje.

Oni koji od bola čine mistiku, oni su mazohisti. Satana je bio i jeste tvorac bola. Bol je satanska.

Pomoću Alhemije otapa se Ja, koren Ego-a je Želja. Želja se transmutira Alhemijom. Ako želite da uništite Želju morate da se transformišete. Seksualna želja se pretvara u Volju, a Volja je Vatra. Želja za Akumulacijom (Pohlepa) se pretvara u Altruizam. Gnev (Frustrirana Želja), pretvara se u Blagost. Zavist (neispunjena Želja) pretvara se u Radost za Dobro bližnjeg. Reči Želje se pretvaraju u Verbum Mudrosti itd, itd, itd. Analizirajte sve ljudske defekte i videćete da se oslanjaju na Želju.

Transmutirajte Želju sa Alhemijom i Želja ima da bude poništena. Svako ko poništi Želju, otapa Ja. Svako ko otopi Ja spašava se od Ambisa i vraća se svojoj Unutrašnjoj Zvezdi koja mu se oduvek osmehivala.

U poslednjoj sintezi svaki od nas nije ništa drugo nego jedan Atom iz Apstraktnog Apsolutnog Prostora, Ain Sofa, koji je tajno povezan sa Pinealnom žlezdom, Čakrom Sahasrarom ili Crkvom u Laodikeji.

Treba da pravimo specifičnu razliku između Ain Sofa i Ain Sofa Paranišpane: u prvom slučaju ne postoji Unutrašnja Autorealizacija, ali u drugom postoji. Svaki Mahatma veoma dobro zna da pre nego što se uđe u Apsolut treba da se otope Solarna tela; onog dana kada se Oslobađamo, ostavljamo, napuštamo sve vehikle. Zašto fabrikujemo Solarna tela? Zašto silazimo u Devetu sferu? Ako treba da napustimo Solarna tela, zašto stvaramo ono što nećemo koristiti?

Od svakog od dotičnih Hrističkih Vehikala koji se otapaju, ostaje jedan Atom Seme. Očigledno je da iz tih vehikala ostaju 4 Atoma Semena. Nesumnjivo da ovi atomi odgovaraju Fizičkom, Astralnom, Mentalnom i Kauzalnom telu. Jasno je da se ona 4 Atoma Semena upijaju u Suprabožanski Atom Ain Sof Paranišpanu zajedno sa Esencijom, Duhovnim principima, Zakonima i onim Trima silama. Potom dolazi Duboka noć Mahapralaje.

Ain Sof bez Intimne Autorealizacije ne poseduje ona 4 Atoma Semena, on je jednostavni Atom Apstraktnog Apsolutnog Prostora, samo sa one Tri Primarne sile Oca, Sina i Svetog Duha. Atom jednog Majstora koji se oslobodio vrlo je različit od jednog Atoma Ain Sofa bez Autorealizacije.

U Svanuću jedne Mahamvantare jedan Autorealizovani duplira svoja tela, ulazeći u aktivnost svoje klice. On poseduje Solarna tela, Obnavlja ih ako želi u bilo kom momentu. Činjenica da je fabrikovao ova Tela daje mu Autonomnu Svest. Ain Sof koji poseduje Atome Semenja može da se inkarnira u trenutku kada poželi, i ostaje odeven Solarnim telima. Kada želi da se manifestuje ispušta ove Solarne Atome Semenja i pojavljuje se na bilo kom mestu u prostoru.

Ima jedna formula koja definiše sve, a to je: C. O. N. H. To su 4 Sile, ona 4 Inicijatova Tela. Četiri tela koje oblači Seitet onda kada želi da se manifestuje.

1. C. Karbon: U Alhemiji slovo „C" simbolizuje Telo Svesne volje, Ugljenik Okultne hemije.

2. O. Oksigen: U Alhemiji slovo „O" simbolizuje istinsko Mentalno Solarno telo, fabrikovano u Ognjištu Kiklopa, Kiseonik Sakralne hemije.

3. N. Nitrogen: U Alhemiji slovo „N" simbolizuje autentično Astralno Solarno telo, toliko drugačije od Tela Želje; očigledno je da legitimno Sideralno telo jeste Nitrogen Okultne hemije.

4. H. Hidrogen: U Alhemiji „H" simbolizuje Fizičko telo, trodimenzionalni vehikl od mesa i kostiju.

*U Ain Sof Paranišpani nalaze se 4 Tela, odatle izviru tela koja Seitet oblači; i fabrikuje ih za tren, odnosno u momentu u kom želi da radi u nekom svetu za dobro čovečanstva, pojavljujući se kao Autorealizovan, Samosvestan Majstor, Gospodar Života i Smrti.**

Sa druge pak strane, kada se odnosio na svoje radove u staroj Lemuriji, Venerabilni Majstor Samael nam priča o teškoj probi odvajanja – delu desetog zadatka Herkulesa, na koju je bio podvrgnut; da vidimo:

Pošto je reč o arhaičkim Misterijama, vredi da kažemo da su se one svetkovale uvek u Slavnim Veličanstvenim Hramovima...

Kada sam prešao prag onog Hrama Mu ili Lemurijskog, gde sam nekada bio obučavan u Misterije Vaznesenja Gospoda, beskrajno ponizan tražio sam od Hijerofanta nekoliko usluga, koje su mi bile zadovoljene...

Neosporno je i ovo da svaki Inicijat zna da „svakom uzdizanju uvek prethodi jedno užasno i zastrašujuće poniženje"...

Jasno sam tvrdio naglašenim tonom da svakom uzdizanju prethodi jedno silaženje...

Deseti Rad Herkulesa, Solarnog junaka Ezoterizma, realizuje se u Infernalnim svetovima planete Pluton...

Bolna osećanja su mi cepala Dušu kada sam bio podvrgnut mukama odvajanja...

---

* *Tarot i Kabala, pogl. 46. „Apsolut".*

One gospođe iz slavnih vremena, povezane sa mnom posredstvom Zakona Karme, slomljenog srca, čekale su me u Avernumu...

Sve one iskušivačke lepote, opasno lepe, osećale su da imaju sva prava nada mnom...

Radi dobra ili radi zla, one žene izuzetno očaravajuće, bile su moje supruge u mojim pređašnjim Reinkarnacijama, kao prirodna posledica Velike Pobune i Pada Anđela...

Psi Ortos i Euriton, živi simboli Životinjskih strasti, napadali su me nemilosrdno i neviđeno besno; kušnje se beskrajno umnogostručuju...

Ali, na osnovu Theleme (Volje) i dubokog Razumevanja i uz pomoć moje Božanske Majke Kundalini, pobedio sam Gospodara Vremena, Troglavog Geriona...

*Neosporno je da sam tako postao gospodar stada i postao sam Autentični Pastir, ali ne krava kako se skriveno kaže, nego Ovaca...**

Na Putu prema „Oslobađanju" treba da vodimo računa o mnogim detaljima, strpljivi čitaoče, a samo Gnoza ti ih može jasno i precizno objasniti. Oslobođenje nije prosta ideja, kapric, mistička poezija, vegetarijanska ili kontemplativna disciplina; mnogo je više od toga i, zbog toga, dokazuje se da nije lak zadatak. Ali, stoji zapisano u knjizi života, da oni koji su sposobni da odustanu od svega iz ljubavi prema Ocu, prema duboko unutrašnjem Biću, jesu kandidati za izlazak iz ove mirage (iluzije), nazvane „Kreacija".

Neosporno je da samo onda kada budemo svesni da je samo Bog sve i da sadrži sve, moći ćemo da se zaista ukrcamo na putovanje prema neistraživoj, neprolaznoj, prema istinskoj večnosti. Tako je razumeo jedan istaknuti čovek koji je, u nedostatku fantazije sa njenim raznim oblicima, stigao da spozna pustinju mudraca:

---

*   *Tri planine, pogl. 46. „Deseti zadatak Herkulesa"*

U PUSTINJI

Prečista ljubavi usamljenog života,
u žestokom traženju misterije,
potopljene u izvoru života,
užasna uteho!

Udaljite se od mene, jadna braćo,
ostavite me u pustinji,
samog sa svojim grehom,
bez druga u pratnji.

Da se u pesku izgubim, tamo želim
da sa Bogom idem, bez kuće i puteljka,
ni živih bića, ni drva, ni cveća;
samo sa dva gospoda.

Ja, usamljen, tamo dole na Zemlji,
a tamo gore, na nebu, sam Bog,
a među nama u beskrajnoj praznini,
njegova duša stremi.
Bez loših svedoka, progovorim,
sa ranjenim glasom u tajni mu govorim,
a on, u tajni me čuje,
njegova duša čuva moje uzdahe.

Ostanite vi na blagoj zemlji,
koja vodu sa nebesa prima
i dok kiša pada, strogo iz oblaka,
slikom svojom Gospod bdi.

Ostanite vi na poljima
sa voćnjacima, cvećem i pticama,
poklanjam sve ovo vama,
koji ste slepi za Boga.

Ostavite me samog u pustinji
i samo sa mojim Bogom u samoći;
u njegovim skrivenim vodama tražiću
svoju snažnu utehu!

Miguel de Unamuno

EN EL DESIERTO

¡Casto amor de la vida solitaria,
rebusca encarnizada del misterio,
sumersión en la fuente de la vida,
recio consuelo!

Apartaos de mí, pobres hermanos,
dejadme en el camino del desierto,
dejadme a solas con mi propio sino,
sin compañero.

Quiero ir allí, a perderme en sus arenas
solo con Dios, sin casa y sin sendero,
sin árboles, ni flores, ni vivientes,
los dos señeros.

En la Tierra yo solo solitario
Dios solo y solitario allá en el cielo
y entre los dos la inmensidad desnuda
su alma tendiendo.
Le hablo allí sin testigos maliciosos,
a voz herida le hablo y en secreto,
y él en secreto me oye y mis gemidos
guarda en su pecho.

Quedad vosotros en las mansas tierras,
que las aguas reciben desde el cielo,
que mientras llueve Dios su rostro en
nubes vela severo.

Quedaos en los campos regalados
de árboles, flores, pájaros... os dejo
todo el regalo en que vivís hundidos
y de Dios ciegos.

Dejadme solo y solitario, a solas
con mi Dios solitario, en el desierto;
me buscaré en sus aguas soterrañas
recio consuelo.

Miguel de Unamuno

ZAKON
TROGO AUTO EGOKRATIČNI
KOSMIČKI ZAJEDNIČKI

Egoizam nije ništa drugo nego sredstvo
koje sve pretvara u sopstvenu korist.
La Bruyere

Razgovarajmo sada, izuzetni čitaoče, o jednom od najokrutnijih Zakona koji je uključen u program Kreacije. Odnosimo se na Zakon trogo auto egokratični kosmički zajednički.

Gore navedeni Zakon u sintezi ovako glasi: jesti i biti pojeden; i tako se održava, ne samo priroda, nego i sam Univerzum. Da bi bio uspešan veliki beg iz paukove mreže u kojoj smo svi zarobljenici i koja nije ništa drugo nego univerzalna mehanika, treba da razumemo ovaj Zakon i da ga prevaziđemo pomoću unutrašnje ravnoteže.

Da bismo se još više udubili u studiju ovog enigmatičnog Zakona, uzmimo kao opunomoćenu referenciju ono što nam kaže Venerabilni Majstor Samael Aun Weor u svom ezoteričkom predavanju koje se odnosi na ovu pojavu; slušajte:

U ime Istine treba da tvrdim da postoji veliki Zakon kog bismo mogli nazvati „Zakon trogo auto egokratični kosmički zajednički". Ovaj zakon ima dva osnovna, fundamentalna faktora: „jesti i biti pojeden" ili „recipročna ishrana svih organizama".

Neosporno, uvek, velika riba proguta malu ribu, a u najdubljim šumama, onaj slabiji uvek gubi u korist jačeg. Ovo je Zakon života.

Bilo koliko da smo vegetarijanci, u mračnom momentu, naše telo prožderaće crvi i tako se uvek ispunjava Zakon trogo auto egokratični kosmički zajednički.

Neosporno, svi organizmi žive na račun svih. Ako se spustimo u unutrašnjost Zemlje, otkrićemo tamo metal koji je zapravo tačka gravitacije za involutivne i evolutivne sile prirode. Odnosim se odlučno na bakar. Na primer, ako tom metalu primenimo električni pozitivni pol, mogli bismo opaziti (šestim čulom) čudnovate evolutivne procese, koji se događaju u njegovim molekulima, u njegovim atomima; ali, ako mu primenimo negativni pol, videćemo suprotnost, odnosno, involutivne procese koji su veoma slični onima koje ima palo čovečanstvo naših dana; a neutralna sila očuvaće metal u statičnom ili neutralnom stanju.

Očigledno, radijacija bakra se prenosi i na druge metale koji se nalaze u unutrašnjosti Zemlje i obrnuto, njihova zračenja prima bakar i tako se metali iz unutrašnjosti Zemlje međusobno hrane (evo tu je Zakon trogo auto egokratični kosmički zajednički).

Divno je da znamo da se radijacija svih metala iz unutrašnjosti Zemlje, gde se oni nalaze, prenosi na druge planete u beskonačnom Prostoru. Ove emanacije stižu u žive utrobe planeta koje su u susedstvu našeg Sunčevog sistema; ove radijacije primaju metali drugih planeta (koji su u njihovim utrobama), a ovi, svojevremeno, zrače radijacije i ove radijacije ili energetski talasi stižu u unutrašnjost naše planete Zemlje da bi prihranjivali njene metale, metale planete na kojoj živimo, na kojoj se krećemo i imamo naše Biće. Svi svetovi žive na osnovu svih svetova, ovo je očigledno, neosporno i jasno. Kosmička ravnoteža se zasniva na ovom Zakonu recipročnog planetarnog prihranjivanja.

Zaista, dokazuje se da je ovo interesantno. Kako, međusobnim prihranjivanjem, svetovi ostvaruju planetarnu ravnotežu, toliko divnu i savršenu?

Mogli bismo reći da voda svetova je osnovni elemenat da se kristalizuje ovaj veliki Zakon trogo auto egokratični kosmički zajednički. Pomislimo za momenat: šta bi ostalo od nas i od naše planete Zemlje, šta bi bilo sa svim životinjskim stvorenjima ako bi voda isparila, ako bi nestala, ako bi se istrošila? Očevidno, naš svet bi se pretvorio u veliki Mesec, u kosmički leš gde Zakon trogo auto egokratični kosmički zajednički ne bi mogao da se kristalizuje i sva stvorenja bi umrla od gladi.

Ovaj veliki Zakon, sigurno, odvija se u skladu sa Zakonom Triamazikamnom (Zakon Trojke) i Svetog Heptaparaparshinocka ili Zakonom Sedmice. Opažajte dobro kako se odvijaju ovi Zakoni: aktivan princip se približi pasivnom principu ili da bismo bili jasniji, žrtvu je progutao aktivni princip (ovo je Zakon, nije li tako?). Recimo da je aktivni princip pozitivan pol; pasivni princip bi bio negativni pol, a princip koji izmiruje ona dva je treća sila, neutralna. Prva je Sveta Afirmacija, druga je Sveta Negacija i treća je Sveta Koncilijacija. Ova zadnja izmiruje Afirmaciju sa Negacijom, ali je jasno da će žrtvu prožderati onaj kome pripada u skladu sa ovim Zakonom. Da li si razumeo?

Na primer, tigar jede poniznog zeca. Tigar bi bio Sveta Afirmacija, zec – Sveta Negacija, a sila koja obojicu izmiruje je Sveta Koncilijacija (izmiruje ih kao jediničnu celinu).

Da li je ovo okrutno? Da, prividno, ali, šta da radimo? Ovo je Zakon svetova, ovaj Zakon je postojao, postoji i uvek će postojati. Zakon je Zakon i Zakon se ispunjava, onostrano mišljenjima, običajima, konceptima itd.

Ali, nastavimo, jer je potrebno da se malo više udubimo, da prodremo u dubinu ove stvari: odakle dolazi, zaista, ovaj Zakon trogo auto egokratični kosmički zajednički? Ja kažem da dolazi od aktivnog Okidanocka koji je sveprodoran, svesvestan, svemilostiv.

Svojevremeno, ovaj Okidanock, odakle izvire? Koja je njegov causa-causorum? Neosporno, to poreklo ili uzrok nije nešto drugo nego Sveti Solarni Apsolut. Prema tome, Iz Sakralnog Apsolutnog Sunca izvire Sveti Okidanock i, iako on ostaje,

*kako se kaže, u okviru svetlosti, ne meša se kompletno sa nji-
ma, jer ne može da bude zarobljen.*

*Radi svoje stvaralačke manifestacije, aktivni Okidanock ima
potrebu da se umnoži u Tri Sile, poznate kao pozitivna, ne-
gativna i neutralna. Za vreme manifestacije, svaka od ovih
sila radi nezavisno, odvojeno, ali je uvek ujedinjena sa njenim
poreklom, a to je Sveti Okidanock; a nakon manifestacije, ova
tri činioca ili sastojka (pozitivni, negativni i neutralni) ponovo
fuzionišu, ujedinjuju se sa Svetim Okidanockom, a na kraju
Maha-Manvantare Sveti Okidanock (celovito, kompletno,
jednokupno) se ponovo upija u Sakralno Apsolutno Sunce.*

*Vidite li vi, draga moja braćo, odakle izvire Zakon trogo auto
egokratični kosmički zajednički.*

*Polazeći od ovog principa, vegetarijanstvo ostaje (na startu)
bez ikakve osnove. Očigledno, fanatici vegetarijanstva učinili
su od njega „kuhinjsku religiju" i ovo je stvarno za žaljenje.
Veliki Majstori Tibetanci nisu vegetarijanci, a oni koji sumnja-
ju u moje reči neka čitaju knjigu naslovljenu „Bestije, Ljudi i
Bogovi", koju je napisao veliki poljski istraživač Osendovski.
On je bio u Tibetu, primali su ga Majstori na banketima i za-
nimljivo je da na tim banketima ili gozbama meso bika je bilo
osnovni elemenat ishrane. Fanatici vegetarijanstva naći će da
su moje reči apsurdne, ali bi se Ossendowski, autor pomenute
knjige, radovao videvši da sam ja razumeo ovaj značajan as-
pekat. Dakle, apsurdno je da tvrdimo da su veliki Majstori u
Tibetu vegetarijanci.*

*Kada je veliki Inicijat Sen Žermen (Princ Rakoci), veliki Maj-
stor Bele Lože koji vodi radijus Svetske politike, radio u perio-
du Luja XV (da bi bili jasniji), nije bio vegetarijanac. Videli su
ga na gozbama kako jede svašta; neki pričaju kako je uživao
kada je jeo pileće meso, na primer...*

*Prema tome, odakle je proizišla ova stvar vegetarijanstva?
Nesumnjivo, škola vegetarijanstva i Zakon trogo auto egokra-
tični kosmički zajednički su u suprotnosti, ovo je očevidno.*[*]

Reči istaknutog osnivača savremene Gnoze ne ograničavaju
se na prethodne paragrafe; nalazimo ih i u jednom od magistralnih

---

[*] *Peto Jevanđelje, konf. „Večiti trogo auto egokratični kosmički zajednički"*

njegovih dela: DA, POSTOJI PAKAO… DA, POSTOJI ĐAVO… DA, POSTOJI KARMA… U ovom delu, Venerabilni Avatar Vodolije, odnoseći se na duše koje involuiraju u Četvrtom Danteovom krugu, kaže nam nekoliko veoma interesantnih stvari u vezi sa Zakonom trogo auto egokratični kosmički zajednički. Evo ovih interesantnih paragrafa:

Zbog toga što je Sunce izvor ukupnog života i sjajni agent koji održava svu egzistenciju, u skladu sa Zakonom trogo auto egokratični kosmički zajednički, naravno je da ćemo fatalnu i negativnu protivtezu svega ovoga naći, realno, u suprotnom Solarnom aspektu Četvrte potopljene Zemaljske zone.

U ovoj Mračnoj oblasti, u ovim Atomskim Paklovima Prirode, srećemo dve specifične vrste involutivnih ljudi: želim se naglašeno odnositi na RASIPNIKE i TVRDICE.

Dve klase subjekata koji se nikada ne mogu pomiriti i koji se stalno uznemiravaju, napadaju.

Ako u osnovi analiziramo ovaj problem treba ozbiljno da tvrdimo da je isto toliko apsurdno rasipništvo kao i tvrdičluk.

Unutar procesa isključivo Trogo auto egokratični kosmički zajednički treba da uvek poštujemo vagu. Jasno je da kršenje Zakona ravnoteže povlači za sobom bolne karmičke posledice.

Na terenu praktičnog života možemo svesno proveriti katastrofalne posledice koje proizilaze kada se krši Zakon vage.

Rasipnik, onaj ko razbacuje, onaj koji loše upotrebljava novac, iako se oseća veoma velikodušan, nesumnjivo krši Zakon.

Tvrdica, onaj ko ne dopušta da novac cirkuliše, onaj koji ga na egoistčan način zadržava, na nedozvoljen način, više nego što je normalno, on sigurno nanosi štete kolektivnosti, uzima hleb mnogim ljudima, osiromašuje svoje bližnje. Iz ovog razloga krši Zakon ravnoteže, Zakon vage.

Rasipnik, iako prividno čini dobro dozvoljavajući novcu da intenzivno cirkuliše, logično je da stvara neravnotežu, ne samo u njemu samom, nego takođe u opštem kretanju vrednosti. Ovo, na duži period, stvara strašne ekonomske štete narodima. Rasipnici i tvrdice pretvaraju se u prosjake i ova stvar je dokazana.

Neophodno je, hitno je da sarađujemo sa Zakonom trogo auto egokratični kosmički zajednički, da ne remetimo ekonomsku ravnotežu, da ne činimo zlo sebi samima, da ni drugima ne nanosimo štete. Zbog toga što mnogi ne poznaju Zakon trogo auto egokratični kosmički zajednički dobro je da razjasnimo sledeće: ovaj Veliki zakon manifestuje se kao recipročna ishrana svih organizama.

Ekonomski i ljudski procesi, fluktuacija novca, finansijski dug i zajam, uzajamna zamena robe i novca, lična štednja svakoga, ono što svako zarađuje i troši itd, itd, itd, takođe pripada Velkom Zakonu trogo auto egokratični kosmički zajednički.

*Jasno je, ponavljamo, očigledno je da u našem Sunčevom sistemu, zračna zvezda koja nas obasjava je, u stvari, administrator ovog najvišeg Kosmičkog zakona. Ne bi bio moguć funkcionalizam ovog Zakona stalnim kršenjem svake ravnoteže. Sada možemo sebi jasno objasniti fundamentalni razlog zbog čega rasipnici i tvrdice kvare platni bilans i proizvode katastrofalne posledice u Kosmičkoj i Ljudskoj ravnoteži.**

Kao posledica ovih tvrdnji Avatara Vodolije, neki učenici su mu postavljali pitanja o načinu ili mogućnostima da se uravnotežimo sa ovim interesantnim Zakonom. Evo nekoliko pitanja i odgovora:

Učenik: Majstore, možete li nam reći da li postoji neka procedura ili sistem, koji biste nam mogli predavati, za održavanje Vage u savršenoj ravnoteži?

Majstor: Cenjena gospođo, dobro bi bilo da vi razumete da vaša unutrašnja Monada, vaša Besmrtna Iskra, „vaš Otac koji se nalazi u tajnosti", kao što to kaže hrišćansko Jevanđelje, jeste Večiti Regulator (podešavalac) procesa Trogo auto egokratični kosmički zajednički. On ima moć da nam daje i snagu da nam oduzima. Ako mi dejstvujemo u skladu sa Zakonom, ako živimo u harmoniji sa Beskonačnošću, ako naučimo da se potčinimo Ocu koji se nalazi u tajnosti, kako na Nebu tako i na Zemlji, nikada nam neće nedostajati

---

* *Da, postoji pakao... Da, postoji đavo... Da, postoji karma..., pogl. 8. „Četvrti Danteom krug"*

svakodnevni hleb. Setite se čudesne molitve „Oče naš", duboko meditirajte na nju, slušajte...

Učenik: Majstore, kako možemo da činimo Volju Oca ako smo uspavani, ako ne možemo ni da vidimo niti da čujemo?

Majstor: Gospođo, gospodo, prijatelji, Zakon je napisan. Setite se Mojsijevog Dekaloga. Nemojte da narušavate napisane Zapovesti! Doživljavajte ih! Poštujte ih! Ako bi svako ovde prisutan, ako bi bilo koja dobronamerna osoba sebi predložila da živi u skladu sa

Zakonom i sa Prorocima, činiće Volju Oca, kako na Nebu tako i na Zemlji. Stići će taj dan kada će devotan Realnog Puta probuditi svoju Svest. Tada će moći da vidi Oca i da od njega neposredno prima zapovesti i svesno će se potčinjavati. Pre toga treba da se poštuje napisani Zakon, a potom ćemo spoznati Zapovesti Blagoslovenog...[*]

Recimo, na kraju, našem čitaocu da „Zakon je Zakon i Zakon se ispunjava!", a mi treba da pokušamo da transcendujemo Večiti Trogo auto egokratički kosmički zajednički, realizujući u svojoj okultnoj anatomiji Misteriju Autorealizacije. Svi oni koji budu kod nogu Stabla Života (Bića), mogu proći onostrano ropstva svim Zakonima koji su rasprostranjeni u šemi Univerzuma.

---

[*] Da, postoji pakao... Da, postoji đavo... Da, postoji karma..., pogl. 8. „Četvrti Danteom krug"

TROGO AUTO EGOKRATSKOME	*AL TROGO AUTO EGOCRÁTICO*

Jesti i biti pojeden,
Zapovest je strašna!
Gospod Velikog Daha
Takvu je zapovest dao.

Surovu realnost doživljavamo
Svi mi u Kreaciji.
Za momenat sanjamo da postojimo,
A to bi samo u halucinaciji.

U velikoj ekonomiji Univerzuma
Sve je izračunato u detalje.
Neki umiru protiveći se na načina hiljadu,
A drugi smrt svetkuju.

Tako su u knjizi života napisali
Teomegalogosovi anđeli,
Da su ljudi samo obroci
Od kojih su ostali samo ostaci.

Jednoga dana stići će noć Kosmička,
Veliki Dah ponovo će život da proguta,
Slično apoteozi simfonije,
Sve se sintetizuje u ogromno jaje.

———
Autor

Tragar y ser tragado,
¡terrible mandamiento!
así lo ha decretado
el Señor del Gran Aliento.

Cruda realidad es la que vivimos,
todos los seres en la Creación,
por un momento soñamos que existimos,
y nada más ha sido una ilusión.

En la gran economía del Universo,
todo está infinitamente calculado,
unos mueren, de mil modos adversos,
otros convierten estas muertes en bocados.

Así está escrito en el libro de la vida,
por los ángeles del Theomegalogos,
la humanidad no es más que una ración servida,
de la que solo quedan luego sus despojos.

¡Un día llegará la Noche Cósmica!
y el Gran Aliento engullirá de nuevo,
la vida habrá sido una sinfonía apoteósica,
sintetizada, toda, en un enorme huevo...

———
El Autor

33

ZAKON
VELIKOG ARKANUMA

*Neuračunljiv, mnogo neuračunljiv je onaj
ko, otkrivajući nekome jednu tajnu,
uporno traži da je nikome ne otkrije.*
Servantes

U panorami okultizma neprestano se govori o svakojakim arkanumima. Sa gramatičke tačke gledišta arkanum znači nešto tajanstveno. Nesumnjivo, u svetu ezoterizma, skoro se sve nalazi u sferi tajni ili hermetizma.

Ipak, kada se u metafizici govori o Velikom Arkanumu, treba da se razume činjenica da je to aluzija na supremni ključ, vrhovnu tajnu koja se čuva pod pečatom starih hramova i koja je pristupačna samo Inicijatima koji su izašli kao pobednici iz mnogobrojnih proba u koje su često stavljali u opasnost i sam život...

Čisti Gnosticizam je oduvek poznavao ovaj Sakralni Arkanum i čuvao ga je zaštićenog pod velom misterije. Danas, vrhovnom naredbom Sakralnog Kolegijuma Inicijata, dotični ključ ili arkanum je bio javno obelodanjen, posredstvom dela V.M. Samaela Aun Weora, Avatara Ere Vodolije.

Pre svega, treba da opomenemo našeg strpljivog čitaoca da je ovaj Veliki Arkanum intimno povezan sa mudrim upotrebljavanjem seksa. I, upravo seks i njegove Misterije jesu ono što Gnoza definiše kao Devetu sferu. Zbog toga, pre nego što ćemo započeti upad u ovaj Zakon Velikog Arkanuma, treba da razvijemo ono što se u Gnosticizmu razume pod Devetom sferom i radi toga utopićemo se u dela gnostičkog Patrijarha Samaela; da vidimo:

Kabalisti nam govore o Devetoj sferi. Deveta sfera Kabale jeste seks.

U starim Misterijama, spuštanje u Devetu sferu je predstavljalo maksimalnu probu za vrhovno dostojanstvo Hijerofanta. Isus, Hermes, Buda, Dante, Zoroastru itd, trebalo je da se spuste u Devetu sferu da bi radili sa vatrom i vodom – poreklom svetova, zveri, ljudi i Bogova.

Svaka Bela autentična i legitimna Inicijacija odavde počinje.

*Sin Čovečiji se rađa u Devetoj sferi. Sin Čovečiji se rađa iz Vode i Vatre.**

Takođe nam kaže Majstor Samael u svom traktatu, Poruka Vodolije; pogledajte:

Treba se spustiti u Devetu sferu (seks), i da se radi sa vodom i vatrom, poreklom svetova, zveri, ljudi i Bogova. Tamo započinje svaka autentična bela Inicijacija.

*U devetu sferu spustili su se svi koji su ga inkarnirali: Hermes, Isus, Krišna, Rama itd. U Devetu sferu spustili su se i Buda (Buddha), Dante, Pitagora itd. Hilarijus IX kaže da je u prastarim Misterijama silaženje u Devetu sferu bila maksimalna proba za hijerofantovo supremno dostojanstvo. Devet je mera za čoveka, koja je i za anđela.***

Reči Avatara Vodolije jesu veoma odlučne i stroge i one nas vode do zaključka da je samo kroz vrata božanske seksualnosti (Beli tantrizam) moguće da proklijamo kao Nebeski Ljudi, da se vratimo izgubljenom raju, o kom nam govore sva sveta pisma svih naroda i, istovremeno, tekstovi najboljih istraživača, kao što je Džon Milton. Seks, prijatelju čitaoče, po Gnozi, je kapija za osudu ili za spas čoveka. Zbog toga se tvrdi da su svi oni koji teže ka vrhuncu Istine, morali da se spuste u ponore Devete sfere (seks).

*   *Savršeni brak, pogl. 2. „Sin Čovečiji"*
**   *Poruka Vodolije, pogl. 32. „Novi Jerusalim"*

Raspravljajući o slučaju Velike Inicijatkinje, gospođe Blavatski, Avatar je rekao:

Velika Joginka H.P. Blavatski, pošto je ostala udovica nakon smrti kontea Blavatskog, morala je da se uda za pukovnika Olcota, da bi mogla da probudi Kundalini i osvoji tatvičke moći.[*]

U najstarijim vremenima, Tantričke škole, koje su poznavale Misterije Devete sfere, predavale su u svojim aulama Secretum Secretorum, Veliki Arkanum ili modus operandi, za rad u Devetoj sferi. O ovome nam svedoči, ponovo, Venerabilni Majstor Samael; pogledajte:

U sakralnom redu u Tibetu, učenika podučavaju o Arkanumu A.Z.F.

U Misterijama u Egiptu, sve Inicijate su podučavali o Arkanumu A.Z.F, a oni koji bi otkrili Veliki Arkanum bili su osuđeni na smrt, odvedeni su u neko dvorište i tamo, licem prema zidu, odsekli bi im glavu, iščupali bi im srce, a njihov pepeo bacali su na četiri vetra (n. prev.: na četiri strane sveta).

U dvorištima astečkih hramova, žene i muškarci su bili nagi, praktikujući Arkanum A.Z.F, čitavih meseci. Onaj koji bi, na nesreću, stigao da ejakuliše entitet sperme, bio bi osuđen na smrt zbog profaniranja hrama; tada bi mu odrubili glavu.

Inicijati Škola Misterija u svim vremenima stigli su do Inicijacije zahvaljujući Velikom Arkanumu. Nikada, ni u jednoj Školi Misterija, nije se poznavala osoba koja je osvojila Inicijaciju bez Arkanuma A.Z.F; ovo je Veliki Arkanum.[**]

U okviru istih pojmova, najuzvišeniji mističar XX veka (V.M. Samael Aun Weor) uvek je opominjao:

Pre uspona treba se spustiti, svakom uzdizanju prethodi jedno spuštanje. Svakom uzvišenju prethodi poniženje. Zakon je Zakon i Zakon se ispunjava!

---

[*] *Fundamentalni pojmovi endokrinologije i kriminologije, pogl. 14. „Testisi i Jajnici"*
[**] *Fundamentalni pojmovi endokrinologije i kriminologije, pogl. 14. „Testisi i Jajnici"*

Prema tome, u ovom poglavlju, tumačimo ovaj Zakon Velikog Arkanuma ili majstorski ključ da bismo se mogli dići na nebesa i težiti ka Unutrašnjem oslobođenju.

Toliko je rigorozan ovaj Zakon o kome raspravljamo u ovim redovima što je upravo Avatar, nakon diktiranja neke svoje konferencije, učinio sledeći komentar; evo njegovih reči:

*Jednom prilikom, na kraju diktiranja neke konferencije, upitao me je neženjeni (celibater) učenik da li je moguće da praktikuje sa ženom u Astralnom svetu. Trebalo je da mu odgovorim da samo sa ženom od mesa i kostiju može da se budi Kundalini.**

U ovim vremenima propadanja svih etičkih i moralnih principa i usred velike religijske konfuzije u kojoj živimo, svaka osoba pokušava, u našim danima, da sprovodi svoj duhovni život u svom stilu; isto tako, nikada nisu nedostajale osobe koje su, svojevremeno, predlagale Avataru dosta apsurdne procedure za osvajanje Autorealizacije, kao što je i sledeći slučaj, kog prikazujemo našem čitaocu:

Neki drugi brat neženja želeo je da praktikuje sa imaginarnim ženama. Ovo je opasno! Kada pamet stvori mentalnu Efigiju, ta Efigija poprima svest i pretvara se u demona iskušivača na mentalnom planu koji nas seksualno prazni u toku sna putem noćnih polucija.

*Veoma je teško da studenti dezintegrišu ove mentalne Efigije. Obično, praktikant završava tako da biva žrtva sopstvenog izuma. Najbolje je da nabavimo suprugu koja će zaista da sarađuje u Velikom Delu.***

Nesumnjivo, zbog takvih stavova koji su bili opisani u prethodnim paragrafima, možemo da razumemo motiv zbog čega su stari Hijerofanti bili veoma strogi sa aspirantima na Tajnom Putu pre nego što bi im poverili Veliki Arkanum A.Z.F. O ovome svedoči ponovni utemeljivač Gnoze, na jednoj svojoj konferenciji; da vidimo:

---

*   *Fundamentalni pojmovi endokrinologije i kriminologije, pogl. 14. „Testisi Jajnici"*
**   *Fundamentalni pojmovi endokrinologije i kriminologije, pogl. 14. „Testisi Jajnici"*

Ovde vidite šta je značilo zahtevanje Mističke spoznaje u starim vremenima. Kada su neofiti dobro napredovali na Realnom Putu, kada su zaista potpuno uspešno realizovali svoje studije, bili bi onda odvedeni u veoma specijalni salon, gde bi im se saopštilo na uvo neiskaziva tajna Velikog Arkanuma.

U prvom redu, neofit treba da položi zakletvu ćutnje; ako prekrši zakletvu, vođen je u dvorište, pored nekog neprolaznog zida; tamo bi mu bila odsečena glava i iščupano srce, spalilo bi mu se telo, a pepeo je bačen na četiri vetra.[*]

Kada sam upitao zbog čega je danas ovaj Veliki Arkanum otkriven svima onima koji žele da ga upoznaju, evo odgovora V.M. Samaela:

U ovim vremenima otkrivamo neiskazivu tajnu Velikog Arkanuma bez imalo straha, jer smo bili opunomoćeni od strane Bratstva Unutrašnje Svetlosti i, tako, nije nikakav prestup. Ova tajna nije ništa drugo nego fina majstorija, toliko jednostavna, koja nam dopušta da transmutiramo Stvaralačke energije.

Kada osoba nauči da transmutira seksualnu energiju, budi Svetu Vatru o kojoj sam vam pre nekoliko trenutaka govorio, onu Vatru koju su Hindusi nazvali „Kundalini", moć koja je zatvorena u repnoj kosti. Kada se ova čudna Plamena Vatra budi, diže se duž kičmengi stuba asketa ili duž kičmene moždine i tada se ona izvanredno pretvara, puni se izuzetnim kosmičkim moćima.[**]

Potrebno je da se da definicija ovog Arkanuma i radi toga V.M. Samael dodaje:

Procedura je veoma jednostavna. Veliki nemački lekar, doktor Krum Heler (Krumm-Heller) ju je dao na latinskom: „Inmissio membri virili in vagina feminae sine eiaculatio seminis". Drugim rečima: koneksija Lingam-Yoni bez ejakulacije Ens Seminisa, jer je u Ens Seminisu integralno sadržan Ens Virtutis Vatre.

[*]   *Peto Jevanđelje, konf. „Čudesa Hiperdimenzionalnog prostora"*
[**]   *Peto Jevanđelje, konf. „Čudesa Hiperdimenzionalnog prostora"*

Lingam je grčki Phallus, Yoni je ženski seksualni organ. Lingam je predstavljen posredstvom Ahilovog koplja, pomoću svetog koplja Minerve, pomoću Sakralnog Koplja Longinusa kojim je ranjeno rebro Gospoda.

Joni (Yoni) je uvek bila simbolizovana pomoću blagoslovenog Pehara na Oltaru, pomoću Svetog Grala, Hermesove posude, Pehara Kralja Solomona, Kupom ili Gomorom koji su zatvoreni u Arki Zaveta, a koji sadrži Manu kojom su se Izrailjci hranili 40 godina u pustinji.

*Upravo izbegavanjem orgazma ili fiziološke spazme ili finalnog trošenja hemijske kopulacije, razvija se i odvija Igniska Zmija naših magičnih moći, ona koja nas totalno preobražava.**

U bezbroj slučajeva, Otac Savremene Gnoze je govorio mnoštvima XX veka o ovoj zapovesti ili Zakonu Velikog Arkanuma u izrazima kao na primer:

*Ovo je tačka na koju se oslanja građevina Božijeg Hrama. To je upravo Veliki Arkanum, ključ neprestanog kretanja, kvadratura kruga ili ključ nauke, kog su mudraci svih vremena znali da upotrebljavaju ali koji je, kada je pao pod moć neke Svešteničke Kaste koja nije znala da ga ceni, bio skriven sa obrazloženjem da čovečanstvo nije spremno da ga primi i, zamenivši ga sa drugom spoznajom, odbili su da ga deklarišu i ispunjavaju, sprečavajući istovremeno i one spremne da sa njim rade.***

U pogledu okultiranja (skrivanja) ovog supremnog ključa, Venerabilni Majstor Samael je dodao sledeće:

Sa pravom je majstor Isus grubo odgovorio, kada im je rekao: „Teško vama zakonici što uzeste ključ od znanja: sami ne uđoste, a koji hteše da uđu, zabraniste im." (Sveti Luka, 11-52).

Ključ nauke je upravo seks. Čitava tajna doktrina Hrista se temelji na seksu. Seks je bojno polje gde se sastaju Dobro i Zlo i odakle se izlazi ili kao Anđeo, ili kao Demon. Značajnost neporočnosti (seksualne) ili Seksualne Alhemije je dokazano u

---

*   Peto Jevanđelje, konf. „Čudesa Hiperdimenzionalnog prostora"
**   Metalne planete Alhemije, pogl. „Seksualna Alhemija, Arkanum A.Z.F."

sledećim pasosima u Jevanđelju po Jovanu: 4-10, 6-27, 6-63 i 7-38.[*]

Na drugoj konferenciji, koju je V.M. Samael Aun Weor održao, on je odlučno deklarisao:

Onaj ko prihvata Veliki Arkanum, radi u Velikom Delu, u tajnosti je spašen od ovih kataklizmi, onako kako se spasio odabrani narod u staroj Atlantidi, pre nego što se potopila.

Dakle, istina je da je SIN ČOVEČIJI skriven iza Zavese ezoterizma. I zaista vam kažem, draga moja braćo, da se Sin Čovečiji približava...

Sin Čovečiji ne poistovećuje se, onako kako drugi veruju, samo sa našim Venerabilnim Velikim Majstorom JEŠUOM BEN PANDIROM (to je oblik da se antropomorfizuje ili da se dogmatizuje ono što ne treba, odnosno, da antropomorfizujemo Ezoteričku Spoznaju). Da bi neko doznao šta je Sin Čovečiji, potrebno je da se osvrne na hebrejsku Kabalu. Ako otvorimo hebrejsku Kabalu, Zohar, treba odmah da tražimo Stablo Života. Pomoću šeme Stabla Života, osoba može da se orijentiše i može da dozna šta je Sin Čovečiji.

Sin Čovečiji je onaj koji treba da uspostavi potpunu ravnotežu u našoj unutrašnjosti, ovde i sada. Značajno je da prvo pripremimo Hram za Sina Čovečijeg. Kada ovaj unutrašnji Hram bude gotov, ovaj intimni Hram, lični za svakoga od nas, onda On ulazi u nas, On dolazi između Oblaka Ezoterizma ili korača „na Oblacima Ezoterizma", kao što je bilo rečeno... Oblaci Ezoterizma, jer je prodro u Misterije, u Praktičnu i Transcendentalnu magiju.^{**}

I kao korolar naših istraživanja, na terenu ove izuzetne teme kojom se bavimo, pokažimo našem čitaocu izvedene paragrafe iz magistarlnih dela V.M. Samaela. Odnosimo se na TRI PLANINE. U ovim paragrafima, Avatar Vodolije potvrđuje, svedoči, označava, pokazuje prema Zakonu Velikog Arkanuma A.Z.F, kao jedinim vratima spasa za nas koji čeznemo ka Krajnjem Oslobođenju o kom nam toliko govori; da vidimo:

---

[*]   *Metalne planete Alhemije, pogl. „Seksualna Alhemija, Arkanum A.Z.F."*
^{**}   *to Jevanđelje, konf. „Ortodoksni Gnostički principi".*

*Jednom, nije važan dan ili sat, kada sam se nalazio van Fizič-
kog tela, sreo sam svoju Sakralnu Majku unutar jedne lepe
prostorije...*

*Posle uobičajenih zagrljaja između majke i sina, ona sedne na
komotnu stolicu preda mnom; bila je to prilika koju sam hteo
iskoristiti da bi postavio neophodna pitanja:*

—Da li dobro napredujem, Majko moja?

—Da, sine moj, dobro ideš.

—Da li je još potrebno da praktikujem Seksualnu Magiju?

—Da, potrebno je još.

*—Da li je moguće da tamo, u fizičkom svetu, postoji neko ko
će se moći autorealizovati bez da mu je potrebna Seksualna
Magija?*

Odgovor na poslednje pitanje bio je strašan:

—Nemoguće je, sine moj, ovo nije moguće.

*Priznajem iskreno i bez zaobilaženja da su me začudile ove
reči Obožavane. Podsetio sam se tada, sa najvišim bolom, to-
likih ljudi pseudo-ezoteričke i pseudo-okultne vrste, koji zaista
čeznu Krajnjem Oslobođenju, ali koji ne poznaju Sahaja Maj-
tunu, Seksualnu Magiju, divan ključ Velikog Arkanuma.*

*Neosporivo, put koji vodi ka Ambisu popločan je dobrim
namerama...*[*]

Potpuno sigurno, kažemo našem iskrenom čitaocu da je up-
ravo Arkanum A.Z.F. taj koji dopušta Gnozi da se uspostavi kao is-
tinska doktrina Četvrtog Puta. Ovako je deklarisao Vesnik Vodolije,
V.M. Samael; da vidimo:

*Četvrti Put jeste Gnoza, Gnoza Hermesa Trismegistusa, Gno-
za Esena, Perata ili Peratičana, Gnoza Grka (Jamblikusa ili Pi-
tagore), Gnoza Velikih Srednjovekovnih Alhemičara (Rajmon-
do Ljulja, Nikolasa Flamela, Bernanda Trevisana itd.), Gnoza
Isusa iz Nazareta, Pavla iz Tarsa, Gnoza Misterija Mitre, iz*

---

[*] *Tri planine, pogl. 10. „Seksualna Vatra"*

Troje, iz Rima, iz Kartargine, iz Egipta, Maje, Druida, Nahua...
„Gnosis" znači mudrost, spoznaja...[*]

Naš čitalac ima pravo da dozna da je sam Gurđief polagao pravo da je kreator Četvrtog Puta, zasnivajući se na činjenici da je govorio u Evropi i u Americi o životinjskom Ego-u i o Centrima Ljudske mašine. Ali, prijatelju čitaoče, realno, Četvrti Put je Put totalnog oslobođenja i ovo je moguće uz pomoć Tri Činioca Revolucije Svesti, koje Gnoza do zasićenosti objašnjava. Čak je i Gurđijef stigao da spozna Zakon Velikog Arkanuma A.Z.F, ali ga nije praktikovao, niti ga je predavao svojim učenicima. Pogledajmo komentare Venerabilnog Oca današnje Gnoze, u vezi sa ovim stvarima:

„Postoji ključ – sa pravom kaže Gurđief – Ključ Arke Nauke. Imamo ga. Kako je do nas stigao? – pita Gurđief. Nije važno kako. Možda ga je neko ukrao – kaže on – možda nam je bio poklonjen. Nije važno, sigurno je da ga imamo!..."[**]

Mnogo drugačiji od pionira ezoterizma XX veka, kao što su Rudolf Štajner, Ani Besant, Čarls Lidbiter, Blavatski, Gurđief, Krišnamurti... bio je onaj koji je otkrio Arkanum A.Z.F, V.M. Samael Aun Weor, uvek je bio veoma jasan; vidite:

Ali, koji je ovaj „ključ Arke Nauke"? Neosporno, to je Veliki Arkanum, Sahaja Majtuna, Tantrizam (kako orijentalni, tako i okcidentalni).

Prema tome, braćo, ona četiri puta su povezana sa jednim jedinim Putem, uskim, tesnim i teškim, koji je predstavljen sa četiri tačke Krsta, četiri Vede, četiri Jevanđelja itd...

Iskreno, mi više volimo „da idemo pravo na Gnozu", kao što je to rekao u jednom od svojih dela Don Mario Roso de Luna, istaknuti španski pisac: „PREMA GNOZI!" Don Mario je bio teozof, ali ipak, u poslednjim godinama je postao gnostičar. Ovo je bio poznati Mag u Logrosanu...

Danas, vremena nam ne dopuštaju da gubimo vreme, da provedemo godine na lakim radovima, jer se nalazimo u kritičnom i teškom momentu. Vremena kraja su već stigla, očekuju

---

[*]   *Peto Jevanđelje, konf. „Gnostički Ortodoksizam Četvrtog Puta".*
[**]   *Peto Jevanđelje, konf. „Gnostički Ortodoksizam Četvrtog Puta".*

se katastrofe koje treba da se dogode i Velika katastrofa sa kojom će se zapečatiti čitava Apokalipsa.

Sada više ne možemo da provedemo dvadeset egzistencija igrajući ulogu fakira, kaluđera i jogina. Imamo „posla"; momenat koji doživljavamo traži od nas da se odmah latimo Četvrtog Puta, Gnoze, Četvrte Putanje, koja je najpraktičnija.

Nastavljajući sa ovom analizom, draga moja braćo, na terenu praktičnog života možemo da konstatujemo da, zaista, nisu sva ljudska bića spremna da se Autorealizuju ovde i sada, u ovim momentima.

Neka se vodi računa da su ljudi u Kali-Jugi veoma slabi i degenerisani; nemaju kapacitet da slede, zaista, Četvrti Put. Treba da počnu da regenerišu mozak, a ovo je moguće samo pomoću transmutacije sperme u energiju.

*Ali, pošto je većina njih degenerisana, nemaju ni snagu volje, ni kontinuitet ciljeva koji su potrebni da bi se mogao regenerisati mozak. Dakle, nalazimo se pred nelagodnom situacijom...**

Za spomen ovom regalnom ključu, koji se nekada nalazio u posedu Titana, dolazi pesma da kruniše naše mističko hodočašće:

Nama, prijatelju čitaoče, ne ostaje ništa drugo osim da kažemo, zaklonjeni rečima Velikih Majstora iz grada Heliopolisa, sledeće:

LEGE, LEGE, LEGE, RELEGE, LABORA ET INVENIES...

Čitaj, čitaj, čitaj, ponovo čitaj, radi i otkrićeš...

---

*　*Peto Jevanđelje, konf. „Gnostički Ortodoksizam Četvrtog Puta"*

ASTRALNE RUŽE

Večne imperije! Pozlaćeni sakrarijumi!
Ključevi velike celine! Molitva u lautama!
Svečane vrline! Mirne volje!
Svetske dubine! Užareni jajnici!

Vatreni ritovi nebeskih bogova!
Zapečaćene sudbine ljudskog hora!
Sunca koja u **Demiurgskom blagu**
čuvaju mu norme!
Tajanstvene ruže zvezdane!

Nebeski arkanume, gnostički arkanume,
gde je Trismegistus zaključao tajne;
Da te odgonetnu Julijan je stvorio
rascep u imperiji njegovoj,
Antihrist se pojavio;
egzeget, Gnostičar paganskog Neba,
Solarnu metamorfozu u Hristu je video!

Ramon del Valle-Inclan

ROSAS ASTRALES

¡Eternos imperios! ¡Dorados sagrarios!
¡Claves del gran todo! ¡Rezo en sus laúdes!
¡Voluntades quietas! ¡Solemnes virtudes!
¡Entrañas del mundo! ¡Ardientes ovarios!

¡Encendidos ritos de celestes lares!
¡Sellados destinos del humano coro!
*¡Soles que las normas guardan del **Tesoro***
***Demiúrgico!** ¡Arcanas rosas estelares!*

***Arcano celeste,** gnóstico arcano*
donde los enigmas alzó el Trismegisto:
por querer leerte abrió Juliano
en su imperio el cisma, y se hizo Anticristo,
exégeta, Gnóstico del Cielo Pagano,
una metamorfosis Solar vio en el Cristo.

Ramón del Valle-Inclán

34

ZAKON PRIRODNE SELEKCIJE

*Vreme čini da se pojave nove prepreke,
u čije postojanje nismo verovali;
ne treba da budemo sigurni u
pobedu sve dok traje borba.*
Solon

Dosta kontroverzna tema u svetu nauke, uvek je bila u vezi sa postojanjem Zakona Prirodne selekcije. Pobornici teorije evolucije vrsta koristili su ga kao oružje upereno protiv svih onih koji su se suprotstavljali argumentima gospodina Darvina. Mi, gnostičari, iako nismo prihvatili teoriju evolucije vrsta, prihvatamo da se u džungli života manifestuje gore navedeni Zakon Prirodne selekcije.

U našim komentarima o Zakonu večitog Trogo auto egokratično kosmičko zajedničko, već smo se odnosili na proces samoodržavanja Majke Prirode u kom ona koristi, pored drugih mehanizama, ovaj zakon prirodne selekcije.

Tako otkrivamo određene izvode iz doktrine koju nam je poverio paladin savremenog Gnosticizma, Samael Aun Weor; budite pažljivi:

*Ne poričem Prirodnu selekciju; očigledno je da ona postoji,
ali nema moć da stvara nove vrste. Realno, ono što zaista*

postoji, to je fiziološka selekcija, selekcija struktura i segregacija (odvajanje) najpodesnijih, to je sve.

Ali, podići Prirodnu selekciju toliko mnogo, smatrajući je Univerzalnom Stvaralačkom moći, ovo je vrhunac vrhunca. Nijednom autentičnom mudracu ne bi pala na um takva glupost. Da li smo ikada videli da se putem Prirodne selekcije pojavljuje neka nova vrsta; kada? U kojoj epohi?

Da li se odabiru strukture? Da, ovo ne poričemo. Oni najjači pobeđuju u ovoj borbi za svakidašnji hleb, u neprekidnoj bici da bi jeli i da ne bi bili pojedeni. Očigledno je da pobeđuje najjači, koji prenosi svoje karakteristike potomcima, fiziološke karakteristike, strukturne karakteristike. Onda, oni odabrani, najpodesniji, se odvajaju i prenose svojim potomcima ove sposobnosti. Tako treba da se razume Zakon Prirodne selekcije, tako treba da se shvati.

Neka bilo koja vrsta, u dubokim šumama prirode, treba da se bori da bi jela i da ne bude pojedena. Očigledno, dokazuje se da je ova borba strašna, a na kraju, kao što je prirodno, pobeđuju najsnažniji.

U najsnažnijima postoje sjajne strukture, značajne karakteristike, koje se prenose njegovim descendentima. Ali ovo ne upliće izmenu aspekta, ovo ne znači rađanje novih vrsta. [*]

Ispitivanjem bezbroj tekstova, otkrivamo nešto drugo što se odnosi na moć Prirodne selekcije, u ovim paragrafima koji su izvedeni iz Gnostičke etike i sociologije. U ovim paragrafima, cenjeni mističar, Otac savremene Gnoze, Samael Aun Weor, odnosi se na potrebu da se religije izjasne u korist kontrole plodnosti, umesto kontrole nataliteta; da vidimo:

Religije treba da se izbore za kontrolu plodnosti, jer upravo biblijski principi govore o prirodnoj selekciji („Jer je mnogo zvanih, a malo izabranih.", „Od hiljade koji me traže, jedan će me naći; od hiljade koji me nalaze, jedan me sledi; od hiljade koji me slede, jedan je moj." itd)

Sve rečenice u Jevanđeljima su ispunjene mudrošću i u mnogim stihovima nalazimo ovaj Zakon Prirodne selekcije.

---

[*]   *Peto Jevanđelje, pogl. „Sedam konferencija o Gnostičkoj antropologiji"*

Selekcija ljudskog semena nije delikt, to je dužnost. Religija je nauka, filozofija i istinska umetnost. Nauka je, realno, ispunila svoju ulogu onda kada je otkrila i izjavila neku istinu. Istinska nauka nije ništa drugo nego zdrav razum koji će se pokrenuti i organizovati, a razlikuje se od aktuelne nauke onako kako se razlikuje univerzitetski profesor od učenika osnovne škole.

Merom kojom nauka napreduje, društvene predrasude i ideje bivaju podvrgnute mnogim promenama. Stiglo je vreme da napustimo religijske i društvene predrasude; stigao je trenutak da odabiramo ljudsko seme, da bismo učinili svet boljim.[*]

Dobro, prijatelju čitaoče, naš cilj u ovom poglavlju je da pokažemo onima koji su zainteresovani kako da uđu u kontakt sa Velikom Realnošću, a ako se namerava da se dotakne ovaj transcendentalni cilj, treba da se vodi računa o postojanju Zakona Prirodne selekcije. Iako izgleda neobično, i u okviru Megakreacije, koju realizuje Veliki Arhitekt ovog Univerzuma, dokazuje se da je potrebno da se borimo protiv svih i svega onda kada stigne čas da želimo da fuzionišemo sa početnom tačkom originacije. Ovo je dokazano u Otkrovenje Avatara, V.M. Samaela Aun Weora; da vidimo:

Isus Hristos, u Četiri Jevanđelja, podvlači teškoću ulaska u Carstvo; Veliki Majstor nikada nije tvrdio da će sva ljudska bića ući u Carstvo; ovde stupa u akciju Zakon Prirodne selekcije: „... mnogo zvanih, a malo izbranih.“

Čitava ljudska vrsta, izuzev nekolicine, spušta se u Paklene svetove, gde završavaju Drugom smrću. Ovo se oduvek ponavlja, u svim svetovima beskonačnog Prostora.

Rekao sam već da se samo posredstvom Druge smrti mogu osloboditi izgubljene duše u Paklenim svetovima.

Zakon Večitog povratka uvek donosi propale duše koje su živele u potopljenim svetovima i koje su, nakon Druge smrti, prešle na novu kosmičku manifestaciju.

Zakon Večitog povratka stoji na osnovi doktrine Transmigracije; milioni propalih duša iz prethodnih ciklusa manifestacije jesu sada elementali mineralnog carstva ili vegetalnog,

---

[*] *Gnostička etika i sociologija, pogl. 40. „Kontrola plodnosti“.*

ili životinjska stvorenja koja čeznu da ponovo osvoje ljudski stadijum kog su nekada izgubili.

Mudra ideja povratka svih stvari je u nepromenljivoj vezi sa pitagorejskom mudrošću i sa svetom kosmogonijom u Indiji.[*]

Ako malo dublje prodremo u ovu veoma interesantnu temu, izvući ćemo za našeg čitaoca sledeće paragrafe koje sam otkrio u jednoj diktiranoj konferenciji od V.M. Samaela Aun Weora. Izvodi su sastavljeni od pitanja koja su učenici, koji su prisustvovali toj konferenciji uputili Majstoru i od odgovora na njih; da vidimo:

Učenik: Majstore, zašto je potrebno da budemo mnogi zvani, a malo izabrani, u ovoj katastrofi koja se približava?

Majstor: Dobro. Zakon Prirodne selekcije postoji, realno. Na primer, postoje ptice koje se rađaju i za kratko vreme nakon toga treba da migriraju na druge geografske širine, a mnoge među njima neće izdržati ovo putovanje i umreće. Isto tako je istina da neće sve ribe koje se rađaju preživeti, određeni broj gine pre nego što će se razviti. To je Zakon selekcije, to je prirodni Zakon.

Nas je mnogo miliona osoba koje postojimo na licu Zemlje; neki se nalaze u Školama zdesna, drugi – u Školama sleva, ali, zaista, malo je ljudskih bića koja su se odlučila da rade, da stupe na Srednji Put, na Unutrašnji revolucionarni put.

Veoma je malo njih koji su se odlučili da napuste krajnje desne ili krajnje leve Škole, da bi sami sebe ispitivali, da bi se samospoznali, da bi se transformisali.

Zbog toga neće svi uspeti da se spasu Velike kataklizme koja se približava. Ne uspevaju svi da budu izabrani, neće svi služiti za osvajanje Velike Realnosti. Ovo je sve.

Učenik: Kako bi se mogla nazvati neka osoba koja nije ni na strani materijalizma, ni na strani spiritualizma?

Majstor: Dobro, ako ta osoba nije sebi predložila da se samoistražuje, mogla bi se nazvati „mlaka" i o ovome je već Hristos

---

[*] *Otkovenja Avatara, pogl. 13. „Zakon Rekurencije"*

jasno govorio u Jevanđeljima, kazivajući: „Tako, budući mlak,
*i nisi ni studen ni vruć, izbljuvaću te iz usta svojih.“**...
Ovo je sve.

Potpuno duhovni ili polovično duhovni, ovo je svima jasno, to je strogost dugog puta za one koji čeznu da se upiju u NIŠTA koje, ipak, sadrži SVE. To je duga putanja koja bi trebalo da bude uvek obeležena nesalomivom ljubavlju prema doktrini i njenom praktikovanju do nezamislivih granica. Kao dobar recept za hodočasnika Direktnog Puta, dodajemo ove stihove koji su izvirali, u nekom dobrom času inspiracije, iz jednog mističkog pesnika:

*   *Peto Jevanđelje, konf. „Duhovno zlato Bodičite“*

<table>
<tr><td>

SPOZNAJ SAMOGA SEBE

„Spoznaj samoga sebe“;
grčko je božansko mišljenje
čije učenje vrhunac u cvetu nađe –
u nauci ruže!

„Spoznaj samoga sebe“; a samo ja
se nalazi van mene,
samo ja jeste Bog; On me je doneo
i Bog je taj koji me drži;
sa mnom se Bog spaja, u mojim nedrima
on mi ispunjava život ceo.

Do sebe ne mogu da stignem dok ne prođem
kroz njegovu božansku esenciju;
kada budem umro znaću tajnu svoju
i tada ću stići da Boga spoznam.

———————————

Miguel de Unamuno

</td><td>

CONÓCETE A TI MISMO

«Conócete a ti mismo»; el pensamiento
de la divina Grecia
culminó en esa flor sus enseñanzas,
¡la rosa de la ciencia!

«Conócete a ti mismo», y este mismo
fuera de mí se encuentra,
soy en mí mismo Dios, Dios me ha traído,
y es Dios quien me sustenta;
Dios conmigo se funde, y en mi seno
mi vida toda llena.

Llegar a mí no puedo si no paso
por su divina esencia;
entraré cuando muera en mi secreto,
a Dios conoceré cuando me muera.

———————————

Miguel de Unamuno

</td></tr>
</table>

35

ZAKON ULANČAVANJA

> Najveća čovekova zasluga se sastoji,
> nesumnjivo, u dominaciji okolnosti, onda
> kada može i u tome da dopušta da nad njim
> dominiraju, onda kada ne može.
> *Gete*

Izučavaćemo sada, pravični čitaoče, jedan od interesantnih Zakona koji nas odvaja od Apsoluta. Odnosimo se na Zakon ulančavanja. Da bismo govorili o osnovama na koje se oslanja ovaj Zakon, oslonimo se na živi izvor savremenog Gnosticizma, V.M. Samaela Aun Weora, u vezi sa ovim stepenikom na koji treba da se popnemo u našem bekstvu u traganju za Velikom Realnošću; budite pažljivi:

Stara mudrost naglašava ideju postojanja sedam „Puteva" koji vode ka neizrecivoj sreći Non-egzistencije, a to je Apsolutno Biće i Realna Egzistencija. U osnovi, ova svetla ideja je unitarna, zato što postoji jedan jedini put, sa sedam etapa.

Mislimo na astrološku formulu Meseca, Merkura, Venere, Sunca, Marsa, Jupitera i Saturna. Nesumnjivo je da se svaki od sedam svetova intimno povezuje sa svakom od onih sedam etapa...

Da li ste čuli da se govori o Dvanaest Uzroka Bića? Šta znate u vezi sa Četiri Plemenite Istine? Očigledno je da Dvanaest Nidana i Četiri Istine karakterišu, pogotovo, sistem Hinayana.

*Sve one pripadaju mudroj teoriji iz struje Zakona ulančava-
nja, koji stvara zasluge i dužnosti, a koje, na kraju, manifestu-
ju karmu u svoj njenoj ispunjenosti. To je sistem koji ima na
osnovi poznate Zakone transmigracije, povratka i rekurencije.*

*Očigledno je da sistem Hinayana ili škola Malog vehikla ima
veoma staro poreklo; dok Mahayana ili škola Velikog vehikla,
iz kasnijeg perioda, ima svoje postojanje posle dezinkarnacije
Bude. Jasno je da, u osnovi, obe škole predaju istu ezoteričku
doktrinu. „Yana" ili Vehikl je mistički izraz i oba vehikla ozna-
čavaju činjenicu da mi možemo da uteknemo od muke ponov-
nih rađanja uz pomoć intimne Autorealizacije Bića.**

Budući da smo ovde stigli, treba da se iskreno upitamo
sledeće: koji je to detalj o kom treba da vodimo računa kako bis-
mo, posredstvom jedne od ovih dveju škola, mogli da napustimo
zastrašujući Točak Samsare?

Odgovor na ovo pitanje dao je sam Patrijarh Samael; da
vidimo:

*Potrebno je da se obučemo u Dharma Megha, Oblak vrlina,
divni sjaj Savršenih koji odustaju od moći. Sve različite ideje
koje se pojavljuju i čine da verujemo da nam je potrebno ne-
što spoljašnje da bismo bili srećni, predstavljaju prepreku na
putu savršenstva.*

*Intimno Biće je sreća i blaženstvo samom svojom prirodom;
na nesreću, spoznaja je obavijena impresijama prošlosti. Hit-
no je, neodložno je, potrebno je da ove impresije ne stvaraju
svoje posledice. Njihovo uništenje se obavlja istom procedu-
rom kao i uništenje ignorancije, egoizma itd.*

*Kada se, stižući do pravilne diskriminacije (odvajanja) esenci-
ja, plodovi odbijaju, tada se kao rezultat pojavljuje Samadhi
koji se naziva „Oblak vrlina". Onaj ko se oblači Oblakom vrli-
na, oslobađa se od bola i akcije; ovo ne znači da je van opa-
snosti pada; samo ulaskom u Apsolut, prelazimo onostrano
svake opasnosti.*

*Uzastopne transformacije kvaliteta nestaju samo onda kada
se upijamo u Apstraktni Apsolutni Prostor. Putevi koji postoje*

---

u vezi sa momentima i koji su percipirani na kraju serije sa druge krajnosti, jesu uzastopnosti. Za Autorealizovani i dijamantski Duh ne postoje uzastopnosti: za njega postoji samo večita sadašnjost; doživljava svaki trenutak; on se oslobodio od Dvanaest Nidana.[*]

Odustajanje, odustajanje, odustajanje, od superiornog i od inferiornog, od spoljašnjeg i od unutrašnjeg, kada jednom osvojimo ezoteričko Majstorstvo, označava da pružamo veoma uzvišenu oktavu samom radu intimne Autorealizacije. Nisu svi u stanju da odustanu od one stvari za koju su žrtvovali svoj život. Potrebno je da volimo svoje Duboko unutrašnje Biće bezgranično i da sa zadovoljstvom prihvatimo da je samo ONO SVE, SADRŽI SVE, ZNA SVE I SAMO PO SEBI JE SVE. Na ovaj način, napuštamo Zakon ulančavanja koji nas, kao što sam naziv kaže, vezuje za strašan Točak Samsare.

Čemu služe sećanja? Čemu služe moći, ako se sve pretvara u iskustvo? Vanitas Vanitatum et Omnia Vanitas!

Neki bard ezoterista ovako je osećao i stvarao pred ljudskim protestima:

OGOLELA RUŽA

Nebo, visoko i tužno.
Večernji vetar.
Zvono, sova
i mesec kao srp...

Koje je „zašto" života?
Kakav mu je smisao?
Koliko izgubljenih puteva
tragom sam isklesao?
Zbogom iluzije!
Godine su me ubedile
da su bile u pravu
deziluzije!

Slave prolaze,
gase se dani,
a u sećanju ostaje
samo pepeo hladni.

Iz onog žara,
ni pepeo ne ostaje,
vetar ga raznese,
vetar i prašina.

Vetar među zrnevljem,
kreketanje žaba,
nemi čempresi
i sablasne svetlosti.

Krstovi u noći,
u noći putevi,
u noći svetlosti,
poslednjeg dana.

Nebo, visoko i tužno.
Večernji vetar.
Zvono, sova
i mesec kao srp...

Ramon del Valle-Inclan

ROSA DESHOJADA

Alto y triste el cielo.
Viento tardecino,
campana, mochuelo
y luna en hocino...

¿Por qué de la vida?
¿Qué fin truje a ella?
¿Qué senda perdida
labré con mi huella?
¡Adiós ilusiones!
Ya logran mis años
las quietas razones
de los desengaños.

Perecen las glorias,
se apagan los días,
quedan por memorias
las cenizas frías.

De aquel ardimiento
ni aun ceniza queda,
se la lleva el viento,
viento y polvareda.

Viento entre las mieses,
croar de las ranas,
callados cipreses
y luces livianas.

Nocherniegas cruces,
nocherniega vía,
nocherniegas luces,
del último día.

Alto y triste el cielo,
viento tardecino,
campana, mochuelo
y luna en hocino...

Ramón del Valle-Inclán

36

ZAKON RELATIVNOSTI

*Ne postoje dva para očiju koja vide istu
stvar jednako. Takođe, stvari nisu
onakve kakve ih mi vidimo.*
Amado Nervo

Od kada je istaknuti naučnik Albert Ajnštajn stabilisao matematičke parametre koji su dokazali Zakon Relativnosti i objašnjenu teoriju, potresle su se osnove stare euklidske fizike da bi ona iskoraknula i prihvatila teoriju Paralelnih univerzuma, a pomenimo, Hinton je bio jedan od najžešćih njenih pobornika.

Tada se ispred čovečanstva otvorila široka panorama koja je dopustila da razume činjenicu da mi nismo sami zatvoreni samo u ono što naše oči vide ili što naša fizička čula mogu da percipiraju, nego da smo okruženi izuzetnom mašinerijom tipova energija i podenergija, koje stalno modifikuju ono što se naziva „materija".

Dakle, iznad našeg nivoa percepcije, postoje milioni i milioni pojava o kojima sada nismo svesni. Takođe, ispod našeg nivoa percepcije, postoje milioni i milioni pojava. Sve su one obuhvaćene Zakonom relativnosti i njegovom strašnom mašinerijom, koja se manifestuje u beskonačnom Prostoru.

Sa gnostičke tačke gledišta, Zakon relativnosti je u službi mehanizama evolucije i involucije (Zakoni kojima smo se bavili u prošlim poglavljima) i sve ovo je deo onoga što se u Zen Budizmu naziva „MAYA" (maja – iluzija).

Nesumnjivo, MAYA je isto tako, Točak Samasare (točak rađanja i smrti na koji su osuđene duše koje održavaju uspavanu Svest), a finalitet Budizma i Gnoze, u suštini, upravo je taj da dopušta ovim uspavanim dušama da napuste letargiju kako bi se oslobodile Maje i dobro poznatog Točka Fatalnosti.

Mehanizam za napuštanje majasičnog sveta je sintetizovan u Gnozi pomoću primene Triju Činioca (faktora) koji konstituišu takozvanu „Revoluciju Svesti". Ova Tri faktora se ovako objašnjavaju: smrt (na psihološkom nivou, Budististička dekapitacija, smrt ŽIVOTINJSKOG EGO-a u nama samima); RAĐANJE (alhemijsko, stvaranje Egzistencijalnih vehikala ili tela da bismo postojali u Višim svetovima Svesti ili Paralelnim univerzumima) i ŽRTVOVANJE RADI ČOVEČANSTVA (otapanje naših Karmičkih dugova uz pomoć svesnog napora pri radu za one koji pate; na primer, da se da hrana onome gladnom, piće onome žednom, odelo onome koji nema šta da obuče, učenje onome koji ne zna itd).

Posredstvom ovog recepta Revolucije Svesti, osoba cepa egoičke veze i Svest počinje da se uzdiže, da se razvija, da se povećava i kao posledica toga, počinje da shvata šta je Realnost i, u suprotnosti, šta je iluzorno.

Pored Tri faktora, koji su odlučujući za početak puta ka animičnom oslobođenju, kako Gnoza tako i Zen Budizam govore o potrebi da se eksperimentiše Iluminatorni vakuum i, ukoliko je moguće i nešto mnogo dublje, što se u Gnosticizmu naziva „Talitet".

Ovo iskustvo je u vezi sa naukom meditacije, a ona, da bi se dobro praktikovala, pretpostavlja konstantnu tehniku ili disciplinu, koju treba da ostvari pokajnik ili anahoret koji čezne da se odvoji od svega što pripada Samsari. Pomoću meditacije, devotan može dostići razne stepene ekstaze, koja će da učini da on bude svestan svega što je majasično (iluzorno) i svega što pripada Realnosti, u najobjektivnijem smislu reči.

Kada smo već ovde stigli, prilika je da dopustimo našem blagom čitaocu da još bolje razume prirodu ovih eksperimentisanja Iluminatornog vakuuma i onoga što je onostrano njemu. Ostavimo, dakle, našeg čitaoca u društvu reči V.M. Samaela Aun Weora, koje su upravo svedočanstvo nekoga koji je dotakao ove visine ekstaze; da vidimo:

Očigledno, postoji antiteza između Teorije relativnosti koju je predavao Ejnštajn i Iluminatornog vakuuma. Relativno je relativno; „mašinerija relativnosti" funkcioniše sa Zakonom suprotnosti, sa dualizmom itd.

U „borbi antiteza" postoji bol i ovo nije Sreća. Ako želimo autentičnu Sreću, treba da izađemo iz ove Mehanike relativnosti, da učinimo Veliki skok, ponavljam, da bismo pali u nedra Iluminatornog vakuuma.

Ja sam eksperimentisao Iluminatorni vakuum u mladosti; jedva sam napunio 18 godina, kada sam učinio Veliki skok: da pređem onostrano vremena i da to doživim, što nije vreme, to što bismo mogli da nazovemo Prajna-Paramita, u svojoj najsurovijoj realnosti.

Nije suvišno ako podvučem da sam dotični doživljaj mogao ponoviti tri puta. Tada sam znao šta je „Sunyata", mogao sam da je doživim... U Iluminatornom vakuumu ne postoji konceptualni dualizam, nikakve vrste.

Mašinerija Relativnosti ne bi mogla da funkcioniše u Iluminatornom vakuumu; Zakon recipročnih kombinacija i mehaničkih asocijacija nije moguć u Iluminatornom vakuumu. Čitava Ajnštajnova Teorija relativnosti bila bi uništena u Iluminatornom vakuumu. Nesumnjivo, iskustvo Iluminatornog vakuuma je moguće samo u stanju Samadhia ili, kako se još kaže, u stanju Prajna-Paramite...

U Iluminatornom vakuumu ne postoje oblici; moglo bi se reći da tamo neko prolazi onostrano Univerzuma i Bogova. U Iluminatornom vakuumu može da se da tačan odgovor na pitanje: „Ako se čitav Univerzum svodi na Jedinicu, na šta se onda svodi Jedinica?"

Ovaj odgovor je nemoguć za Logičnu pamet ili, i sa tim manje, za Pamet koja funkcioniše u skladu sa Formalnom logikom; ali u Iluminatornom vakuumu nije potreban taj odgovor; tamo, taj odgovor je očigledna realnost, definisana: „Ako se sve stvari svode na Jedinicu, Jedinica se, takođe, svodi na sve stvari"...

Onda, onaj ko ulazi u ovo stanje, Maha-Samadhia", kažemo da živi u svim stvarima lišen oblika i ovo je već, samo po sebi, grandiozno, sublimno i neiskazivo... Definitivno potapanje u Sunyatu, odnosno u definitivni Iluminatorni vakuum, moguće je samo posredstvom Velikog skoka i pod definitivnim uslovom da se prošlo kroz totalnu Budističku anihilaciju; u suprotnom, nije moguće...

U onoj epohi ja još nisam prošao kroz Budističku anihilaciju i, očigledno, merom kojom sam se približavao Velikoj Realnosti, Svest se širila u nemerljivom obliku. Očigledno da u ovoj situaciji, ja, koji nisam prošao kroz Budističku anihilaciju, osetio sam neiskaziv teror, motiv zbog kog sam se vratio u Univerzum Ajnštajnove Relativnosti...

Ponavljam, tri puta sam eksperimentisao Iluminatorni vakuum i znao sam u Sunyati (doživljeno transcendentalno iskustvo) da postoji nešto onostrano Vakuumu. Šta? Ono što se naziva „Talitet", Velika Realnost. Znao sam putem intuicije transcendentalne vrste, jer na polju intuicije ili u Svetu Intuicije, postoje različiti stepeni intuicije. Nema sumnje, najviši intuicioni stepen je onaj filozofsko-religijskih ili filozofsko-mističkih umova. Ova vrsta Intuicije odgovara Prajna-Paramiti. Ova sposobnost mi je dozvolila da znam da je onostrano Sveta Iluminatornog vakuuma Velika Realnost.

Želim da vam naglašeno kažem da ovaj Put Gnoze vodi ka Velikoj Realnosti. Velika Realnost ili Talitet (Sunyata, Prajna-Paramita) je onostrano Univerzuma Relativnosti, odnosno, onostrano Mehanike ove Relativnosti; i onostrano mnogo dalje od Iluminatornog vakuuma...

Odnosno, Talitet transcenduje ove dve suprotnosti, koje bih ja nazvao: „mehanika relativnosti" i „Iluminatorni vakuum". Iluminatorni vakuum nije poslednja reč; to je pretkomora Taliteta, odnosno Velike Realnosti.

Ja vam ne govorim čisto teoretski. U prošlim Maha-Manvantarama sam eksperimentisao Talitet i, pošto ga poznajem, treba da dam živo svedočanstvo o njemu...[*]

Pošto se sada nalazimo usred ovih veoma interesantnih rasprava, red je da se upitamo kako bismo mogli da se pripremimo da bismo jednoga dana stigli da eksperimentišemo, najmanje, Iluminatorni vakuum. Odgovor imamo od onog koji je tri puta prošao kroz ovo mistično iskustvo, od V.M. Samaela Aun Weora; evo:

Niko ne bi mogao da stigne do Omnisciencije (Sveznanja), a da pre toga ne osvoji istinsku realnost mirnog srca.

Samo mirno srce može da stigne do Iluminacije i do OMNIS-CIENCIJE.

Kada Bodisatva stiže do Iluminacije, priprema se za Omnisciencije.

Hitna je velika budistička anihilacija, neodložna i neophodna.

U Devetoj sferi, za vreme koneksije lingam-joni, jeste momenat u kom treba da se molimo.

U tim trenucima preklinjaćemo Božansku Majku Kundalini da dezintegriše i izbaci onaj psihički agregat kog smo prethodno razumeli.

Tako, izbacivanjem činioca nespokojstva uspostavićemo potpuni mir.

Potrebno je da umremo na svim nivoima pameti i da pređemo onostrano od Iluminatornog Vakuuma i egzistencijalne relativnosti Univerzuma.

Hitno je da prestanemo da postojimo u jeresu separatizma ili u sreći Iluminatornog Vakuuma.

Talitet je Velika Realnost, onostrano perverznosti i svetosti.

U Talitetu nema ničega što bi se moglo nazvati svetim.[**]

Ali, da li je dovoljno da se posvetimo izbacivanju nepoželjnih psiholoških agregata iz naše psihologije? Da li je dovoljno da

[*] *Peto Jevanđelje, konf. „Psiho-emocionalna metamorfoza Čoveka"*
[**] *Pistis Sofija otkrivena*

neprestano radimo u Devetoj sferi gnostičara, ili ima još nešto protiv čega treba da se borimo? V.M. Samael Aun Weor nam razjašnjava:

> *Užasavajući je rat protiv moći dobra i zla pre nego što će se primiti krajnja Istina. Adamas, Gospod Velikog Zakona, u svetu dualnosti, u mašineriji relativnosti, nastojava da Pistis Sofija plati stare dugove.*
>
> *Mračne i đavolske emanacije jesu u vezi sa karmičkim dugovima. Mračne oblasti iz unutrašnjosti univerzalnih oblasti jesu istinski rezultat Karme. Anđeli Zakona obavezuju Inicijate da plate karmičke dugove.*
>
> *Mračni Haos čeka one koji imaju dugove. Taj ko plaća, ugnjetavan i progonjen, ostaje bez svetlosti. Pistis Sofija bez svetlosti mnogo pati, u borbi antiteza zamračuju se njene blistavosti.**

Sada, pred ovim tvrdnjama, pitamo se: da li postoji neki način ili mehanizam koji će da dopusti Adeptu, isposniku, da nastavi? Da li postoji neka viša pomoć koja je sposobna da katapultira onostrano od ovih strašnih prepreka?

Odgovor je „da". Onaj koga gnostičari nazivaju

„Salvador Salvandus" ili „Intimni Hristos" poseduje potrebne mehanizme da izvadi iz haosa ili iz strašnih lavirinata Tajnog Puta, duše Inicijata koji čeznu da uteknu iz majasičnog ili iluzornog sveta. Ovako podvlači Verbum Vodolije (Samael Aun Weor) u svom posthumnom delu Pistis Sofija otkrivena; evo:

> *Inicijat koji se bori da izađe iz Univerzuma relativnosti, miri se, ima veru u intimnog Hrista. Ipak, on je raspoložen da izgubi svetlost i da pada u Haos, ako unutrašnji put to traži. Adamas, Zakon, može da učini da Inicijati plate i pate, ali intimni Hristos pomaže duši koja želi da se spase iz Univerzuma relativnosti.*
>
> *Čudesna dela Gospoda za sinove ljudi, vode njih krajnjoj Istini. Gospoda Zakona prate Pistis Sofiju, ali ona ima poverenja*

---

* *Pistis Sofija otkrivena*

u intimnog Hrista. Svetlost duboko unutrašnjeg Gospoda može da spase Inicijata od njegovih pratilaca.

Oni koji uđu u nedra Velike Realnosti poseduju slavno telo Dharmakaya. Oni koji poseduju telo Dharmakaya potapaju se u sreću slobodnog života u svom kretanju. Neograničena je sreća onih koji se potapaju u nedra Velike Realnosti. Oni koji otkrivaju Putanju prave linije, stižu u nedra Velike Realnosti.[*]

A kako bismo mogli da pribavimo ili osvojimo ovo Telo Dharmakaya? Šta je to, upitaće se, sigurno, naš čitalac. Gnoza nam objašnjava pomoću reči svog Avatara:

Nesumnjivo, termin" Dharmakaya" upliće savršenstvo Adepta, sluge Velikog Dela. Ne može da se zamisli postojanje Adepta savršenstva bez Tela Dharmakaya; ali, ko poseduje ovo telo treba da zna da živi na toj geometrijskoj liniji koja odvaja Talitet od mašinerije relativnosti; treba da zna da živi u savršenoj ravnoteži između Taliteta i mašinerije relativnosti.

Raspravljam o ovom terminu „Talitet" iz sledećeg razloga: mašinerija relativnosti i Iluminatorni vakuum dokazuje se da se suprotstavljaju, ali postoji sinteza koja ih pomiruje, a to je Talitet. Talitet je čak udaljeniji od Iluminatornog vakuuma; Talitet je Velika Realnost.

Ovo poznajem posredstvom neposrednog mističkog iskustva, koje sam primio pomoću duboke unutrašnje meditacije. Takođe, znam ovo zahvaljujući stepenu Intuicije Prajna-Paramite, koji je najveći duboki intuicioni stepen.

Teško je da se pređe onostrano Iluminatornog vakuuma, do nedara Taliteta, ali, konkretnije: ako je neka osoba osvojila Telo Dharmakaya, ne samo da treba da se upije u nedra Taliteta, nego treba da uči da živi na ovoj geometrijskoj liniji koja odvaja Talitet od mašinerije relativnosti; treba da uči da živi u akciji, u najsavršenijoj ravnoteži.[**]

Naš čitalac treba da zna da su sve ove percepcije Taliteta, Vakuuma itd, itd, itd u vezi sa ekspanzijom Svesti, te koja je, u poslednjoj sintezi, instrument eksperimentisanja. Zbog toga, po

---

Gnozi, kada se osvoji Telo Dharmakaya, osoba je u posedu su-perlativnog stanja Svesti. Ovo svesno stanje je nazvano „Četvrto stanje Svesti". Kako bismo mogli da razumemo ovo stanje Svesti? Za vreme jedne konferencije u Trećoj Komori naših studija, Solarno Jevanđelje Avatara Vodolije nam kaže sledeće; vidite:

> *Četvrto stanje Svesti je karakteristika onih koji su uspeli da se apsolutno probude. Govoreći epistemološki, kažemo da je osoba prešla mnogo dalje od logičnih konfrontacija; poseduje Telo Dharmakaya; može da se kreće po ovoj liniji koja raz-dvaja Talitet od mašinerije relativnosti; to je subjekat koji je osvojio Omniscienciju.*

> *Nisam mnogo govorio o ovom subjektu, nisam naznačio na ovoj konferenciji, jer sam stavio veći akcenat na sledeći korak koji svi treba da učine, jer svi koje ovde vidim nalaze se u Dru-gom stanju, kreću se između Prvog i Drugog stanja.*

> *Ja ne vidim ovde nekog ko je u Trećem stanju, koji je u sećanju na sebe. Ne vidim nikog, tražim. Ima nekih koji obećavaju, samo toliko... Prema tome, ako još nisu u Trećem stanju, ko bi onda mogao da bude u Četvrtom?*

> *Ipak, jednoga dana, ako vi sebi predložite da radite na sebi samima, ne samo da ćete dotaći Treće stanje, već ćete stići i do Četvrtog. Već sam vam rekao, da biste stigli do Trećeg stanja, treba da unesete ova Učenja u svoje pameti, da učite da mislite u skladu sa ovim Učenjem. Stari način mišljenja, antički, promašeni, treba da bude definitivno napušten.*

> *Ali ne treba da učite da mislite u skladu sa ovim korpusom doktrine, samo dok se ovde nalazite, usred skupa ili kada po-učavamo grupu; ne, treba da to bude sve vreme, bilo gde, tren za trenom, u porodičnom životu i na ulici, ili pijaci, ili bilo gde. Da li ste me razumeli?**

Da bismo zaključili ovo poglavlje koje smo posvetili Zakonu relativnosti, stavićemo ovde nekoliko reči V.M. Samaela Aun Weora, koje se odnose na korenitu razliku između Svesti koja funkcioniše mehanički i, u suprotnosti, Svesti u višem obliku, posredstvom stanja Dharmakaya; da vidimo:

---

* *Peto Jevanđelje, konf. „Stepenice prema Sveznanju".*

Takođe, povoljno je da mi učimo da upoznamo koje su granice logične konfrontacije. Ako bismo tražili autentični Mir u okviru logičnih suočavanja, neosporno, nećemo ga naći.

Onaj ko želi da eksperimentiše Istinu, treba da izađe iz sfere logike; nije važno koliko dobro je ova zadnja strukturisana. Kada neko izučava Imanuela Kanta, filozofa iz Kenigsberga, divi se logičnim konfrontacijama i procesima koje je ovaj osnovao po pitanju racionamenta; ali ni najsavršeniji silogizmi, ni najbolje strukturisani prosilogizmi, ni najgrandiozniji esilogizmi ne bi nam mogli doneti autentični Mir duboke Istine.

Ako želimo da eksperimentišemo Istinu, imamo potrebu, nesumnjivo, da izađemo iz sfere logike, jer ova zaista nije savršeno boravište za Mir. Imamo potrebu za nešto više od logičnih suočavanja; imamo potrebu, zaista, za Telo Dharmakaya, za Dharmakayu koja eksperimentiše i koja može neposredno da eksperimentiše, po svojoj volji, Sunyatu. Ovo, nesumnjivo, uprkos bilo kojoj činjenici, ako se održava na onoj autentičnoj geometrijskoj liniji, savršenoj, koja obeležava, recimo, Centralni Put između one mašinerije relativnosti i Iluminatornog vakuuma (to što ne pripada Vremenu).[*]

Završavamo podvlačeći našem čitaocu, putem ovih redova, da samo preko postepenog razdvajanja između nas i fenomenološkog sveta, na osnovu konstantnog odricanja i stanja dubokog razumevanja, možemo napustiti, malo pomalo, psihološki teren, kako bismo jednoga dana pobednički ušli u amfiteatar Kosmičke Svesti. Treba da nestanemo, kao i Ego, da bismo se ponovo pojavili u Mahatmi. Ovo je Zakon koji se potkrepljuje sledećim stihovima:

---

[*] Peto Jevanđelje, konf. „Stepenice prema Sveznanju"

NESTANIMO

Dođite k meni, glasovi iz drugog sveta,
beluci ili crni grobovi,
žalosni uzdasi koji zvone u glavi.
Moja čežnja je da se gore vratim...

Smrt nije kraj, već je početak
beskrajnog, dugog puta,
hiljade situacija, na koje mislim;
sve, skoro sve je za gnušanje!...

Biti je greh prvi,
koji nas, nažalost, obavezuje
da i dalje grešimo
i lutajući u zlu da potonemo...

Voleti smrt i život je isto,
jer sve od smrti dolazi,
da iz nje izvuče znanu mudrost,
gnostički isposnik ima dužnost...

———
Autor

DESAPARECER

Vengan a mí las voces de ultratumba,
lápidas blancas o negras sepulturas,
ayes lastimeros que en mis oídos retumban,
lo único que anhelo es volver a las alturas...

La muerte no es el fin, sino el comienzo,
de una larga historia interminable,
situaciones mil, de las que pienso:
¡todo!, ¡casi todo!, es execrable...

Existir es un pecado original,
que nos obliga lastimosamente,
a continuar errando y, en el mal,
nos hallamos metidos ciegamente...

Amar la muerte es amar la vida,
porque todo de ella es proveniente,
extraer de ella la experiencia consabida,
es el gnóstico deber del penitente...

———
El Autor

37

ZAKON
SPOKOJNOG SRCA

> Posle zdravlja, najvažnije
> dobro je unutrašnji mir.
> *La Rochefoucauld*

Jedan od fundamentalnih uslova za približavanje prema željenoj unutrašnjoj Iluminaciji, koja je toliko hvaljena u svim orijentalnim i okcidentalnim kultovima jeste, nesumnjivo, da uspostavimo u svojim intimnim dubinama mir spokojnog srca. Realno, sa gnostičke tačke gledišta, rekli bismo da je neophodno da živimo u skladu sa Zakonom Spokojnog srca onda kada želimo da se čvrsto i odlučno ustanovimo u Carstvo Unutrašnje Svetlosti, odnosno, u Carstvo Oca.

Za sve one koji čeznu prema Istini, neophodno je da stignu da spoznaju kako se rukuje Zakonom Spokojnog srca, sa ciljem da mogu kasnije da biraju legitimno animično Oslobađanje, koje vodi ka osvajanju Dharme Megha ili pasoša za integraciju sa Ništa, koje je sve i drži sve.

Da bismo se približili razumevanju mira spokojnog srca, ništa bolje nego da idemo ka izvoru savremenog Gnosticizma, V.M. Samaelu Aun Weoru, koji nam inspirisan kaže sledeće:

Kada Serpentinska vatra dostiže do visine srca, otvara se Crkva u Tijatiru. Molitva i unutrašnja meditacija otvaraju čakru spokojnog srca. U srcu postoji sedam sakralnih centara koji su u korespondenciji sa onih Sedam stepeni Moći Vatre.

Srce je sanktuarijum ljubavi. Čuvaj se od senzualne ljubavi. Nemoj da pomešaš sa sakralnom ekstazom nijednu egoističku ljubav. Ljubav je isto toliko čista kao i jutarnja zvezda. Ljubav je univerzalna. Ljubav je impersonalna, neizreciva, nesebična. Budite milostivi. Onda kada kritikujemo religiju drugih, grešimo prema hrišćanskom dobročinstvu. Gajite poštovanje i veneraciju. Poštujte vere drugih.

Poštujte religiju vašeg bližnjeg. Nemojte obavezati druge da misle kao i vi. Nemojte kritikovati. Podsetite se da je svaka glava jedan svet. Nemojte više da grešite protiv dobročinstva Hrista. Čovečanstvo se deli i ponovo deli na grupe. Svakoj grupi potreban je njen specijalni sistem učenja. Svakoj grupi potrebna je njena škola, njena religija, njena sekta. Ovo su zapovesti Blagoslovenog.

Kada druge kritikujemo, kršimo zakon spokojnog srca.

Ako si sposoban da daš i poslednju kap krvi, iz ljubavi prema jadnom bolnom čovečanstvu, tada si jedan od naših.

Onaj ko želi da stigne do oltara Inicijacije, treba da se preobrazi u žrtveno Jagnje na oltaru vrhovnog požrtvovanja.

Potrebno je da volimo one koji nas mrze, da ljubimo voljenu ruku onog ko nas bičuje, da očistimo sandale onome ko nas ponižava.

Ako nas neki jadni prosjak pozove na ručak, ručajmo s njim, jer je taj jadni prosjak naš brat. Ako neki gubavac deli hleb i nudi ti komad, primi ga i jedi, jer je ovaj jadni gubavac naš brat, nemojte ga prezirati.

Budi uvek poslednji. Nemoj čeznuti da budeš prvi. Sedi u poslednjim redovima; nikad nemoj zauzeti mesto u prvom redu. Podseti se da ti nisi drugo nego jadni grešnik. Nemoj se smatrati savršenim jer je savršen samo Otac koji se nalazi u tajnosti. Tvoj unutrašnji Bog prepun je slave; ali ti nisi ništa drugo nego samo jadni crv koji puzi po blatu. Ti nisi savršen.

Ne budi zlopamtilo tvome bližnjem, seti se da ni tvoj bližnji nije savršen. Nemoj da budeš zloban, niti osvetoljubiv. Voli, opraštaj, radosno ljubi dželatovu ruku koja te bičuje. Potrebno je da se tvoje Ja uništi kako bi onaj Veliki Gospod Svetlosti ušao u tvoju Dušu. Obuci se svetlošću, brate. Slušaj onih deset mističnih zvukova spokojnog srca.

Prvi je kao glas Sina Čovečijeg, koji oplođuje vode Geneze da bi proklijao život. Drugi je zvuk Chin-Bhini. Treći je supremni zvuk velikog kosmičkog zvona, koji proizilazi iz unutrašnjeg radijusa svakog čoveka. Četvrti je unutrašnja huka zemlje, čije se svečane vibracije ponavljaju u svakom čoveku. Peti je kao slatki zvuk harfe. Šesti je cimbalo neizrecivih bogova, što odjekuje u čašici svakog blagoslovenog cveta. Sedmi zvuk je onaj čarobne frule, čije nas virginalne melodije vode ka najvišoj sreći vrtova nirvanskih. Osmi je onaj zvuk velikog bubnja. Deveti, to su egzotične varijacije jednog duplog doboša. Deseti je onaj od onih sedam gromova koji ponavljaju njihove zvuke.

Unutrašnjom meditacijom nad lotosom srca čućete onih deset mističkih zvukova. Meditirajući nad lotosom srca kontrolisaćemo tatvu Vaju (Vayu) i bićemo nagrađeni moćima nad vetrovima i uraganima. Lotos srca ima petnaest latica koje sjaje vatrom Svetog Duha.

Unutar čakre srca postoji heksagonalni prostor neizrecive boje ugljevlja. Tamo odjekuju, kao jedna od Betovenovih simfonija, onih deset mističkih zvukova Crkve u Tijatiri. Veliki Ritmovi Mahavana i Čotavana (Chotavan) čvrsto podržavaju Univerzum u njegovom kretanju. Ritmovi vatre jesu osnova divnih harmonija kosmičkog dijapazona. Ako u toku Ekstaze posetiš

Nirvanu, treba da ispuniš sakralnu dužnost da tamo pevaš u skladu sa ritmovima vatre. Tako ćeš nam tvojom reči biti od pomoći. Univerzum se podržava posredstvom reči.

Ako želiš da naučiš da svesno putuješ kroz Unutrašnje svetove, treba da razviješ čakru srca. Ako želiš da stigneš do Hrista, ubij želju. Budi kao limun. Ako želiš da naučiš da postaviš telo u Džinas stanje, trebaće da razviješ čakru srca... Pomoću sistema unutrašnje meditacije možemo razviti čakru spokojnog srca.

*Onaj ko želi da otvori Crkvu u Tiatiru, treba da ima deči-
ju pamet. Oni koji vrše preljubu sa Izabel (koja sebe naziva
prorokom), ne mogu spoznati mudrost spokojnog srca. Tajni
put srca je mudrost i ljubav. Mudrost pečata srca je za decu,
odnosno, za one koji nisu vršili preljubu sa Izabel (koja sebe
naziva prorokom). Ako želiš da otvoriš Crkvu u Tiatiru, treba
ponovo da osvojiš izgubljeno detinjstvo. Izabel je Satana; Iza-
bel je Ja, Samo ja, Ego koga svi imamo u unutrašnjosti.*[*]

Onostrano od svih lepih razmatranja koja smo označili
u prethodnim paragrafima, istovremeno, treba da stavimo na
razmatranje ove druge veličanstvene izvode koje dajemo našem
strpljivom čitaocu:

*Onaj ko želi da pređe put spokojnog srca treba da fiksira pra-
nu, život, seksualnu snagu, u mozgu i pamet u srcu. Hitno je
da učimo da mislimo srcem, da složimo pamet u hram srce.
Krst inicijacije uvek se dobija u sjajnom hramu srce.*

*Nanak, Majstor utemeljivač religije Sikh na svetoj zemlji
Veda, predavao je put srca. Nanak je predavao bratstvo iz-
među svih religija, škola, sekti itd. Kada napadamo sve religi-
je ili neku određenu religiju, mi činimo prestup kršenja Zako-
na spokojnog srca.*

*U Hramu-srce ima mesta za sve religije, sekte, redove itd. Sve
religije su dragoceni biseri na zlatnoj nisci božanstva. Naš
Gnostički pokret je sastavljen od ljudi iz svih religija, škola,
sekti, duhovnih društava itd, itd, itd.*

*U Hramu-srce ima mesta za sve religije, za sve kultove. Isus je
rekao: „Ljubite jedan drugog, dokažite da ste moji učenici“.*[**]

Neosporno, naš vredni čitalac će se složiti sa onim što mis-
limo i osećamo, kada odlučno tvrdimo da postoji veza između mira
spokojnog srca i potrebne pomirenosti svih onih koji su ga upoznali.
Tako je ostavio napisano, za večnost, sin muza, koji je pod nagonom
inspiracije želeo da ostavi trag na teškom putu svetosti:

---

[*]   *Poruka Vodolije, pogl. 9. „Crkva u Tijatiri“*
[**]   *Ezoterički traktat Hermetičke astrologije, pogl. 5. „Lav“*

POMIRENOST

Pomirenost, svemoć ljudska,
kao vredan izvor i čista voda,
spusti se u moje srce, zrelo seme,
u moj um, božansku nauku si usadila.

Traži hrabrost i strpljenje,
da se boriš u teškoj borbi,
pričvrsti pogled na vidiku,
u mojoj Svesti aktivnu pomirenost.

Egoizme, pocepaj fatalnu sudbinu,
debelu ljušturu što te steže,
oslobodi Čoveka od tvog niskog ja,
otkrij kamen u tvom duhu
i milost božanskog izvora
teći će u talasima.

____

Miguel de Unamuno

RESIGNACIÓN

Resignación, humana omnipotencia,
del valor manantial y lecho puro,
baja a mi corazón, grano maduro
que en mi mente sembró divina ciencia.

Presta osadía y a la vez paciencia
para luchar en el combate duro,
puesta la vista en el confín futuro,
resignación activa, a mi conciencia.

Rompe el egoísmo el fatal sino,
la costra que tupida te sofoca,
liberta al Hombre de tu yo mezquino,
descubre de tu espíritu la roca,
y la piedad de manantial divino
en corriente fluirá que no sea poca.

____

Miguel de Unamuno

38

ZAKON SLOBODNOG IZBORA

*Ko je slobodan? Samo onaj koji ume da
vlada nad svojim strastima.*
Horacije

Jedan od fundamentalnih zahteva za pravilno hodanje na Tajnom putu bio je i uvek će biti poštovanje Slobodnog izbora svojih bližnjih.

Samo Božanstvo nikada nije bilo tiransko sa ljudskim bićem, iako je ono njegova sopstvena kreacija.

Kada ispitujemo sveta hrišćanska pisma, otkrivamo upravo u Genezi (postanju) koja je dodeljena Mojsiju, da je Bog opomenuo Adama o dvama Stablima koja su, sa teološke tačke gledišta, bila u zemaljskom raju. Jedno je bilo Stablo Života (BIĆE), a drugo je bilo nazvano Stablo Nauke dobra i zla (seksualnost).

Znamo da, sa gnostičke tačke gledišta, oba stabla imaju zajednički koren. Ali je neosporno da sa Stabla Nauke dobra i zla imamo pravo samo da udišemo miris jabuka koje proizvodi, ali, nikada ne treba da jedemo dotične jabuke (da forniciramo).

Čak i tako, imajući slobodan izbor, čovečanstvo je više volelo da fornicira i da se udalji, upravo u tom trenutku, od božanstva koje u nama postoji u latentnom stanju. Dakle, Adam i Eva su započeli da lutaju na putu patnje, vezani za Točak Samsare (točak rađanja i smrti na koji smo svi osuđeni, jer smo izgubili Sakralne vatre).

Počevši od tada, svako ljudsko biće ima pred sobom dva puta: ili nastavlja u lancu mehaničkih patnji na koje Veliki zakon podvrgava sve one koji vole fornikaciju, ili odustaje od ovog nezdravog običaja i započinje ponovo da traži u svojoj unutrašnjosti Biće. Dakle, Bog nije tiranin koji želi da nas obaveže da ga sledimo do njegovog Carstva.

Isto tako, svi oni koji žele da uđu na Put zakonitog Oslobođenja, treba pre svega da poštuju Zakon Slobodnog izbora.

Reči gnostičkog Patrijarha nam bolje razjašnjavaju ono što je u vezi sa ovim interesantnim detaljima, prilikom nekih odgovora koje je dao grupi osoba; evo:

Pitanje: Želim da od vas zatražim pomoć, gospodine; dogodilo se da me je moj suprug napustio zbog druge žene, a ja neizrecivo patim, ne znam šta da radim. Pošto vi poznajete okultne nauke, čini mi se da biste mogli da rešite moj problem. Znamo da vi raspolažete divnom mentalnom snagom i da, kao posledica toga, možete da vladate nad pameću drugih, da pomoću sugestije vratite voljeno biće do mojih nogu posredstvom magije. Koliko će me koštati vaša usluga? Ja mogu da platim koliko god bude koštalo.

Odgovor: Verujem da ste se prevarili, gospođo; ja nisam crni mag; upotrebljavanje snage pameti da bi druge podjarmili, da bi ih zarobili, da bi ih obavezali, jeste nasilje, a svaki nasilni čin je Crna magija.

Svako je svako i niko nema pravo da interveniše u problemima drugih; apsurdno je da želiš da vladaš nad drugim.

Zaista, kada će ljudi da nauče da poštuju slobodni izbor drugih? Verujete li možda vi da neko može da obaveže čoveka silom da voli druge, tek tako, a da ne bude kažnjen? Potrebno je da znate da se ova vrsta akcija crne magije naplaćuje sa veoma teškim kaznama. Anđeli sudbine nisu raspoloženi da opraštaju ovu vrstu prestupa; ako nastavite ovim putem, bićete kažnjeni.

U svetu postoje ljudi koji se bave čaranjem, vračanjem, crnom magijom. Milioni vračara žive od ovog prljavog posla i jasno je da takvi ljudi ne napreduju, jer crna magija povlači za sobom mizeriju, glad, golotinju, vrhovnu bol.

Pitanje: Da li kod osoba koje se bave vračanjem stiže kazna i na njihovu decu?

Odgovor: Jasno je da je ambijent crnih magova obično katastrofalan; deca ovih crnih su takođe mračni. Očigledno je da izgubljene duše traže crne magove kao naslednike ili zemaljske roditelje; nije čudno da su deca perverznih takođe perverzna i padaju u nemilost.

Za žaljenje je što ljudi ne razumeju da je potrebno da se poštuje slobodan izbor drugih; uvek postoji nezdrava tendencija da silom vladamo nad drugima, da želimo da na silu nametnemo naše ideje svome bližnjem; da pokušavamo da obavežemo druge da čine ono što je naša volja; sve se ovo veoma skupo plaća suzama, mizerijom i vrhovnim bolom.

Pitanje: Zbog čega ovi crni magovi smatraju da čine dobro čovečanstvu, čak iako uzimaju novac, pomažu im da rešavaju probleme?

Odgovor: Želim da vam kažem da postoji logika apsurda. Za mračne, crno je belo i obrnuto; setite se da je put koji vodi u ambis popločan dobrim namerama.

Konstantno stižu pisma sa svih strana, tražeći nam usluge ove vrste; realno, čovečanstvo je uzročnik duševnog bola; ako neko prenese božansku poruku ljudima, umesto da se pozabave izučavanju te poruke, jedina stvar koja im pada na um je da mi pišu da im sređujem situaciju sa supružnicima, ili da dominiram pamet neke željene žene, ili da uđem u nečiju pamet sa ciljem da dotični plati nekome neku sumu novca itd, itd, itd.

Zaista, sve ovo prouzrokuje duboki duševni bol; ne pišu mi da bi mi tražili ezoteričku orijentaciju, da se razjasni učenje, nego da vladam nad drugima; takvo je stanje u kom se nalazi čovečanstvo. U ovim uslovima, bolje je da mi ne pišu, jer me interesuje samo da predajem učenje, da naznačim put oslobođenja, da ukažem na cilj koji vodi istinskoj sreći duha;

nažalost, mnoštva neće da razumeju ovo. Postoje osobe koje imaju veoma veliku moć mentalne sugestije; uzimaju izvesnu sumu pezosa ili dolara za određenu sugestiju; izvesnu sumu da uradi neku spiritualističku radnju (kako kažu spiritualisti), da se neko zaljubi u nekog, da napusti drugu osobu sa kojom je i da se vrati kući plačući itd, itd, itd.

Jasno je da su ove prljave afere ambiske, mračne, a oni koji to obavljaju, sa dobrom ili lošom namerom, neizbežno ulaze u ambis, tamo gde se čuje samo plač i škrgut zuba.[*]

Ako našem čitaocu nisu bili dovoljni prethodno navedeni paragrafi, dodajemo, radi boljeg razumevanja, druge interesantne paragrafe u kojima nas gnostički Patrijarh podseća da je značajno da se nikada ne krši Zakon Slobodnog izbora; vidite:

Nije moguće da ostvariš u sebi samom Hiperborejsku Misteriju, a da ti prvo nije bilo suđeno u velikoj Sali Istine-Pravde...

Nije moguće da ostvariš u sebi samom Misteriju Grala, a da pre toga nije bilo izmereno srce umrlog na tasu Vage koja nosi Istinu-Pravdu...

Nije moguća Intimna Autorealizacija Bića bez da se deklariše „Mrtav" u Sali Istine-Pravde.

Legenda vekova kaže da su mnogi Inicijati u prošlosti putovali u domovinu brata Jovana (Solarna Zemlja) da bi primili određenu ezoteričku konsakraciju, magičnu, veoma specijalnu...

Ova Braća Ordena Svetog Jovana sa Ostrva Solarnog Apola jesu „Mrtva"... Nije dakle čudna činjenica da sam i ja morao da putujem u Zemlju Svetlosti ili Solarnu Zemlju.

U slavnoj pretkomori Hrama Saturna, smeštenom ispred Kraljevskih Bića, trebalo je da odgovorim na određena pitanja. Sveta Božanstva su ovo zabeležila u jednu veliku knjigu... U tim mističkim trenucima, pojavila su se, u čitavom prisustvu mog Kosmičkog Bića neka sećanja...

---

[*] *Onostrano smrti, pogl. 12. „Zakon Slobodnog izbora"*

Ah!... Ja sam tamo nekada bio, na istom svetom mestu, pred venerabilnim Prestolima, pre mnogo miliona godina, za vreme kontinenta Mu ili Lemurije...[*]

U dvorištu, oko svetog stola, sedela je grupa Nirmanakaya. Ova neprikosnovena bića zračila su sreću.

Oh, Bože! Kakve lepe tunike! Rajsko odelo! Božanska lica! očigledno je da među njima nije nedostajalo nekoliko Sambogakaya, koji, kao što je poznato, imaju tri stepena savršenosti više prema Nirmanakaya...

Dozvolite mi da kažem nekoliko reči... U ovim momentima dolaze mi u memoriju uspomene na ta vremena; pre mnogo vekova, sedeo sam na istom mestu, pored onog niza.

Da ti nisi bio ovde nekada pre – reče mi neki venerabilni starac – ne bi ponovo kucao na vrata ovog hrama.

Istupih nekoliko koraka, udaljim se od kolone da bi sa poštovanjem seo ispred stola mudraca; starac koji je govorio u ime svih izabranih diže se na noge da bi mi uputio neke ispravne prekore.

Kakav majestetični lik! Izgledao je kao živi Hristos. U njegovim očima su se odslikavali mnogi kosmički dani i noći. Njegova brada je bila kao živa reprezentacija Univerzalnog Verbuma Života, a njegova neprikosnovena kosa, koja je padala na neizreciva ramena, podsećala nas je na Starca Dana hebrejske Kabale.

Govorio je i rekao je izuzetne stvari; pomenuo je neku ženu koju sam poznavao nakon potapanja starog atlantiđanskog kontinenta. „Da li se sećaš dotične?" „Da, Venerabilni Majstore, sećam se nje"; očigledno je da sam zbog nje pao u prastarim vremenima. „Sećeš li se te i te?" „Da, Venerabilni Majstore, sećam se nje". Tada mi pade na pamet sećanje na tibetansku kraljicu. U centralnoj Aziji, upravo u srcu Himalaja, pored Tibeta, postojalo je sjajno kraljevstvo pre skoro milion godina.

Stanovnici onog starog mesta bili su rezultat smeše Arijansko-Atlantiđanske.

---

[*]   *Tri planine, pogl. 40. „Nebo Saturna"*

Svaki ezoteričar vrlo dobro zna da je prva podrasa naše Pete rase Koren cvetala u centralnoj Aziji. Živeo sam u toj staroj zemlji i upoznao sam dotičnu kraljicu, koju je Majstor pomenuo okrivljujući me. Ona je došla kod mene kada sam bio sacerdot Sakralnog reda u Tibetu. Nesrećnica, patila je i ispričala mi je svoje tragedije. Monarh, njen suprug, bio je zaljubljen u drugu ženu i, prirodno, kraljica je pala u očajanje. Želela je da joj pomognem, učinio sam što sam mogao za nju, ali sam napravio teške greške.

Napadati nečiju pamet je prestup i bilo bi apsurdno da poričem sopstvene greške. Iskoristio sam psihičke moći, očigledno negativno, i zaista sam učinio grešku i primio sam za ovo novac. Kraljevska blagajna mi je platila sumu, na račun kraljičinih troškova. Suprug je napustio ljubavnicu, pomirili su se kralj i kraljica, radi dobra te države.

Prividno sam dobro postupio, ali setimo se reči Majstora Morije: „I u ritmu stiha krije se delikt". U svakom slučaju, jasno je dokazano da sam pao u apsurd, da sam počinio gluposti i, zbog toga, iako sam bio „dva puta rođeni", bio sam strogo kažnjen.

*Starac je tamo stajao, podsećajući me na sve te stvari i jasno je da je moj moralni bol, u velikoj meri, bio užasan.**

Zaključimo sada, pokušavajući da razumemo, jednom zauvek, da Kraljevstvo Svemoćnog Oca ima svoja veoma stroga pravila i niko ne može sebi da dopusti luksuz da krši dotične zakone, osim ako preuzme na sebe bol da bude suđen u Sali Maata i da dobrovoljno prihvati desiderate Zakona Katancije...

Raimondo Lulio, znameniti alhemičar XII veka, kategorički je tvrdio: „Pravosuđe je ona vrlina zahvaljujući kojoj ljudi primaju ono što je njihovo".

Prijatelji čitaoci, svi mi imamo potrebu da se vratimo ka početnoj tački originacije i ovo je dato samo onima koji čuvaju u svom srcu Boga. Treba da oslobodimo ona vrata koja se misteriozno pojavljuju pred nama svaki put kada, pod rigoroznom lupom, zahtevamo da želimo da napustimo san koji nas zahvata. Samo

---

* *Moj povratak u Tibet, pogl. 6. „Sakralni red u Tibetu".*

dobrovoljna požrtvovanja i svesne patnje mogu da nam donesu mnogo željenu sudbinu.

Neka nas muze uspavljuju, neka zvezde svetlucaju, neka nas inspiracija neprestano opija!... sve dok ne budemo mogli iščupati iz apsolutne smrti istinski život koji vodi ka večnosti...

<table>
<tr><td>

U sivoj odeći
izvučenim mačevima,
na zlatnom pragu ulaza,
bdiju dva anđela.

U blizini kapija
što na ulazu stražare,
među duplim rešetkama
vidi se u dnu bleda i nejasna.

Vidi se ko slika
što prolazi kroz laki san,
svetlosni zrak, rasut i nežan,
što među senkama pliva.

Osetih svoje srce,
prepuno žarke želje,
kao ambis, misterija ta,
k njoj me je privlačila.

Ali, ah! kao da mi Anđeli
pogledima žele reći:
—Prag ovih dveri
samo će Bog preći...

———————
Becquer

</td><td>

Las ropas desceñidas,
desnudas las espadas,
en el dintel de oro de la puerta
dos ángeles velaban.

Me aproximé a los hierros
que defendían la entrada,
y de las dobles rejas en el fondo
la vi confusa y blanca.

La vi como la imagen
que en leve sueño pasa,
como rayo de luz tenue y difuso
que entre tinieblas nada.

Me sentí de un ardiente
deseo llena el alma;
como atrae un abismo, aquel misterio
hacia sí me arrastraba.

Mas ¡ay! Que, de los ángeles,
parecían decirme las miradas:
— El umbral de esta puerta
sólo Dios lo traspasa...

———————
Bécquer

</td></tr>
</table>

39

ZAKON SUBLIMACIJE ILI DUHOVNOG RAFINIRANJA

> Govorimo o najsavršenijem stepenu
> savršenstva na koji se može stići u ovom
> životu, a to je pretvaranje u Boga.
> *Sv. Jovan od Krsta*

Jedno od vrhovnih pravila alhemijske umetnosti svih vremena glasi: *„Izmeni svoju prirodu, ako želiš da otkriješ ono što tražiš".*

Ovaj aksiom mudrosti ima značenja ne samo u okviru umetnosti transmutacija, nego, takođe, i u generalnom ansamblu našeg Učenja. Onim što je prethodno rečeno uspostavlja se, dakle, imperativna potreba da u nama, u našoj psihološkoj i animičnoj anatomiji, prouzrokujemo promenu ili totalnu transformaciju.

Nesumnjivo je da sve promene treba da se realizuju postepeno u dubinama naše psihe, merom kojom naglašavamo naš psihološki unutrašnji rad, lični i individualni.

Uz pomoć ovog Zakona sublimacije ili Duhovnog rafiniranja, duž našeg ezoteričkog puta, osvajamo pravo da ponovo primimo anđeoska stanja koja smo svi mi izgubili zbog pada naših predaka (Adama i Eve), u onim vremenima Lemurije ili vremenima zemaljskog raja Džona Miltona.

U alhemijskom kontekstu, Venerabilni Majstor Samael je već podvukao, u jednom od svojih dela, potrebu za sublimacijom naših seksualnih običaja, da se zameni fornikacija sa transformacijom seksualnog libida. Ovo, Patrijarh ovako objašnjava:

U ovim vremenima Teozofije, Rozenkrojcerstva, Kerensizma, Parsifalizma, Pseudo-rozenkrojcerstva itd. mnogo se govori o seksualnoj sublimaciji, a ignoranti koji nemaju iskustva smatraju da je reč o sublimaciji nečistih sila, bez da ih pre toga svedu na sirovinu Velikog Dela.

Ove osobe žele da sublimiraju nečiste sile, bez da ih pre toga svedu na sirovinu Velikog Dela. Zbog toga su ovi plašljivi spiritualisti propali, ti koji jedu za Izabelinim stolom i jedu hranu namenjenu idolima.

Ako želimo da transmutiramo ili sublimiramo naše seksualne sile, u prvom redu treba da budemo neporočni (seksualno) i da ne prospemo čak ni jedanput ni kap sperme.

Treba da svedemo sve elemente na njihovu prvobitnu materiju, da bismo ih potom transmutirali. Ako želimo da transmutiramo naše niske strasti, treba prvo da postanemo seksualno neporočni, da bismo sve naše metale sveli na haotično seme i potom da ih transmutiramo u „JA HRISTOSA", u Dete iz Vitlejema, u Zlatno Dete Seksualne alhemije.

Nijedan fornikator ne može da pretvori svoj niži personalitet u Zlato Duha. Nijedan fornikator ne može da transmutira svoj grešni personalitet u nebeskog čoveka. Zbog toga su propali svi ovi neobrezani fornikatori, svi ti satiri Spiritualizma.

*Ne može da se sublimira, ne može da se transmutira, a da se prvo ne svede naš personalitet na seme iz kog je bio stvoren.**

Ključ kog je vesnik Vodolije dao čovečanstvu, da bi uspelo u pomenutoj seksualnoj sublimaciji, bio je i nazvan je u terminologiji preporođenog okultizma – „Arkanum A.Z.F.".

Prijatelju čitaoče, neophodno je da znamo da rukujemo dotičnim ključem da bismo pomoću njega mogli dobiti plodove alhemijskog rada. Iako se poseduje dotični ključ, a ne bude se sublimirao koitus, tako da jednog dobrog dana stigne da bude pretvoren u neku vrstu molitve, kao što kaže Sveti Avgustin, praktikant

---

* *Traktat Seksualne alhemije, pogl. 19. „Izmenite Prirodu i naći ćete ono što tražite"*

neće primiti božansku pomoć da budi Sakralne Vatre (atomske) i, kao posledica toga, nastaviće da bude stanovnik tmina. Prema tome, potrebno je da uvek imamo prisutan Zakon sublimacije alhemijskog rada, kako bismo osvojili Filozofski kamen. Evo opomene koju Avatar Samael Aun Weor upućuje svima onima koji operišu sa dotičnom veštinom ili ključem; da vidimo:

Alhemičari kažu na veoma simpatičan i simboličan način da „iz ovih Crnih Voda treba da izvadimo Beli Želatin". Žele da tvrde da Crne vode treba da budu pretvorene, da se preobraze u Kristalne vode, bele, čiste. Ovo je moguće, ali samo ako se bude rafinirao Sakrament Crkve u Rimu (ROMA) (ROMA, ako se čita obrnuto, daje AMOR – Ljubav). Sakrament Crkve Ljubavi je seks, nalazi se u seksu. Ako se rafinira Sakrament Crkve u Rimu, onda Crne vode postaju Bele.

Kada se kaže da nam na početku pripada da radimo sa Crnim Gavranom, ili da treba da izbelimo Gavrana, svi tvrde istu stvar: Crne vode treba da postanu Bele, da ih pretvorimo posredstvom rafiniranja.

Veliki problem koga vidim kod sve gnostičke braće, muškaraca i žena u svim brakovima, uopšte, jeste taj što se ne preokupiraju da rafiniraju Sakrament Crkve u Rimu i tako mnogo kasne sa buđenjem Kundalini.

Postoje parovi koji imaju deset i petnaest godina rada u Devetoj sferi, a još nisu primili Vatru. Ovo nije pravilno; Vatru treba brzo da primimo.

Krivi su upravo parovi, jer se dokazuje da ne rafiniraju Sakrament Crkve u Rimu, realizuju koneksiju lingam-yoni na način, rekli bismo, životinjski; realizuju hemijsku kopulaciju na dosta brutalan, životinjski način; a vode ostaju crne godinama redom i tamo se zaglave; iz ovog razloga se zaglave.

Ali, ako se rafinira Sakrament Crkve u Rimu, ako se od koitusa napravi neka vrsta molitve (kao što kaže Sveti Avgustin), onda crne vode postaju bele. Stigavši do ovog nivoa, u Egiptu se dobijala Tunika Thota (ili seksualne neporočnosti), bela tunika, od belog lana.[*]

*   *Peto Jevanđelje, konf. „Beskonačne mogućnosti Alhemije"*

U drugoj lepoj intervenciji, za vreme konferencije koja je bila u vezi sa alhemijskom tematikom, Solarni Čovek Vodolije je tvrdio:

Kada ćete me vi razumeti? Setite se da je seksualno zadovoljstvo legitimno zadovoljstvo čoveka. Seksualna slast je rajska.

Hitno je da razumete da ova slast, ovo zadovoljstvo treba da se usmeri prema unutrašnjosti i nagore, prema božanstvu. Potrebno je, neophodno je da u punom koitusu izbacimo svaku vezu sa bludom. Koitus je jedna vrsta molitve, a blud je njena suprotnost; ponavljam, blud je svetogrđe. Zbog čega treba da budemo bludni?

Ne, braćo! Znajte da je bludnost profanacija, svetogrđe. Realno, blud je sličan onome koji baca hleb i vino Gnostičkog pričešća i potom ih gazi nogama.

Užasna je ova vrsta sramnih svetogrđa. Onaj ko profaniše Lingam-Yoni svojim prostačkim i razvratnim mislima, draga moja braćo, izvršava svetogrđe na samom startu, on je crn, bludan. Da, radujte se seksu, ali usmerite svoj seksualni čin prema Bogu! Nemojte misliti na seksualno zadovoljstvo poput bluda! Bludnost je svetogrđe! Razumete li sada?[*]

Ali, naš šitalac treba da sazna da zadatak koji treba da nas vodi ka formiranju istinskog čoveka, Solarnog Čoveka, upliće istovremeno mnoge mutacije ili transformacije psihološke prirode i, u vezi sa ovim, Venerabilni Majstor Samael Aun Weor je pokazao, takođe, veoma jasno, korake koje treba da sledimo; vidite:

Potrebno je da učimo da živimo, da rafiniramo naša čula, da rafiniramo naše ponašanje, naše misli, naša osećanja.

Ni od kakve pomoći neće nam biti velika akademska kultura, ako ne umemo da slušamo, ako nismo u stanju da otkrivamo novinu u svakom momentu.

Imamo potrebu da rafiniramo svoju pažnju, da rafiniramo svoje navike, da rafiniramo sebe kao ljude itd, itd, itd.

Nije moguće da neko bude zaista rafiniran, ako ne zna da SLUŠA.

---

[*] *Peto Jevanđelje, konf. „Sveti simultaniteti Tajne vatre".*

Neotesane Pameti, grube, istrošene, degenerisane, nikada ne znaju da slušaju, nikada ne znaju da otkriju novo. Ove Pameti samo razumeju pogrešno apsurdne prevode one Satanske sekretarice nazvane Ja, Ego.

Biti rafiniran je nešto veoma teško i zahteva punu pažnju. Neko može da bude osoba veoma rafinirana u vezi sa modom, odećom, vrtovima, automobilima, prijateljima, a ipak, u svojoj intimnosti da je grub, neotesan, nepodnošljiv.

Ko zna da živi tren za trenom, ide realno na Put Istinskog Rafiniranja.

Ko ima receptivnu Pamet, spontanu, celovitu, budnu, ide na Put Autentičnog rafiniranja. Onaj ko se otvara prema svemu što je novo, napuštajući teškoću prošlosti, prekoncepte, predrasude, nepoverenja, fanatizme itd, ide pobednički na Put Legitimnog rafiniranja.[*]

Dodajemo sada, kao korolar onoga što je izloženo u prethodnim paragrafima, reči Verbuma Vodolije, V.M. Samaela Aun Weora; da vidimo:

Treba da vodimo brigu o svojim gestovima, o svojim manirima, o svom odelu, o svim svojim delima. Potrebno je da gestovi, odeća, način na koji sedimo za stolom, način na koji se ponašamo kada jedemo, način na koji se ophodimo sa osobama u salonu, u kancelariji, na ulici itd, budu ispunjeni lepotom i harmonijom.

Potrebno je da razumemo lepotu dobrote, da se oseti lepota dobre muzike, da se voli lepota stvaralačke umetnosti, da se rafinira naš način mišljenja, osećanja i delovanja.

Gnostički učenici treba da odgajaju vedrinu, koja je najsnažniji ključ za razvijanje jasnovizije. Neophodno je da naši učenici kultivišu lepu osobinu obožavanja. Treba da duboko obožavamo sve svete stvari, sva dela Tvorca, Majstore Velikog Belog bratstva. Poštovanje i obožavanje otvaraju nam vrata prema Višim svetovima. Ne treba da dajemo nikome prednost, sa svima treba da se jednako ophodimo sa istim

<hr>

[*] *Fundamentalna edukacija, pogl. 10. „Znati slušati"*

poštovanjem i obožavanjem, kako sa prosjakom, tako i sa velikim gospodinom.

*Autentičan MIR dolazi k nama apsolutno prirodno i jednostavno, onda kada ponovo osvojimo Bezazlenost u Pameti i u Srcu, kada ponovo postanemo deca, delikatna i lepa, osetljiva na sve što je lepo i na sve što je ružno, na sve što je dobro i na sve što je loše, na sve što je slatko i na sve što je gorko.**

Evo, voljeni čitaoče, zašto se oduvek govorilo da su anđeli samo ljudi, uspravni ljudi koji su umeli da se rafiniraju. Nije moguće, prijatelju čitaoče, da se ustanovimo u Carstvu Slobodnog Života u njegovom kretanju, ako nismo osvojili dovoljnu animičnu sublimaciju za to.

U unutrašnjosti svakog ljudskog bića, u njegovim intimnim dubinama, postoji nostalgija onih prastarih vremena jučerašnjih dana, kada je svetlost blistala na čelu svih onih ljudskih stvorenja, mnogo pre anđeoske pobune i, takođe, pre nego što se Orfejeva lira raskomadala na podu hrama. Lirika nas podseća ovim stihovima:

---

* *Fundamentalna edukacija, pogl. 17. „Mir"*

RUŽA MELANHOLIJE

Pastir zvezda bio sam nekada,
život mi je izgledao kao svetlosna pesma.
Za mene su bili najdraži simboli:
devojka, ruža i medveđa šapa.

Harmoničan glas čovečanstva,
plavi talas je bio, razbi se o zlatnu obalu,
pevajući o tajnoj moći Meseca
nad sudbinom ljudskog hora.

Epikur mi je dao svoje pune amfore,
faun mi je dao svoje zadovoljstvo divlje,
a pastir iz Arkadije, med iz svoje košnice.

Ali, dok sam lebdeo na krilima sna,
čuh udaljene sirene kako pevaju melodije,
a duša mi bolna posta zbog melanholije.

Ramon del Valle-Inclan

ROSA DE MELANCOLÍA

Era yo otro tiempo un pastor de estrellas,
y la vida, como luminoso canto.
Un símbolo eran las cosas más bellas
para mí: la rosa, la niña, el acanto.

Y era la armoniosa voz del mundo,
una onda azul que rompe en la playa de oro,
cantando el oculto poder de la Luna
sobre los destinos del humano coro.

Me daba Epicuro sus ánforas llenas,
un fauno me daba su agreste alegría,
un pastor de Arcadia, miel de sus colmenas.

Pero hacia el ensueño navegando un día,
escuché lejano canto de sirenas
y enfermó mi alma de melancolía.

Ramón del Valle-Inclán

40

ZAKON
KOSMIČKIH ODGOVORNOSTI

Čovek je jači pred bolom
nego pred kušnjom.
Concepcion Arenal

U ovom prolazu kroz Univerzum Kosmičkih Zakona ističe se, među mnogim ostalim, Zakon Kosmičkih odgovornosti.

Ako je već značajno da poštujemo Zakone koje je čovek stvorio, u njihovim raznim varijantama, dokazuje se da je mnogo značajnije poštovanje kosmičkih odgovornosti, onda kada su one bile ugovorene u toku našeg ezoteričkog hodočašća.

Nesumnjivo, postoje odgovornosti i odgovornosti. Jedna vrsta su sposobnosti običnog Inicijata, drugačije su sposobnosti Majstora, druge su sposobnosti Nirvanskog Majstora, opet druge su odgovornosti Majstora Direktnog Puta, i, na isti način, odgovornosti Anđela nisu iste kao odgovornosti Arhanđela, niti one Prestola nisu jednake sa odgovornostima Serafima ili Heruvima. Očigledno, sve te odgovornosti su deo osnove na koju se oslanja čitava Kreacija. Tako, na primer, svaki sunčev sistem ima svoje planete i da bi ove funkcionisale, dotični Logosi ili Regenti primenjuju svoje odgovornosti koje se tiču funkcionisanja dotičnih svetova.

Ali, šta se događa kada želimo da se oslobodimo svih ovih odgovornosti i da napustimo kosmički scenarij, kako bismo se utopili u Nemanifestovani Apstraktni Apsolutni Prostor?...

Da bismo pojasnili ovu nepoznatu, dajmo reč ljudskom Bodisatvi Logosa Marsa: Samaelu Aun Weoru (poznavaocu ovih dužnosti, milenijumima) i opažajmo šta podvlači:

Swami Vivekananda je već tvrdio da onda kada Inicijat pokušava da prodre u Apsolut, pojavljuju se Bogovi iskušivači koji se nude da ih proglase kraljevima u pojedinim zonama u Univerzumu, kako se ne bi oslobodili.

Ova bića su hiljadu puta opasnija od ljudi.

Kada se stigne do raskršća dvaju Puta, dočeka te Veliki Božanski Jerarh. Ovo Biće ima strašan izgled, on pokazuje ona dva Puta.

Nirvanski put je dobar rad, a Put Apsoluta je superiorni rad. Nirvanski put sledi spiralu života. Put Apsoluta je putanja duge i gorke dužnosti.

Nirvanski put je ispunjen Rajevima. Put Apsoluta je pustinja Bogova.

Nirvanski put je Put sreće i u toku mnogih Maha-Manvantara bogovi se oslobađaju svojih planetarnih masa da bi prodrli u neiskazivu sreću Apsoluta. Ali, postoje Logosi, kao šta je Bog Sirijus, Guverner osamnaest miliona sazvežđa, koji nije uspeo da se oslobodi Kosmosa da bi ušao u Apsolut.

Brate, nalaziš se ispred brižnog stražara Kosmosa, odluči se sada za jedan od dva Puta, odluči se, nemoj više misliti, jer više nema vremena za to.

Ja govorim svojim Arhatima da je bolje da uđu na put duge i gorke dužnosti. Ja im kažem da nam Nirvanski Logosni put pruža mnoge rajeve, ali je opasan...

Postoje milioni Božanstava prepuni teških karmičkih veza...

Postoje milioni božanstava koja nisu mogla da uđu u neiskazivu sreću Apsoluta. Putanja duge i gorke dužnosti vodi nas neposredno ka netvornoj svetlosti Apsoluta.

Put duge i gorke dužnosti vodi nas ka neizrecivoj sreći NON-BIĆA, koje je zaista REALNO BIĆE. Put duge i gorke dužnosti nas vodi ka dubokim tminama NON-BIĆA. U ovim tminama sjaji netvorna Svetlost.

Na Putu duge i gorke dužnosti budimo Svest, plan za planom sve dok je kompletno ne probudimo u Apsolutu. Onaj ko probudi Apsolutnu Svest prestaje da postoji i započinje BITI.

*Onaj ko budi Apsolutnu Svest, prodire u neizrecivu sreću najčistije Paranishpanne. Onaj ko budi Apsolutnu Svest jeste Paramarthasatya, koji se nalazi onostrano Svesti. Apsolut sadrži poznavaoca, spoznaju i poznato, u okviru ukupne Jedinice.**

Neosporno, da bismo se oslobodili od svake kosmičke odgovornosti treba da izmenimo status, treba da napustimo Nirvanski put da bismo birali, u prisustvu Stražara Praga, Direktni Put, Put Apsolutnog oslobođenja, Put duge i gorke dužnosti, koji je još poznat pod gnostičkim nazivom Krsni Put ili Kraći Put, po najpoznatijim alhemičarima.

U vezi sa ovim, jedan od Gnostičkih Rituala tvrdi sledeće:

Na putu postoje iskušivački rajevi i fascinantno blistavi svetovi.

Bogovi, zavedeni snagom, imaju običaj da se ubacuju u dubinu gnusnog prebivališta Plutona, ti to znaš.

U Carstvu Proserpine postoje užasne patnje. Samo kroz vrata Druge Smrti izaći će iz Avernuma duše palih bogova.

Radije želim da se oslobodim karme svetova, da se udubim u beskrajnost koja podržava sve. Večiti Kosmički Zajednički Otac ima sve moći i apsolutnu sreću.

Iskušivački Bogovi su opasni; mogli biste se udaljiti sa Tajnog Puta ako biste ostali podjarmljeni od strane svemirske Nemesis.

Kosmokratori blistaju u Svetom Prostoru, oni su potrebni radi stvaranja svetova; ipak, mi ne treba da padamo u iskušenje. Hajdemo na težak put sve do nedara Premilostivog! Koliko ćemo biti srećni onog dana kada budemo uspeli da se čvrsto ustanovimo u Svetom Apstraktnom Apsolutnom Prostoru!

U pogledu kosmičkih odgovornosti, unosimo ovde, da bi naš čitalac bolje razumeo, nekoliko reči izvedenih iz dela Tarot i Kabala

---

* *Volja Hristos, pogl. 37. „Trideset i jedna Komora"*

V.M. Samaela Aun Weora. U ovom slučaju, čućemo o kosmičkoj odgovornosti i posledice koje odavde proizilaze iz nje, iz usta neke svete individue; da vidimo:

> Pre nego što bude ušla u Ambis osoba treba da se pripremi u Regionu Atala, tamo su bića bezbojna, tamo živi jedan čovek koji nije mogao da uđe u Apsolut jer je izumeo dve reči: Dobro i Zlo, umesto da upotrebljava Evolutivno i Involutivno, a tako je stvorio Karmu.

> Čovečanstvo je imalo štete zbog ove dve reči, o svemu se govori da je ovo Zlo ili ono Dobro i ovde stane ono što podstiče na izučavanje Unutrašnjih vrednosti; iz ovog razloga je onaj Sveti čovek u iščekivanju.

> Treba da pomognemo da ljudi promene ove dve reči na Evolutivno i Involutivno. U nedrima Apsoluta postoji velika egzaltacija, Paramartasatje (Paramarthasatya) se malo pomalo uzdižu i idu onostrano svakom mogućem razumevanju.

Više informacija o kosmičkoj odgovornosti koju je primio sveti čovek na kog se odnosi V.M. Samael Aun Weor, nalazimo sledeće paragrafe; da vidimo:

> Dobro i Zlo ne postoje. Neka stvar je dobra kada nam odgovara i loša kada nam ne odgovara. Dobro i zlo su stvari egoičkog i kapricioznog zajedničkog života Pameti. Čovek koji je izmislio fatalističke izraze Dobro i Zlo bio je Atlantiđanin Makari Kronvernkzyon, istaknuti član naučnog društva Akaldana, koji se nalazi na potopljenom atlantiđanskom kontinentu.

> Stari mudrac iz prastarih vremena nije nikada slutio tako teško zlo koje će prouzrokovati čovečanstvu, izmišljanjem onih svojih dveju reči.

> Atlantiđanski mudraci su duboko izučavali sve evolutivne, involutivne i neutralne sile prirode; ali je ovom mudrom starcu došla ideja da prve dve definiše, prva dva termina, DOBRO i ZLO. Sile evolutivne vrste bile su nazvane DOBRE, a Sile Involutivne vrste bile su prekrštene terminom ZLE. Neutralne sile nisu primile nikakav naziv. Pomenute sile dejstvuju u unutrašnjosti čoveka i prirode. Neutralna sila je tačka oslonca i ravnoteže.

Mnoge škole, nakon potapanja Atlantide sa famoznim Posejdonom, o kom nam govori Platon u „Republici", postojao je u orijentalnoj civilizaciji Tiklyamishayana prastari sveštenik koji je počinio tešku grešku i zloupotrebljavao izraze Dobro i Zlo, neprikladno ih je upotrebljavao, da bi na njima utemeljio neki Moral. Ime ovog sveštenika bilo je Armanatoora.

Zajedno sa prolaskom vremena, tokom bezbroj vekova, čovečanstvo se pokvarilo ovim rečima i pretvorilo ih je u fundament za sve svoje Moralne Kodekse. Danas nalazimo ove dve reči do zasićenosti.

Danas, postoje mnogi reformatori koji žele da uspostave Moral, ali oni imaju Pamet zarobljenu u Dobru i Zlu, za nesreću njihovu i ovog tužnog sveta. Svaki Moral se zasniva na reči Dobro i Zlo, zbog toga, svaki Moralni transformator je, u stvari, reakcionar.

Izrazi Dobro i Zlo uvek služe radi opravdavanja ili osuđivanja naših sopstvenih grešaka.

Onaj ko opravdava ili osuđuje, ne razume. Inteligentno je da se razume razvijanje Evolutivnih sila, a nije inteligentno da se opravdavaju sa izrazima „Dobro". Inteligentno je da se razumeju procesi Involutivnih sila, ali je glupo da se osuđuju izrazima „Zlo". Svaka Centrifugalna sila može da se pretvori u Centripetalnu silu. Svaka Involutivna sila može da se pretvori u Evolutivnu.

*Među beskonačnim procesima Energije u Evolutivnom stanju, postoji beskonačno mnogo procesa Energije u Involutivnom stanju. U svakom ljudskom biću postoje različite vrste energija koje evoluiraju, involuiraju i neprestano se preobražavaju. Odobravati jednu vrstu Energije i osuđivati drugu, znači ne Razumeti. Vitalno je da razumeš. Iskustvo Istine je veoma retko u redovima Čovečanstva, zahvaljujući konkretnoj činjenici mentalne učaurenosti. Ljudi su učaureni u suprotnim „Dobro" i „Zlo".**

Sloboda, oslobođenje, jesu sinonimi sa svetlošću, mirom, mističkom ekstazom. Gete, slavni nemački pesnik, uzviknuo je:

---

* *Fundamentalna edukacija, pogl. 22. „Dobro i Zlo"*

„Ovo je finalni zaključak mudrosti: zaslužuje slobodu i život samo onaj koji treba da ih svakodnevno osvaja".

Molitva koju nam je ostavio Veliki Majstor Aberamento (Isus Hristos), poziva nas da odustanemo od fenomenološkog ili majasičnog života, da bismo se izgubili u neizrecivoj sreći Večitog Kosmičkog Zajedničkog Oca; evo:

Oče naš koji si na nebesima,

Neka se sveti ime Tvoje,

Neka dođe Carstvo Tvoje,

Neka bude volja Tvoja,

Kako na nebu, tako i na zemlji.

Hleb naš nasušni,

Daj nam danas

I oprosti nam dugove naše

Kao što i mi opraštamo dužnicima svojim.

I ne ostavi nas da padamo u iskušenje (da se ne udaljimo od puta duge i gorke dužnosti), nego nas izbavi od svakog zla i od svake opasnosti (da ne budemo prevareni od Bogova isku- šivača),

Jer je Tvoja Slava, Moć i Sila

Za vek Vekova,

Amin.

Sa druge strane, Bizmark, kada je govorio o legitimnoj slobodi, dodaje: „Sloboda je luksuz kog ne možemo svi sebi dozvoliti"...

Zapravo, prijatelju čitaoče, ako želiš da budeš slobodan, poništi svaku želju i čak i senku tvojih želja, zato što su želje ili strasti te koje čine da se ponovo rodimo u ovoj dolini gorčina (Samsari) ili u rajevima koji su deo Maje (iluzije) u višem Kosmosu.

Oremus...

41

ZAKON
ŽRTVOVANJA BOLA

> Bol je kao oblaci; kada smo u njihovoj
> unutrašnjosti, vidimo samo odvratnu i
> tragičnu sivu boju, ali kada se udaljuju i
> kada ih sunce sećanja pozlaćuje, tada su
> slava, preobraženje i majestetičnost.
> *Amado Nervo*

Tokom vekova, hrišćanski koncepti su tvrdili maksimu po kojoj „bol spašava“...

Ali, ovi koncepti bukvalno preuzeti, a koji nemaju u osnovi duboko razumevanje, mogu kasnije skrenuti u mazohizam, kao što je to bilo dokazano u mnoštvu slučajeva.

Bol, kaže Gnoza, je ćerka neznanja (ignorancije), a neznanje je smrtni greh kog humanoid XX veka nosi u svom psihičkom i duhovnom mesu. Ignorancija pripada životinjskom Ja-u ili mnogostrukom Ja-u kog svi mi imamo u svojoj unutrašnjosti. Dakle, možemo da tvrdimo sledeće: bol znači ignorancija, a ignorancija znači Ja. Ako želimo da izbacimo bol, treba da izbacimo iz naše unutrašnje prirode činioce koji nam prouzrokuju razne vrste boli.

Svaki put kada osećamo bol, ona ima tajnog uzročnika koju ju je proizveo. Na primer: bol kada se izgubi voljeno biće, kada je ono palo u naručje druge osobe, proizvedena je od ranjene ljubomore, od samoljublja koje u unutrašnjosti nosimo, od samouvažavanja itd, itd. Svi ovi su psihološki činioci. Ako bismo želeli da više ne patimo, treba da postanemo imuni prema delovanju ovih psiholoških činilaca u našoj unutrašnjosti, a ovo je moguće samo ako poništimo bol uz pomoć duboke spoznaje samoga sebe.

Ali, do koje tačke, bol koji nismo razumeli i žrtvovali, može da nas spreči da prodremo u Veliku Realnost?

Ako zaista želimo da se izgubimo u beskonačnosti koja sve drži, da pređemo onostrano od dobra i zla, da stignemo do legitimnog sveznanja, treba da generišemo u svojoj psihi sve više Svesti, a ovo je moguće samo uništavanjem elemenata koji je drže zarobljenom.

Reči Patrijarha savremenog Gnosticizma, u jednoj od njegovih konferencija, potpuno razjašnjava ovu nepoznatu; da vidimo:

Ljudi su za sve sposobni, osim da žrtvuju svoje boli; mnogo vole svoje boli i dokazuje se da su najveće boli te koje nam pružaju najbolje prilike da bismo se budili, da bismo budili Svest... Ali treba da učimo da žrtvujemo bol.

I postoje mnoge vrste boli. Na primer, vređa nas neka osoba, šta to prouzrokuje? Pa, želju za brzom osvetom, neodložnom. Iz kog razloga? Zbog reči koje nam je uputila.

Ako se neka osoba ne poistovećuje sa Ja-ovima osvete, jasno je da neće odgovoriti na uvredu drugom uvredom. Ipak, ako se bude identifikovao sa Ja-ovima osvete, ovi ga svojevremeno povezuju sa drugim perverznijim Ja-ovima, a osoba će stići u ruke drugih strašno perverznih Ja-ova, koji će činiti sve i svašta.

Ali onda, kako da izbegnemo da padamo u takve apsurdnosti? Pa, ne identifikujući se sa onim ko vređa, ne poistovećujući se.

U unutrašnjosti osobe postoje Ja-ovi koji joj zapovedaju šta da radi i šta da kaže: odgovori mu, osveti se, vrati mu istom merom, revanširaj se!... Ako se sa njima poistovećuje, završiće čineći sve to, odgovarajući tako onom koji ga je uvredio; stiže da se osveti, da uzvrati itd. Ali ako se osoba ne identifikuje sa Ja-om koji mu zapoveda da čini te gluposti, onda on to neće činiti.

U svakom slučaju, onaj ko je vređao, recimo tako, u dubinu onog vređanog ili napadnutog, stavlja bol. Bilo bi interesantno da onaj koji je vređan može da žrtvuje tu bol i može da je žrtvuje u okviru meditacije. Treba da razume da je onaj koji ga je uvredio mašina koju kontroliše određeno Ja koje vređa i da ga je vređalo neko Ja. Takođe, treba da shvati činjenicu da je upravo i on mašina i da u unutrašnjosti ima Ja-ove koji vređaju.

Onda, ako osoba uporedi i kaže: onaj me vređa, ali i ja imam u unutrašnjosti mnogo Ja-ova koji vređaju; tada, nemam zašto da osuđujem onog, jer i ja nosim u unutrašnjosti Ja-ove vređanja, tada ne treba da ga osuđujem... Pored ovog, šta je u meni bilo ranjeno? Moguće je da je samoljublje, moguće da je ponos. Ali, prvo treba da otkrijem da li je bilo samoljublje, ili da li je bio ponos, ili da li...

Kada osoba otkrije ko je bio ranjen, ako je bio ponos, onda neka dezintegriše ponos; ako je bilo samoljublje onda neka dezintegriše samoljublje. To će imati upravo rezultat da onda kada se jednom ovo bude dezintegrisalo, oslobađa se bola, žrtvovala je bol, a na njenom mestu će se pojaviti neka vrlina: spokojnost (mir); ona se još malo budi.

Dakle, treba da o ovome vodimo računa i da žrtvujemo bol. Ljudi su sposobni da žrtvuju sve, osim boli: vole svoje patnje, obožavaju ih; evo gde se nalazi greška.

Učiti da žrtvujemo sopstvene boli, to je ono što nas interesuje, da bismo budili Svest. Jasno, nije laka stvar, težak je to rad; da se bunimo protiv nas samih, to je teško, nije veoma lako. Ali, isplati se da se borimo protiv nas samih, radi rezultata koji se dobijaju: buđenje... Dakle, razumete li?

Onda kada neko poništi Ego, tada procveta inteligencija, ali u jednom prirodnom obliku, spontanom. Kada neko nema Ego, jeste inteligentan; a ako ima Ego, iako se smatra veoma inteligentnim, zato što je čitao ili pripada toj i toj školi ili ima veličanstven intelekt, nije, nije inteligentan. Ovo je realnost činjenica.

Ja, onda kada sam imao Ego, verovao sam da posedujem veoma veliki kapacitet analize. Nakon uništavanja Ego-a, uspeo sam da shvatim da je u tom periodu kapacitet analize bio po-četnički; čak iako sam verovao da je bio ogroman, jer sam mnogo pročitao. Samo je vreme moglo da mi dokaže da nije bio toliko veliki koliko sam verovao.

Prema tome, u životu je važno da posedujemo ovaj kapacitet Evidentne Autorefleksije Bića, ali ona cveta zajedno sa poni-štavanjem Ego-a; dakle, možemo jasnije videti stvari.

Zbog toga, postoji devet vrsta razuma. Pre svega, mislim na objektivni razum, ne na subjektivni razum, nego na drugačiji. Subjektivni razum je drugačiji od objektivnog, zato što objek-tivni razum ima svoj fundament u Svesti; Svest, mogli bismo reći, isporučuje podatke Unutrašnjoj pameti, da bi ona mogla racionisati.

A ovaj kapacitet racionamenta Unutrašnje pameti je divan, silan, jer radi samo sa tim što prouzrokuje Svest. Jer Unutraš-nja pamet ima devet stepeni razvitka,

Kako bi se moglo doznati koji je stepen razvoja objektivnog razuma ili Unutrašnje pameti kod osoba? Poznaje se, isklju-čivo, preko rogova.

Prema tome, ako se u rogovima pojavi samo jedan trident, ovo pokazuje da za sada neko Oslobođen ima objektivni ra-zum prvog stepena; ali ako se pojave dva tridenta, ta osoba bi imala drugi stepen objektivnog razuma; ako se pojave tri tridenta, ima treći stepen objektivnog razuma; ako se pojave četiri tridenta, to je četvrti stepen objektivnog razuma; ako se pojave pet tridenta, onda je već Prevenerabilan u čitavom Me-galokosmosu; ali ako se pojave šest tridenta, o, dotakao je ste-pen Anklada, kao što kaže Gurđijef; dotakao je sveti Anklad.

Šest tridenta imaju samo oni koji su realizovali Veliko Delo, niko drugi. Ali se stvari ne zaustavljaju ovde, jer od šestog stepena razvoja objektivnog razuma, gde treba da se stigne, odnosno do Večitog Kosmičkog Zajedničkog Oca, postoje još tri stepena.

Onaj ko dotakne deveti stepen razvoja Unutrašnje pameti, neosporno je savršen u svoj ispunjenosti, može da se utopi u nedra Večitog Kosmičkog Zajedničkog Oca.

U svakom slučaju, stepen razvitka objektivnog razuma moći će se spoznati preko tridenata rogova.

Dobro, ali biste mogli reći da samo demoni imaju rogove. Ne, u svemu postoji pro (za) i kontra (protiv). Isto tako je istinito da elektricitet može da se koristi za industrijsku upotrebu, a isto tako i da ubija.

U ovim vremenima naš Lucifer je preobražen u Đavola, ljudi ga imaju pretvorenog u Đavola. Viđen u unutrašnjosti, pomoću razvijenog osećaja (čula) psihološkog samoopažanja, može da se vidi istinski Đavo; takvog ga imaju jadni ljudi...

Ali ako počnemo da dezintegrišemo Ego, on počinje da bledi. Onda kada umemo da žrtvujemo svoje sopstvene patnje, on počinje da prima belu boju.

Kada kompletno dezintegrišemo Ego, on slavno blista i, ujedinivši se sa Inicijatom, pretvara ga u Arhanđela, jer se i on sam pretvara u Arhanđela.

I večito će očuvati rogove. Ali se u rogovima nalaze tridenti i broj tridenata označava dostignuti stepen razvoja objektivnog razuma Bića.

Prema tome, da bismo stigli da razumemo, analiziramo ili, kako se kaže, da raspoznajemo objektivnim razumom najtranscendentalnije istine Duha, Bića, to je nešto grandiozno, zar ne? Ali se ovo ne može postići od danas do sutra, nego posredstvom razvitka objektivnog razuma. A objektivni razum može se razvijati samo uzastopnim buđenjem Svesti.

Merom kojom se Svest sve više budi, merom kojom postaje sve objektivnija, merom kojom se razvija i povećava u svakome od nas, na isti način će se razvijati i njen Vehikl, Unutrašnja pamet. Odnosno, očevidno, razvijaju se funkcionalizmi objektivnog razuma.

Ali, pravimo razliku između objektivnog razuma i subjektivnog razuma. Ljudi imaju razvijen subjektivni razum, ali ne poseduju objektivni razum Bića, zato što postoje tri pameti.

Senzualna pamet izrađuje svoje osnovne koncepte sa podacima koje donose čula; ona ne može da spozna ništa o Istini, niti o Bogu, niti o Univerzumu; ovo je savršeno subjektivni razum.

Intermedijarna pamet, tamo gde su uskladištene vere, ne može ni ona da spozna ništa o Realnosti.

Na kraju, Unutrašnja pamet je vehikl (prenosno sredstvo) Svesti. Merom kojom se Svest budi, Unutrašnja pamet se izvanredno razvija u svojim procesima objektivne analize.

*Tako da, onaj ko stiže, na primer, do potpune razvijenosti devetog stepena i stiže da ima onih devet tridenata u rogovima svog ličnog, individualnog Lucifera postaje, neosporno, apsolutno svestan Realnosti, Istine, jer on može da vrši i analize o njima; on je Bog.**

Stižući do ovog momenta izlaganja Venerabilnog, neki učenik zapita:

Učenik: Da li se pretvara u Paramarthasatyu?

Odgovor Majstora:

Može se reći Paramarthasatya, ali se ne stiže do takvog nivoa samo kroz uzastopna buđenja Svesti, a ova uzastopna buđenja Svesti mogu se postići samo žrtvovanjem bola, učeći da žrtvujemo sopstvene patnje. Jer, realno, svaki put kada žrtvujemo bol, Svest se povećava i dobija se više psihološke moći. Ova činjenica žrtvovanja bola, rekli bismo da je savršeno dokazana. Ovo je najizvanredniji ključ koji postoji za buđenje Svesti. Svojevremeno, možemo reći da ova različita buđenja povećavaju ili intenziviraju razvoj objektivnog razuma, koji, kao što sam rekao, pripada dubokoj Unutrašnjoj pameti.

Na ovom Putu se oslobađa. Svest treba da se povećava i merom kojom se povećava, osoba „ubija" karmu; i zaista je „ubija"! Ako neko, na primer, postaje svestan bola koji je bio provociran nekom loše obavljenom aferom (pretpostavimo), on otkriva da je Ja egoizma bilo aktivno; onda ga dezintegriše i „ubija" karmu; ili otkriva da je Ja ambicije bilo aktivno i „ubija" karmu, kada ga dezintegriše.

Ali ako bi ljudi iskoristili čak i najbeznačajniji bol u svom životu, da bi ga žrtvovali, u času smrti bili bi dezinkarnirani bez karme, imajući potpuno lucidnu Svest, budnu i bez karme...

---

*   *Peto Jevanđelje, konf. „Gnostičke posledice Žrtvovanja bola".*

Sada, u praksi smo mogli da ustanovimo da, realno, nisu drugi ti koji nam proizvode bolove, patnje; patnje mi sami sebi proizvodimo.

Ima mnogo sveta koji nas okružuje i prouzrokuje patnje, tako kaže ja. Ali, ko nam u stvari proizvodi patnje? Realnost je da nam patnje proizvode Ja-ovi koje u unutrašnjosti nosimo, ovo je realnost.

Onaj ko je dotakao sveti Anklad, ostvario je Veliko Delo. Ipak, odande pa do nedara Večitog Kosmičkog Zajedničkog Oca (a to je Apsolut, Premilostivi), treba da prođemo kroz još tri stepena savršenstva objektivnog razuma; a to znači da treba da budemo svesni, u potpunosti, o svim velikim transcendentalnim istinama Bića.

Dakako, onaj ko se bude sada udubio u Nedra Večitog Kosmičkog Zajedničkog Oca, on će dovesti svoj objektivni razum do apsolutnog savršenstva. Postaće potpuno svestan božanstva i može ga totalno iskazati. Ima jedinstveni kapacitet Sveznanja, nije li tako? Jer je jedna stvar Istina „in abstracto", a druga je stvar Istina koja je postala savršena i čak izražena posredstvom usavršenog objektivnog razuma. Evo razlike.

Slična razlika (mogli bismo reći, na primer, tačnu paralelu, da bismo bili jasniji) postoji između zlata u grubom stanju i dragocenog izglađenog nakita. Jedna je Istina „in abstracto", a druga je Istina koja je već eksperimentisana u objektivnom obliku, uz pomoć usavršenog objektivnog razuma... Nakit je izglađen...

Jasno, ovo treba da se zna, razume. Tridenti pokazuju stepen savršenstva objektivnog razuma; ovo je očigledno.

U svakom slučaju, na osnovi usavršavanja Objektivnog razuma stoji činjenica da se bude manje ili više „mrtav".

Sada, samo Lucifer sa svojim tridentima, može da nam pokaže Put. Zašto? Zbog toga što je on, iskreno (ovo je velika istina), taj koji daje impuls i materijal za Veliko Delo.

Hristos-Lucifer silazi do naših sopstvenih Atomskih paklova da bi nam poslužio kao lestvica za uzdizanje; eto veličanstvenosti Hrista-Lucifera.

*Hristos-Lucifer je pobunjenik i jasno je da se pietisti, licemer-
ni, ludaci plaše odluke Hrista-Lucifera nahua, njegove revo-
lucije i mudrosti. Lucifer, Gospod Lucifer, dokazuje se da je
interesantan.*[*]

Nakon ovih plemenitih i dubokih reči, ostavimo da nam
ponovo pero najslavnijeg otkrovitelja arkanuma, u čoveku zat-
vorenih, V.M. Samaela Aun Weora, otkrije grandiozne posledice
koje ostavlja žrtvovanje, svesno i dobrovoljno, naših mehaničkih
bolova; da vidimo:

*Onaj ko želi moć, može da je osvoji ako se odriče samog sebe!
Jedan od konkretnih primera imamo u moći da se postane
nevidljiv; moguće je da osvojimo ovu moć i to je nešto divno,
ali je potrebno da se odričemo sebe.*

*Ako u momentu kada voljeno biće daje poslednji izdisaj, odu-
stanemo od bola koji nam je prouzrokovan kobnim gubitkom,
tu postoji odricanje samoga sebe.*

*Kao što je prirodno, kada vidimo da je naša majka umrla,
ili sin, ili brat, ili naš zemaljski otac, moguće je da padnemo
u beznađe. Ali, ako se u tačno tom trenutku odričemo sebe
samih i taj bol bude žrtvovan na oltaru ezoteričke moći da
postanemo nevidljivi, ako u tom momentu, uz pomoć svesne
meditacije, pretvorimo supremni bol u moć da postanemo
nevidljivi, realnost je da zbog toga osvajamo plemenitu moć.*

*Ali, ko je za ovo sposoban? Ko je sposoban da se zaista osme-
huje, odustajući od bola ispred postelje preminule majke? Ko
bi bio sposoban da žrtvuje ovaj bol, da odustane od njega,
ispred preminulog oca ili supruge? Nemoguće! Veoma je teš-
ko da sretnemo nekoga sa ovakvim kapacitetom.*

*Onda, kako da učimo da postanemo nevidljivi ako nismo spo-
sobni da osvojimo moć? Da bismo je dobili, treba da se odri-
čemo sebe samih, a ako se ne odričemo, da li ćemo, možda,
dobiti tu moć?*

*Moći su pred nama, ali pretpostavljaju žrtvovanje i odricanje
sebe. Na primer: gorivo koje pokreće lokomotivu koja vuče
voz, treba da bude žrtvovano na oltaru motorne energije koja
čini da čitav voz funkcioniše.*

Tako vidimo da se posredstvom žrtvovanja ovo gorivo pretvara u posebnu silu, pretvara se u kretanje, u snagu da vuče prevozno sredstvo duž šina; ovo je očigledno.

Isto tako, bilo koja niža sila može da bude pretvorena posredstvom žrtvovanja u drugu silu, potpuno različitu i sa drugim posebnim karakteristikama. Ova tehnika se sastoji u učenju da sami sebe poričemo, kako bismo, posredstvom žrtvovanja, pretvorili nižu silu u drugu višu i drugačiju.

Samo tako, takvim postupkom, moguće je zaista da uspemo da budemo kraljevi Tatvi, Ljudi – u pravom smislu reči, superiorniji, Ljudi Bogovi!...

Rastajemo se sada, prijatelju čitaoče, od ovih istaknutih reči, pomoću božanskog dara poezije, koja dolazi u dobrom času u pomoć, kako bismo u mističkoj nostalgiji usmerili naše korake prema kraju svih naših moralnih, materijalnih i duhovnih bolova, razvijajući tako veru u radikalnu NULU, originaciju svega i svačega...

VELIKOJ NULI

Kada je Biće stvorilo ništa
I u zasluženi odmor ušlo
Danu je noć bila data
I zbog nedostatka ljubavi,
Čovek je druga dobio.

Fiat senka! Pojavi se mišljenje ljudsko.
Jaje univerzuma uzdignuto, golo,
Bez boje, supstance i hladno, ispunjeno
neplodnom maglom u ruci njegovoj.

Uzmi, integralna nulo, praznu sferu,
Koju treba da gledaš i da je vidiš, bez straha,
Jer leđa zveri su sada tvoje rame,
I čudo onog neispunjenog.
Podigni pesmu prolaznu, pesniče,
U čast smrti, zaborava, tišine.

—————————

Abel Martin

AL GRAN CERO

*Cuando el Ser que se es hizo la nada
y reposó, que bien lo merecía,
ya tuvo el día noche, y compañía
tuvo el hombre en la ausencia de la amada.*

*¡Fiat Umbra! Brotó el pensar humano.
Y el huevo universal alzó, vacío,
ya sin color, desustanciado y frío,
lleno de niebla ingrávida, en su mano.*

*Toma el cero integral, la hueca esfera,
que has de mirar, si lo has de ver, erguido,
hoy que es espalda el lomo de tu fiera,
y es el milagro del no ser cumplido,
brinda, poeta, un canto de frontera,
a la muerte, al silencio y al olvido*

—————————

Abel Martín

42

ZAKON PONIŽENJA

*Poniženje i skromnost su najređi
darovi dobre i neiscrpne prirode.*
Gete

Koračajući kroz ovo zamršeno pletivo Zakona, koje dolazi iz Apstraktnog Apsolutnog Prostora, sve do nas, otkrivamo ovaj zakon, od velikog značaja, koji se tvrdoglavo uspostavlja, kao mnogi drugi, između ljudske vrste i njene čežnje za Oslobađanjem od Točka Samsare. Odnosimo se, odlučno, na Zakon poniženja.

Stoji zabeleženo u knjizi svih blistavosti da je pre uzdizanja (ezoteričkog) potrebno da se spustimo, ovo je Zakon, po Belom bratstvu.

Patrijarh, utemeljivač Gnoze, odnosio se bezbroj buta na ovaj silni Zakon o kom devotan mora da vodi računa u svom dugom hodočašću. Pokušavati da se ovaj Zakon ignoriše, ekvivalentno je sa počiniti tako tešku grešku, koja može, ni manje ni više, da nas dovede do napuštanja Tajnog Puta.

Ovaj Zakon poniženja je prisutan u svim sferama koje formiraju Tri Činioca Revolucije Svesti. Da bismo imali kompletnu ideju o transcendentalnim aspektima koje sadrži ovaj sveti Zakon, dozvolimo Venerabilnom Majstoru Samaelu Aun Weoru da nam da objašnjenja u vezi sa ovim delikatnim detaljima Puta. Na primer, opažajmo šta nam kaže gnostički Patrijarh u svom delu Tarot i

Kabala, onda kada se odnosi na potrebu superiornog preobražaja ljudskog bića; da vidimo:

Nesumnjivo, Superlativna Transformacija je moguća samo posredstvom Vaskrsenja Intimnog Hrista u srcu čoveka. Ovo je vrhovna faza Trećeg Dana, trenutak u kom zemlja ili blistava Konstelacija Kita izbacuje Jonu, Proroka, da bi izašao da poučava stanovnike Ninevije kako bi se mogli vratiti Ocu. Nakon što je bio izbačen, Jona je preobražen u Vaskrslog Majstora i poslat je da instruiše, a iz ovog razloga ima pravo na Vaznesenje. Svako uzdizanje prethodi jednom poniženju; poniženje je silaženje u Paklene svetove.[*]

Kasnije, sam Venerabilni Majstor Samael Aun Weor, kada se odnosio na naš rad koji nosi alhemijski naziv „Veliko Delo", citira sledeće rečenice, tumačeći Poslanicu Svetog Jakova, u vezi sa brigom o verbumu (reči); evo:

Sveti Jakov kaže: „Gle i lađe, ako su i velike i silni ih vetrovi gone, okreću se malom krmicom (koja je zaista mala u poređenju sa ogromnim dimenzijama lađe) kuda hoće onaj koji upravlja. A tako je i jezik mali ud, a mnogo čini. Gle, mala vatra, i kolike velike šume sažeže."

U ovoj poslanici nas uče da se ne hvalimo, nikada, ni sa čim. Onaj ko hvali sebe, svoja dela, onaj ko se hvali onim što je učinio, nesumnjivo, je uobražen, pedantan, propada u Velikom Delu.

Treba da se ponizimo pred božanstvom, da budemo svakoga dana ponizniji, ako želimo da radimo u Velikom Delu; da nikada o sebi ništa ne verujemo, da uvek budemo jednostavni. Ovo je vitalno kada se želi trijumf u Velikom Delu, u Magnus Opus-u. Ova Poslanica je napisana sa dvostrukim smislom. Ako je bukvalno čitate, nećete je razumeti. Tako su je čitali protestanti, adventisti, katolici itd. i nisu je razumeli. Ova Poslanica ima dvostruki smisao i obraća se isključivo onima koji rade u Velikom Delu.[**]

[*] *Tarot i Kabala, pogl. 45.*
[**] *Peto Jevanđelje, konf. „Luciferski korenovi u Velikom Delu"*

Vraćajući se na temu koja se odnosi na misterije Božanske seksualnosti, Otac Savremene gnoze nas upozorava, ponovo, o potrebi da se radi u ovom magisterijumu, upravo pred ulazak u Apstraktni Apsolutni Prostor i tretira to kao deo jednog novog poniženja kog trpi Adept; da vidimo:

*Ko se oslobađa od Devete sfere, onda kada se preobrazi u Paramarthasatyu (stanovnika Apsoluta), onda će se udubiti u Apstraktnu Sreću. Ali pre nego što idemo tamo postojaće poniženje, dotični treba ponovo da siđe, inače krši Zakon Leviatana, Solomonov Pečat.** *

U nastavku, u drugim poglavljima drugog njegovog dela, Avatar Vodolije ponovo nastojava na značaju poniženja, govoreći nam ponovo o Tantričnim misterijama; da vidimo:

U principu, mantra „WU" se odnosi na buđenje mističkog iskustva, u svom neposrednom smislu, a Samyak Sambodhi (Chue, u Kini) se naziva kompletna i permanentna Iluminacija. Ako, retrospektivnom vežbom, stignemo do početne tačke originacije i, teoretski, damo kosti svom ocu i meso svojoj majci, gde ćemo tada biti? Očigledno je da u semenu, u spermi...

Ovo nas tera da mislimo da bez Sahaje Majtune nikada nećemo moći da razumemo suštinu odluke famoznog Hua Tou-a, „WU"...

Posmatrajte vertikalne linije slova „W", studirajte ansambl; grafički oblik kombinacija, koje jasno podvlače osnovnu ideju uzastopnih uzvišenja, pred kojima se uvek nalaze strašna poniženja.

*„Onaj ko želi da se uzdigne treba prvo da se spusti", ovo je Zakon; Inicijacija je smrt i brak, istovremeno.** **

Dokazuje se da je neizostavno da ovde uključimo, takođe, ove tvrdnje onog koji je najuzvišeniji mistik XX veka (V.M. Samael Aun Weor), koji kazuje sledeće:

* *Tarot i Kabala, pogl. 9. „Arkanum 9, Pustinjak".*
** *Otkriveni Parsifal, pogl. 45, „Krajnja Iluminacija".*

Na hebrejskom „TAU" označava istu stvar kao i sjajan KRST, završava dvadeset i dva slova azbuke i sa vrednošću 400. Dokazuje se da je lako razumeti da je vokal „U" moderno slovo koje proizilazi iz „V", kao što „G" proizilazi iz „C", što izvire iz hitne potrebe da se jasno razlikuju ta dva zvuka, dobijajući, prirodno, praktični oblik, identičan sa grčkim.

Posmatrajte vrlo pažljivo ovu divnu krivu koja se spušta i diže; poniženje ili spuštanje u Paklene svetove, u Devetu sferu (seks), prethodno je neophodno pre uzdizanja ili sublimiranja.

„Onaj ko želi da se uzdigne, treba prvo da se spusti" ovo je Zakon. „Svakom uzdizanju uvek prethodi jedno poniženje".

I odnoseći se na Ljudsku dušu (Pistis Sofiju) koja teži da se uzdigne u Carstvo Svetlosti, V.M. Samael daje sledeće referencije u svom posthumnom delu; opažajte:

Inicijat, opijen Sofijom, traži svetlost i prima mrak, želi snagu i prima materiju; Guverneri ga kažnjavaju za njegovo dobro. Ali i Arhonti trpe posledice Karme. Guverneri, radeći u Haosu, neizrecivo pate, žele da se uzdignu i žale se.

Očigledno, potrebno je da radimo u Haosu da bismo imali pravo da se uzdižemo prema Svetlosti. Svakom uzdizanju prethodi jedno silaženje, svakom uzvišenju prethodi jedno teško i zastrašujuće poniženje.

Intimni Hristos treba da oduzme snagu onima koji su uzeli Inicijatovu moć. Snaga i svetlost Hrista nalaze se u Pistis Sofiji.

Tmine obavijaju ugnjetače. Ovi su nepoželjni psihički elementi koje nosimo u svojoj unutrašnjosti.

*Pistis Sofija, kao Moć-Mudrost, treba da se ponizi pred intimnim Hristom.***

Kao učesnici ovog istraživanja, dodajemo, radi boljeg razumevanja našeg čitaoca druge reči V.M. Samaela. Potrebno je da vodimo računa o njima:

---

* *Otkriveni Parsifal, pogl. 23, „Serpentinska sila"*
** *Pistis Sofija otkrivena*

Alhemičar treba da bude veoma ponizan ispred Božanskih jerarhija, da ne bi propao u Velikom Delu. Pamet treba da bude ponizna ispred Božanskih jerarhija. Pamet treba da postane ponizno i jednostavno dete. Pamet treba da se ponizi ispred Božanskih jerarhija. [*]

Ponekad prilikom drugih upozorenja, koje nam donosi Otac Gnoze, potrebno je da reflektujemo i nad ovim gde nam se govori o radu sa našim umom:

Pamet treba da se ponizi u prisustvu veličanstva Intimnog. Ovo ne znaju braća spiritualisti. Oni uvek žele da čine ličnu volju, a nikada ne čine volju Oca. Evo strašne istine ovih stvari. [**]

Ne treba da se ponizi samo pamet devotana u prisustvu veličanstva unutrašnjeg Bića; takođe i volja, ova energija koja nas bodri na pokret, treba da se pokori, da se ponizi, ispred zapovesti nebeskog Oca. Tako tvrdi Majstor Samael; vidite:

Da li si video, o, Buda, ova neizreciva bića koja se u svetu Volje sa poštovanjem klanjaju pred veličanstvom Oca. Neka bude tvoja volja, o, Bože moj, kako na nebu, tako i na zemlji.

Oče moj, ako je moguće, udalji od mene ovaj pehar, ali neka ne bude volja moja, nego tvoja.

Volja treba da poklekne ispred Intimusa. Volja treba da se ponizi ispred veličanstva Oca. Ako želimo da hristifikujemo telo Volje, treba da činimo volju Oca, kako na nebu, tako i na zemlji. [***]

I da bismo zaključili naša istraživanja u vezi sa ovim silnim Zakonom, koji uspostavlja poniženje devota ispred svakog pokušaja kada želi da se diže na put Oslobađanja, daćemo izvod iz nekog starog Gnostičkog Rituala, koji, odnoseći se na rad sa alhemijskim vodama, kaže sledeće:

Treba da se odmaraš u centru radijacije života i da ispuniš liturgijske činove u Duplom Vatrenom Jezeru, tamo gde niko ne poznaje radost, jer je to mesto – mesto patnje...

[*]   *Traktat Seksualne alhemije, pogl. 17. „Mag Simon".*
[**]   *Velike Misterije, pogl. 1. „Neka bude volja tvoja"*
[***]   *Volja Hristos, pogl. 1. „Neka bude volja tvoja"*

Svakom usponu prethodi jedan silazak, svakom uzdizanju prethodi jedno poniženje.

Budući da smo dovde stigli, postavićemo i ove divne izvode iz Pistis Sofije otkrivene, u kojima nas Patrijarh Gnoze V.M. Samael Aun Weor upozorava o poniženjima koje treba da pretrpe oni Adepti koji čeznu da učine finalni Veliki skok; da vidimo:

Pravi uglovi pravog (pravilnog, pravičnog) ponašanja i Oktogoni Osmostruke Putanje, u njihovim različitim aspektima, jesu osnove Velikog Dela.

Pravi uglovi zdesna, i trouglovi, i njihovi oktogoni, u njihovim različitim aspektima predstavljaju zapravo osnovu Velikog Dela.

Trouglovi označavaju Tri Primarne Sile Prirode i Kosmosa. Pravi uglovi (ili pravougli trouglovi) predstavljaju pravilno ponašanje ili način ophođenja; oktogoni, onih Osam Inicijacija, osam inicijatičkih kvalifikacija itd. Čitav Tajni Put koji vodi finalnom Oslobođenju obeležen je trouglovima, pravim uglovima i oktogonima.

Šest meseci udesno i šest meseci ulevo, njihovim trouglovima i pravim uglovima i oktogonima u njihovim različitim aspektima, obuhvataju, u sintezi, rad Velikog Dela. Pola svetlosti, pola mraka. Svakom uzdizanju prethodi jedno silaženje. Svakom uzvišenju prethodi jedno strahovito i strašno poniženje. Mudraci treba da rade periode u svetlosti i periode u tminama Non-Bića.

Ova vrsta gnostičkog rada, sa periodom svetlosti i periodom tmina, uznemirava mnoge, i zbog toga je malo onih koji stižu do potpune intimne Autorealizacije Bića. Neophodno je da se živi u svetlosti među trouglovima, osmouglovima i pravim uglovima. Potrebno je da se živi između demona i u Infernalnim svetovima, radeći među trouglovima, pravim uglovima i osmouglovima.

*Svetlost i tmine se suprotstavljaju i dopunjuju, ali , pored svega toga, ne treba da brkamo pad i silaženje.**

---

* *Pistis Sofija otkrivena.*

Sve informacije koje se nalaze u prethodnim paragrafima potvrđuju nam, neosporno, hitnu potrebu koju imamo svi mi koji se usuđujemo na kamenitom putu da u sebi uništimo gnusne činioce mističke gordosti, prepotencije, samoljublja, samouvažavanja, sujete itd, itd, pre nego što ćemo moći da se oslonimo na sublimnu pomoć Božanskih jerarhija. „Zakon je Zakon i Zakon se ispunjava", kaže kodeks Univerzalnog Belog bratstva.

Sa potpunim pravom Pistis Sofija otkrivena je rekla da je hermetički trijumf rezervisan samo za one koji uvek idu držeći za ruku Martu (samosvesni deo našeg sopstvenog duboko unutrašnjeg Bića, koji je u vezi sa poniženjem). One gorde i pedantne, Velika Svetlost ne voli, mrzi ih i prema tome, oni će biti nedostojni nje i biće bačeni spoljašnjim tminama, tamo gde se čuje samo plač i škrgut zuba – po odlukama sakralne knjige Apokalipse...

Moguće da je zbog toga, neki slobodni mislilac zaključao kabalističke iskaze sa večnom porukom, koja se obraća duši, lomeći na hiljade komada mračno nasledstvo ljudske oholosti, pretvoreno u smeće pod udarom jedne od njegovih slavnih misli:

„Oholi sam sebe proždire"... Šekspir

U istom smeru i Sveti Avgustin je dodao sledeće:

„Gordost je izvor svih bolesti, jer iz nje izviru svi poroci...

43

ZAKON ĆUTANJA

Ne zna da govori onaj koji ne zna da ćuti.
Pitagora

Jedna narodna poslovica kaže: „Ćutanje je zlato"... Sa druge strane, kaže se: „Čovek je rob onoga što kaže i gospodar nad onim što čuva pod ćutnjom..."

U Gnosticizmu, možemo odlučno da kažemo da je ćutanje važan zakon o kom treba da vodimo računa, ako duboko reflektujemo o značenju koje se skriva iza mnogih interesantnih maksima koje nam poklanja doktrina, u vezi sa značajem ćutanja.

Radi dobra onih koji čitaju ove stranice, počinjemo uključujući ovde reči paladina Gnoze, V.M. Samaela Aun Weora, koje se odnose na ovaj Zakon ćutanja. Na primer, opažajmo šta nam kaže, podvlačeći značaj koji se daje na orijentu ćutanju pameti:

Blavatski, u „Glasu Tišine", ima rečenicu koja mi se mnogo sviđala, a koja kaže: „Pre nego što će Zlatna vatra moći da gori mirnim plamenom, lampa treba da se dobro čuva, sklonjena od svakog vetra; zemaljske misli treba da padnu mrtve pred vratima Hrama".

*Ovaj izraz Blavatske, u divnom delu „Glas Tišine", sjajan je, izuzetan. Samo tako, podvlačim, moguće je da pamet zaista ostane mirna i u tišini (spolja, unutra i u sredini), ne samo na trenutak, niti samo u Sali za meditaciju, nego u stalnom obliku.**

* *Peto Jevanđelje, Konf. „Teške štete Mentalnih reprezentacija".*

Neosporno, mi koji smo malo studirali Gnozu, znamo da unutrašnja iluminacija nije moguća sve dok se pamet ne nađe u permanentnom miru. Ovo je podvukao sam Avatar Vodolije sledećim rečima:

Mir i tišina, to je što se prati u toku meditacije, upravo to. Zato što onda kada je pamet mirna, kada je pamet u tišini, tada nastupa novo.

Ako verujete da ste osvojili tišinu, a ništa ne eksperimentišete, to je zbog toga jer još niste stigli do mira i tišine. Ako otkrijete bilo kakav pritisak u vašoj pameti, a ne ono stanje prirodne spontanosti, prirodnog stava, to je zato što vaša pamet još nije mirna, niti je u tišini. Onda treba da ispitamo zašto nije mirna, zašto nije u tišini.

Moguće je da se dogodi da postoje strašne borbe, tamo, udubljene unutra, u veoma dubokim skrivalištima, vama nepoznatim. Ali, ne treba da vam bude čudno: unutrašnje potopljene dubine (ili nesvesne) pameti...

U ovim dubinama ili intelektualnim ambisima, takođe, postoje borbe koje površinski sloj razuma, često, ne poznaje. Borbe koje sprečavaju i koje ne dopuštaju Svesti da utekne; borbe koje zatvaraju (ubuteljuju) Esenciju.

Zbog toga, kada se nalazite u tom stanju, ako se ne pojavljuje nešto novo, iako verujete da je pamet u miru i ćutanju, ovo je zbog toga što postoje veoma duboke prepreke infrasvesnosti. Tada, treba da upitamo pamet: „Pameti, šta ti hoćeš? Zbog čega nisi mirna?"

Pamet će da odgovori, moguće nekom reprezentacijom. Razumite ovu reprezentaciju, razmatrajte to o njoj i učinite da pamet vidi da je ta reprezentacija, da je ta ideja koju ima, da je ta želja, apsurdna.

U ovom slučaju, treba da razgovaramo sa pameću i da učinimo da ona razume činjenicu da je apsurdna i da njen stav nema solidne osnove; najbolju stvar koju može da uradi je da nas ostavi na miru, da nam više ne smeta, da se više ne zamara.

Ali treba da razumemo koja je to želja pameti, želja koja je, moguće, dosta skrivena. Treba da je razumemo; jednom uništena, stiže ćutanje i mir pameti.[*]

U vezi sa ezoteričkim radovima koji su potrebni i koje moramo da realizujemo sa našom pamećú, Venerabilni otkrovitelj Gnoze (V.M. Samael Aun Weor) nam takođe govori o značaju reči i o ćutanju koje treba da vlada u nama; da vidimo:

Ali ako mi želimo da stvaramo Svetlost, da oslobodimo dušu, da li ćemo dopustiti da ovi Ja-ovi od vajkada nastavljaju da postoje? Bilo bi apsurdno!

Ali, ako je Svetlost ta prema kojoj težimo, ako smo stvarno zaljubljeni u Svetlost, treba da dezintegrišemo Ja-ove, ne preostaje nam drugo osim da ih svedemo na pepeo; onda, treba da znamo da opažamo.

U ovom slučaju treba da izbegavamo, takođe, unutrašnje brbljanje, jer postoji mnogo negativnog unutrašnjeg razgovora, apsurdnog; intimni razgovori koji se nikada ne ispoljavaju. I, prirodno je, treba da ispravljamo ovo unutrašnje brbljanje, da učimo da održavamo ćutanje; da znamo da govorimo onda kada treba da govorimo; da znamo da ćutimo onda kada treba da ćutimo (ovaj Zakon ne važi samo u fizičkom svetu, u spoljašnjem svetu, već i u unutrašnjem svetu).

Ovo negativno unutrašnje brbljanje, kasnije se ispoljava na fizičkom nivou; zbog toga je toliko značajno da izbacimo negativno unutrašnje brbljanje, jer je štetno. Treba da učimo da očuvamo unutrašnje ćutanje.

Normalno, mentalnim ćutanjem se podrazumeva stanje u kome ispraznimo pamet od svake vrste misli, kada dobijamo ćutanje i mir pameti, posredstvom meditacije itd.

Ali postoji druga vrsta ćutnje. Pretpostavimo da nam se predstavi slučaj nekog kritičkog suda u vezi sa nekim našim bližnjim i, pored svega toga, očuvamo ćutanje na mentalnom nivou, ne sudimo, ne osuđujemo; ćutimo, kako u spoljašnjosti, tako i u unutrašnjosti; dakle, u ovom slučaju, postoji unutrašnje ćutanje.

Na kraju, događaji praktičnog života treba da budu u tesnoj korespondenciji sa savršenim unutrašnjim stavom. [*]

I, pored ovih interesantnih detalja u vezi sa mudrom upotrebom reči, unosimo ovde drugu postavku, koju je veoma strogo izjavio Solarni-Čovek Vodolije, koja se odnosi na potrebu ćutanja, kako bismo u nama stvorili nešto što je realno; da vidimo:

Ako se jadni intelektualni sisar, na pogrešan način nazvan čovek, ne izoluje, već se identifikuje sa svim činjenicama praktičnog života, troši snagu sa negativnim emocijama ličnog samopoštovanja i sa pustim nesupstancijalnim brbljanjem, nejasnim diskusijama, u njemu se neće razvijati ništa uzvišeno, nikakav realni elemenat, izuzev onoga što pripada svetu mehaničnosti.

Nesumnjivo, onaj ko stvarno želi da u sebi omogući razvoj Esencije, treba da postane hermitički zatvoren. Ovo se odnosi na nešto intimno, čvrsto povezano sa tišinom. Gornja rečenica potiče iz prastarih vremena, kada se u tajnosti predavala Doktrina o unutrašnjem razvoju čoveka, povezana sa Hermesovim imenom.

Ako neka osoba želi da u njenoj unutrašnjosti raste nešto realno, jasno je da treba da izbegava propuštanje svojih psihičkih energija.

Kada neko propušta energiju i nije se izolovao u svojoj intimnosti, nepobitno je da neće moći u svojoj psihi razviti nešto realno. [**]

I u njegovoj knjizi Revolucija dijalektike, Venerabilni Majstor Samael nam prenosi sledeće:

Buka topa, njegov prasak, razbija staklo na prozoru. Sa druge strane, blaga reč smiruje bes ili gnev; ali gruba reč, disharmonična, proizvodi srdžbu ili melanholiju, tugu, mržnju itd.

---

[*]   Peto Jevanđelje, konf. „Ponovno osvajanje naše unutrašnje Svetlosti“
[**]   Revolucionarna psihologija, pogl. 19. „Dobri gospodar kuće“

Kaže se da je ćutanje zlato, ali bolje je da kažemo: Isto toliko je pogrešno da govorimo kada treba da ćutimo, kao i da ćutimo kada treba da govorimo!

Postoje ćutanja puna krivice, postoje infamne (odvratne) reči. Treba da vodimo plemenitu brigu o svojim izgovorenim rečima, jer često rečima nesvesno ranjavamo druge.

Reči ispunjene zlim namerama proizvode fornikaciju u mentalnom svetu. A neritmičke reči vode nasilju u svetu kosmičke pameti.

Nikada ne treba da osuđujemo nekoga pomoću reči, jer nikada ne treba nikome da sudimo. Loše reči, kleveta i uvreda, prepunile su svet bolom i gorčinom.[*]

Jedan učenik koji prisustvuje kursevima Treće komore gnostičkih studija, upitao je Majstora Samaela, u toku jedne konferencije, sledeće:

Majstore, kaže se da je ćutanje elokvencija mudrosti. Često se kaže: „Isto toliko je pogrešno da govorimo kada treba da ćutimo kao i da ćutimo kada treba da govorimo". A ima momenata kada treba da govoriš, možda u nekom momentu odbrane, kada smo možda nepravedno napadnuti. Dakle, Majstore, želeo bih da mi razjasnite ovaj aspekat...

Odgovor Majstora:

Svako ima pravo da govori, jer nije nem, niti mu je odrezan jezik. Ali ono što nikada nije povoljno, radi našeg sopstvenog dobra, to je što zameramo, protestujemo, „grmimo i sevamo", jer je toplo, jer je hladno, nezadovoljni smo bilo čime... Ovo nas, prirodno, vodi ka neuspehu. Ponavljam, imamo potrebu da ne zameramo.

Treba da kažemo ono što imamo da kažemo: istinu i samo istinu i dajmo slobodu ostalima da imaju mišljenje kako im je volja, jer je svako slobodan da kaže šta hoće. Ako ne postupamo tako, ako svakog trenutka zameramo, uništavamo svoju pamet, uništavamo sopstveni mozak i prouzrokujemo

---

[*] *Revolucija dijalektike, pogl. 5. „Lakonsko dejstvo Bića"*

*sebi mnoge štete. Takođe, umesto da uništimo Ego, mi ga
osnažujemo.**

A kada nas je Venerabilni Majstor Samael učio kako da
rešavamo probleme, ovako nam je govorio:

*Najbolji način da se reaguje ispred nekog problema jeste ću-
tanje. Odnosim se na ćutanje pameti. Ovo ćutanje se pojav-
ljuje kada ne mislimo na problem. Ovo ćutanje se pojavljuje
onda kada razumemo da konfliktom i protivrečnostima ne
rešavamo ništa. Ovo ćutanje nije ničiji specijalni dar, niti je
neka vrsta sposobnosti. Niko ne može da neguje ovo ćutanje;
jednostavno se pojavljuje. Pojavljuje se onda kada razumemo
da se nijedan problem ne rešava ako mu pružamo otpor, ako
ga prihvatimo, odbijamo, potvrđujemo ili objašnjavamo, itd.*

*Iz mentalnog mira rađa se inteligentna akcija, intuitivna i mu-
dra akcija koja će da reši problem, bilo koliko da je težak. Ova
inteligentna akcija nije rezultat nijedne reakcije.***

Prijatelju čitaoče, večna Gnoza uvodi Zakon ćutanja uključivo
onda kada nam se objašnjava modus operandi rada sa psihološkim
Ja-om, na naprednijem terenu Velikog Dela, kombinujući ovaj rad
sa Alhemijom. Da vidimo kako nam opisuje cenjeni Majstor Samael:

*Opojna noć ljubavi simbolizuje kako vulgarni infraopskuritet
ignorancije i zle magije, tako i superopskuritet ćutanja i slav-
nu tajnu mudrih (Yaksha i Rakshasa iz Mahabharate).*

*U knjizi svih tvorevina stoji zabeleženo dijamantskim slovima:
„Onaj ko želi da se uzdigne, treba prvo da se spusti". Osvaja-
nje „Ultra veliko Vitae" ili supraliminalnog (liminalni – gra-
nični) i ultrazemaljskog sveta bilo bi nemoguće u odsustvu
mudre transmutacije Filozofskog merkura.*

*Nubilne (stasale za udaju) gospođice, mudri kavaljeri u
Amen-Smenu, egipatskom raju, dosta su propatili u Avernu-
su, živeći na obalama lagune Estigije (n. prev.: u Danteovim
paklovima), ti to znaš.*

---

* *Revolucija dijalektike, pogl. 5. „Lakonsko dejstvo Pameti".*
** *Uvod u Gnozu, Lekcija 7.*

Transmutirati vodu u vino, onako kako je pokazao Veliki Kabir Isus na Svadbi u Kanu: i ovo je gorče od žuči. Beli golub Svetog Duha urezan na oružje i natkan na mantije kavaljera Svetog Grala, Sakralni Labud, čudesna HAMSA, Ptica Feniks iz Raja, besmrtni Ibis, divno sijaju na dubokim vodama života.

Iz najvećih dubina lagune Estigije, iz strašnih dubina Avernusa pojavljuju se Bogovi koji se gube u Apstraktni Apsolutni Prostor. Svetlost izlazi iz tmina i Kosmos izvire iz Haosa...[*]
I dodaje Majstor Samael u svom delu *Tri planine*:

Ja sam intenzivno radio u Super-Opskuritetu Tišine i u Slavnoj tajni Mudraca...

Ja sam se udubio u Sakralne misterije Mane, strašne Tmine jedne Ljubavi koja je sestra bliznakinja Smrti...

Ponovo sam osvojio mesto u Prvom Raju (nebo) ili na Nebu Meseca, gde je Dante imao viziju Presrećnih i prepoznao je, u zanosu, Pikarda Donatija i caricu Konstancu...

Ponovo sam se vratio na svoje mesto u Drugi Raj ili na Nebo Merkura, u prebivalište Aktivnih i Blagotvornih Duhova...

Vratio sam se u Treći Raj ili na Nebo Venere, u oblast Duhova Ljubavi, tamo gde se Dante pozabavio Robertom, kraljem Napulja...

Ponovo sam se vratio u Četvrti Raj ili na Nebo Sunca, u prebivalište Mudrih Duhova, poglavlje u kom je Dante citirao Svetog Franju Asiškog...

Osvojio sam Peti Raj ili Nebo Marsa, oblast Mučenika Vere, poglavlje u kom Dante pominje Cacciaguida i njegove pretke, staru i novu Firencu...

Vratio sam se u Šesti Raj ili na Nebo Jupitera, u oblast Mudrih i Pravednih Principa...

Ponovo sam se vratio u Sedmi Raj ili na Nebo Saturna, otmeno boravište Kontemplativnih Duhova; veličanstveno poglavlje u kom je Dante iz Firence pomenuo, naglašavajući mnogo, Pedra Daniana i govorio protiv raskoši prelata...

---

[*]   *Otkriveni Parsifal*, pogl. 14. „Sjajna Svastika".

Vratio sam se ponovo u Osmi Raj ili na Zvezdano Nebo, oblast Uranusa; ovde u večnim paragrafima Dante pominje pobedu Intimnog Hrista i Krunisanje Božanske Majke Kundalini; Raj pobedničkih Duhova...

Povratio sam se u Deveti Raj ili na Kristalno Nebo, Neptunovu oblast, izvanredno poglavlje u kom Dante baca žaoke protiv zlih propovednika...

Kasnije, morao sam da se pojavim pred Trećim Logosom, Šivom, svojim Realnim Bićem, svojom sopstvenom Supra-Individualnošću, samim Samaelom, veoma cenjenim...[*]

Videlo se, verni čitaoče da je ćutanje neophodno u času velikih ostvarenja. Kada se jednom osvoje dotična intimna ostvarenja, treba da vodimo brigu da ne otvaramo usta da komentarišemo ono što pripada svetom kraljevstvu. Neki stari Gnostički Ritual nas ovako opominje:

Hijerofant opaža tri ispita u jednom, i oni mogu da budu dati na tri načina: rustični ili prosti primaju ispit u vatri, napredniji ili edukovani, u pameti, a elita ili odabrani, na najvišem planu. Tako imate zvezde i zvezde, sisteme i sisteme, stepene i stepene, ali ih nemojte dati na spoznaju ni jednima ni drugima.

Na kraju, zaključujemo ove paragrafe, podsećajući našeg strpljivog čitaoca da je u starom Egiptu Harpokrate (simbolični oblik koji je dat Horusu) bio predstavljen nagim detetom koje je držalo kažiprst desne ruke u ustima, pozivajući nas na sveto ćutanje mudrih, jer se, realno, Nebesko Carstvo ne može opisati profanim rečima...

Svojevremeno, Veliki Adept Fulkaneli (Fulcanelli) uzviknuo je: „U velikom Delu – govori malo, čini mnogo i uvek budi u ćutnji“...

MIHI CAELUM

K meni, nebo!

---

[*]   *Tre planine*, pogl. 43. „Vaskrsenje“.

44

ZAKON METAMORFOZE ILI ANIMIČNIH TRANSFORMACIJA

*Sve stvari su u neprestanoj izmeni;
sam si u stalnom kvarenju i degradaciji
na jednoj ili drugoj strani.*
Marko Aurelije

Onima koji izučavaju Gnozu neće biti čudno da razumeju činjenicu da je ova Kreacija i sve što ona obuhvata rezultat beskonačnih transformacija prvobitne energije, koje se događaju tokom hiljade miliona, čak i triliona godina.

Gnostička antropologija nam je objasnila da je naša planeta Zemlja prošla kroz prekomerne ili ogromne transformacije, različitih vrsta. Samo spuštanje prvobitne energije, koja je mnogo kasnije završila kristalisanjem ljudskih Rasa koje su postojale na licu ovog sveta, odvijalo se na osnovu energetskih metamorfoza, za vreme takozvanih Rondova Kreacije.

Sve što tvrdimo u ovim redovima jeste potpuno dokumentovano na raznim konferencijama koje je Venerabilni Majstor Samael održao onda kada je objašnjavao kosmogenezu i antropogenezu našeg Sunčevog sistema i našeg sveta, ponaosob; vidite:

U svetu Pameti, prirodno, razvio se PRVI ROND evolucije. Prva stvar koja se tamo pojavila bilo je Mineralno carstvo. U Astralnom svetu se pojavilo Vegetalno carstvo; u Eteričnom svetu se pojavilo životinjsko carstvo, a u Fizičkom svetu se pojavio Čovek, na Severnoj kaloti (isečak sfere), Prva rasa. Protoplazmatična rasa.

Potom su došli Hiperborejci, potom Lemurijanci, potom Atlantiđani i posle njih, Arijanci, svi mi; to je redosled. Jasno je da onda kada neko studira u Unutrašnjim svetovima ove stvari, vidi ih na jedan način, veoma različit i treba da zna da ih tumači.

Na primer, jasno je da u Prvom rondu Monade Mineralnog carstva imaju ljudske likove. I tada možemo da imamo težnju da smatramo da su tamo bili ljudi; ali ne, reč je o Elementalima Mineralnog carstva. Potreban je veoma dobar kapacitet penetracije sa intuicijom Prajna-Paramita, da bismo videli autentično Mineralno carstvo, ostavljajući po strani Monade.

Isto tako se odvijaju stvari i po vegetalnom pitanju u Drugom rondu, u Astralnom svetu. Osoba vidi Elementale, kao veoma inteligentne osobe, milione osoba… pa, to su Elementali. Ali osoba, sa intuicijom Prajna-Paramita, nešto boljom koncentrisanom pažnjom može da vidi, jednostavno, da je Vegetalno carstvo jedno, a Monade su nešto veoma različito.

Osoba silazi u Treći rond. I ovde vidi čista stvorenja, veoma lepa, inteligentna, osposobljena razumevanjem, koja dolaze i odlaze… Osoba veruje da su ljudi Trećeg ronda; ali nisu: to su Elementali. I ako se opažaju malo bolje tela ovih Elementala, vidi se da imaju neke oblike životinja, koje se danas, u ovom Četvrtom rondu, više ne vide; razni životinjski oblici…

I na kraju, tek na kraju, osoba vidi kako se pojavljuje stvorenje koje zaista liči na majmuna, ali nije majmun; liči, malo je slično, ima nečega što je blizu antropoidu, ali nije antropoid. Jasno, zahvaljujući promenama koje trpi Zemlja, transformaciji, metamorfozi Zemlje, i ovo stvorenje svojevremeno, ova antropoidna forma, menja se i pojavljuje se prvi čovek, Prva ljudska rasa koja već živi na Polarnom kontinentu, koji je nekada bio smešten u ekvatorskoj zoni.

I potom slede uzastopne transformacije Zemlje, ili metamorfoze Zemlje, koje će svojevremeno doprineti do izmene ljudskih rasa, u hiperborejskoj epohi, u lemurskoj epohi, atlantiđanskoj i čak i u našim danima… Ako se opaža, sva Ljudska *rasa je u savršenom skladu sa ambijentom u kom se razvija i odvija.*[*]

I na ovoj konferenciji Antropologije, V.M. Samael dodaje:

Približavajući se epohi aktivnosti u Euklidovom trodimen-zionalnom svetu, onaj antropoidni oblik trpi neke izmene, određene metamorfoze, isto kao što trpi i Zemlja i, na kraju, kristalizuje se u ljudskom obliku. Neka se ima u vidu da se morfologija ljudskog stvorenja i prirode menja u toku prola-ska vekova.

Neosporno, ljudska morfologija se pojavila u skladu sa Pro-toplazmatičnom epohom naše Zemlje, da bi realno došla na egzistenciju. Prolazeći kroz hiperborejske, lemurijanske i atlantiđanske periode, morfologija se pomalo izmenila, do današnjeg dana.

Stvorenja koja su nam prethodila, stara ljudska rasa (kao što kažu, kao što svedoče predanja iz starog Meksika i iz raznih zemalja sveta), bila je to rasa giganata; izgubili su na visini, sve dok nisu postali kao što su danas.[**]

Zapravo i u pogledu Carstva koja su deo prirode, Gnostička doktrina podvlači ideju po kojoj Elementalna stvorenja u Mineral-nom, Vegetalnom i Životinjskom carstvu prolaze kroz velike trans-formacije onda kada prelaze iz jednog u drugo carstvo.

Tako, Gnomi zemlje eksperimentišu razne metamorfoze pre ulaska u Vegetalno carstvo; isto tako, Vegetalni elementali doživljavaju u svojoj unutrašnjosti mnogobrojne metamorfoze, pre ulaska u Životinjsko carstvo i, očigledno, sami Životinjski elementali trpe strašne metamorfoze pre nego što će ući u ljudski stadijum, u skladu sa Zakonom Transmigracije duša. Da vidimo kako nam opisuje stvari V.M. Samael Aun Weor, svojim viđenjem sa Prajna-Paramitom:

Paracelzijus govori u svojim knjigama medicine o gnomima, ondinama, nereidama, genijusima, salamndrama, silfama itd. i, kao što je normalno, imbecilni se svemu tome smeju.

Mi, gnostičari, otkrivamo u atomima minerala ove gnome o kojima govori Paracelzijus, lekar u Srednjem veku i, iako se naučnici ismejavaju, mi takođe znamo da radimo sa vegetalnim mineralima lečenje bolesnika, isto kako što je u svoje vreme radio dobri Aureolus Paracelsus.

Svest elementala je odevena u supraosetljiva protoplazmatična tela. Kada se Univerzalni život koncentriše na mineralno carstvo, tada odjednom zapupe protoplazmatična tela ili lunarna tela; tela ove vrste su predodređena za mnoge promene i transformacije.

Gnomi mineralnog carstva, kada uđu evolutivnom uzvišicom u Vegetalno carstvo, trpe seriju transformacija u svojim protoplazmatičnim telima. Kada vegetalni elementali prodru u životinjsku evoluciju, prolaze kroz nove transformacije u svojim protoplazmatičnim telima.

Kada talas evolutivnog života prelazi od životinjskog stadijuma prema čoveku, nove izmene i metamorfoze intervenišu u protoplazmatičnim telima životinjskih elementala koji prodiru po prvi put u neku ljudsku matricu (oblik, forma).[*]

Koristeći reči Oca savremenog Gnosticizma, svi ovi procesi metamorfoze koje je doživela Zemlja i sam čovek, tokom miliona godina, ostali su zabeleženi upravo u ljudskom organizmu.

Naučnici su opazili, da se u prvoj fazi evolucije fetusa pred našim očima pojavljuje neka vrsta kristalizovanih minerala; potom, pred očima nauke pojavljuje se neka vrsta ansambla koji nas podseća na vegetale, zatim uzima oblik nečega što liči na žabu i na kraju se definiše ljudski oblik.

Ovu činjenicu čvrsto potvrđuje Venerabilni Majstor Samael sledećim rečima:

Onaj ko želi da objektivno spozna sve procese evolucije čovečanstva, neka opaža ljudski fetus, od momenta njegove koncepcije. U utrobi majke, fetus ponavlja sve metamorfoze ljudskog tela, počevši od njegovog najstarijeg porekla.[**]

[*]   *Otkrovenja Avatara, pogl. 9. „Protoplazmatična tela"*
[**]   *Belova revolucija, pogl. 10. „Zemaljski period"*

Dobro, kada smo jednom objasnili ove metamorfoze koje trpi naš svet, tokom Rondova i, takođe, Elementali prirode u svojim evolutivnim procesima, sve dok ne dostignu ljudski stadijum, da vidimo šta nam kaže Gnoza o ljudskom stvorenju koje, nakon što spozna Misterije Života i Smrti, želi ili duboko čezne da se oslobodi svih Zakona koji ga drže vezanog za Kreaciju. Koje su metamorfoze koje očekuju ovi inicijati koji pokušavaju da osvoje Finalno Oslobođenje? Najuzvišeniji mističar XX veka nam u vezi ovoga kaže sledeće:

Adept, nakon što je doživeo čitavu Kosmičku dramu Raspeća, treba da prođe kroz Uspenje, tako kao što je Isus doživeo, to treba da učini kroz svih Devet svetova:

1. LUNA

2. MERKUR

3. VENERA

4. SUNCE

5. MARS

6. JUPITER

7. SATURN

8. URANUS

9. NEPTUN.

Nakon doživljavanja Drame, za Disoluciju Ego-a treba da prođe kroz Planete.

Preobražava se u Krokodila Sebeka, zbog purifikacije i eliminacije raznih Ego-a, jer da bi se uzdizalo treba da se silazi u Atomske paklove svake planete. Poslednje dve nemaju Paklove.

U Paklu Meseca ostavlja Telo želje, Astral. Na Merkuru ostavlja Kajina, Pamet i uzdiže se na Nebo, i tako uzastopno na taj način treba da se preobrazi 7 puta u Krokodila da bi se 7 puta spustio i podigao na Nebesa.

Čitav ovaj proces je zato da bi se oslobodilo od Zakona Sunčevog sistema; potom treba da se oslobodi Zakona Galaksije, na kraju Zakona Univerzuma i da se pretvori u prečisti

*Lotosov cvet, preobražavajući se u jednog Kosmokratora, od-
nosno jednog Gospoda kreatora Univerzuma, a kasnije da se
utopi i da bude upijen u nedra Apsolutnosti.* *

Dodajemo ovde, za našeg čitaoca, drugu tvrdnju gnostičkog
Patrijarha; da vidimo:

*Pređite ciklus metamorfoza u barci Khepre, u brodu vašeg
sopstvenog života.*

*Neosporno je da ćete morati da se pretvarate, ponovo i po-
novo, u krokodile, svaki put kada treba da siđete u Paklene
svetove; očigledno je da svakom mističkom uzvišenju odgo-
vara prethodno poniženje; ko želi da se diže, treba prvo da se
spusti, ovo je Zakon.*

*Nesumnjivo, ako budite svoju Svest, pretvorićete se u sokole
sa ljudskom glavom, sa mogućnošću da letite slobodni kroz
zvezdani Prostor. Očigledno je da će biti potrebno da se za-
ista pretvorite u Naga, Zmije; doći će dan kada ćete biti kao
lotosov cvet.* **

Ovim rečeno, Put Intimnog oslobođenja pretpostavlja, kao
što smo videli, mnogobrojne metamorfoze koje imaju kao scenario
duhovni kontinent devotana koji, rizikujući sve radi vrhovne sreće
da dotakne Apstraktni Apsolutni Prostor, podvrgava se najžešćim
disciplinama kako bi dotakao ono što se u Budizmu naziva „Talitet".

Samo tribun pesnika može da sintetizuje u stihovima, bez
ikakvih granica, smotru metamorfoza koju mi, duše, doživljavamo
od kada smo izašli iz kabalističkog AIN-a, dok se ne vratimo ka istim
sferama odakle je sve proizašlo.

---

*   *Tarot I Kabala, pogl. 36. „Arkanum br. 14"*
**   *Moj povratak u Tibet, pogl. 30. „Istina Pravda".*

METAMORFOZA

Metamorfoza božanska,
Metamorfoza vrhovna,
Rešenje je teoreme,
Koje se upravo u čoveku tka.

Konstantne promene
eksperimentiše naša duša,
Neprestane agonije,
Za Ja, koje nas kuša.

Na putu ka Biću ćemo ići
Prolazeći kroz bezbroj agonija
I samo tako ćemo se spasiti
Iz Setovih vibracija...

Vremenom, mnogo kasnije,
Oni umereni presudu će izreći
I naša sveta Svest
Na mesto njeno će se vratiti,
Platiti neće ni desetinu
Velikom tiraninu,
Koji ljude muči
Čvorom gordijskim ...

I okean svetlosti
Sa suncima će ponovo sijati
I putem krsta će najaviti
Plodni dan u zori.

———
Autor

METAMORFOSIS

Metamorfosis divina,
metamorfosis suprema,
solución del teorema
que dentro del hombre anida.

Transformaciones constantes
que nuestra alma experimenta,
agonías incesantes,
para el Ego que nos tienta.

Múltiples crisis pasamos,
en el camino hacia el Ser,
solo así nos despojamos,
de los influjos de Seth...

Mucho más tarde, en el tiempo,
las parcas darán sentencia,
y nuestra sagrada esencia,
retomará su lugar,
sin tener ya que pagar,
deudas al gran tirano,
que atormenta a los humanos,
mediante el nudo gordiano...

Y el océano de luz,
volverá a resplandecer,
anunciando con la cruz
un fecundo amanecer...

———
El Autor

ZAKON NAD-NAPORA

Čovek je rođen da se bori, da bismo ga
bolje definisali, kazaćemo da je urođeni
ratnik i da njegov život, od početka do
kraja, nije ništa drugo nego borba.
Carlyle

Udubljujući se u Misterije Gnoze, često nailazimo na odlučnu tvrdnju po kojoj je čitava Kreacija ćerka velikog napora božanskog Theomegalogosa (Gospoda Velike Svetlosti), da bi projektovao i reflektovao sebe u ogledalu dotične Kreacije.

Kao što se sila Nepoznatog Boga menifestuje u scenariju Maha-Manvantare, radi dobra svih Monada koje čeznu za Autorealizacijom tako i dotične Monade treba da ulože napore i nad-napore da bi se vratile početnoj tački originacije. To je ono što konstituiše Misteriju Autorealizacije Bića u svakom ljudskom stvorenju. Neosporno, ova misterija se razvija u duhovnoj intimnosti svake osobe i radi toga postoje takozvani inicijatički procesi koji su u vezi sa onim Trima planinama, o kojima je raspravljao Patrijarh Gnoze, V.M. Samael Aun Weor.

Nema sumnje, ovi procesi nisu plod neke mehanike, imajući u vidu da, onako kako tvrdi Gnoza svih vremena, taj koga nazivamo „Bog" nije tiranin i, prema tome, nikada nas ne bi obavezao da doživljavamo ove inicijatičke ordale (teške probe). Dakle, uspostavlja se da devotan, aspirant ka ovim Misterijama, treba da se ispuni velikim mističkim čežnjama i velikom hrabrošću (sve vreme isprobavanom), da bi se lansirao u traganje za Velikom Istinom koja je sklonjena u njegovu unutrašnjost.

Postoje brojne inicijatičke škole koje dugo vreme pogrešno tvrde da će, žele ili ne žele, sva ljudska bića koja nastanjuju lice ove zemlje, stići jednoga dana da se Autorealizuju i ujedine sa Sakralnim Apstraktnim Apsolutnim Prostorom. Ništa apsurdnije. Realnost je veoma ozbiljna i pretpostavlja, u toku čitavog hodočašća, strašnu sumu dobrovoljnih patnji i svesnih žrtvovanja, često nezamislivih.

Da bismo proverili ove reči, dovoljno je da opažamo ono što nam kaže utemeljivač savremenog Gnosticizma, V.M. Samael Aun Weor, u svojim raznovrsnim delima; da vidimo nekoliko primera:

Ako mi ne čeznemo ka Revoluciji Svesti, ako ne uložimo straš-ne nad-napore, da bismo razvili ove latentne mogućnosti koje nas vode ka intimnoj Autorealizaciji, jasno je da se ove mo-gućnosti nikada ne bi razvile. Veoma su retki oni koji se Au-torealizuju, oni koji se spašavaju i ovo nije nikakva nepravda. Zašto bi jadna intelektualna životinja imala nešto što ne želi?[*]

Onda kada je V.M. Samael Aun Weor naglasio potrebu da se stvore istinski Animični vehikli u unutrašnjosti ljudskog stvorenja, da bi moglo napustiti ovaj stadijum humanoida, ovako je upozorio:

U ezoteričkim školama emfatično se pominje da posedujemo Svetlo Astralno telo. Ova stvar je diskutabilna zato što Astral-no telo treba da se fabrikuje u Devetoj sferi posredstvom transmutacija H-Si-12.

Ono što poseduju obične osobe to je Telo želja koje se brka sa Astralnim telom; teška je to greška, veoma velika greška, jer Telo Želja nije Astralno telo. U Egipatskim misterijama ovo telo je poznato kao Apopi, ovo je Demon želje. Takav jedan demon je zastrašujuće koban, i kad pomislimo da ga sav svet ima, onda je sav svet zlokoban; a da više ne bismo bili takvi, onda samo naporima i nad-naporima ovog puta, prestaćemo da budemo Demoni.[**]

[*]   *Fundamentalna edukacija, pogl. 33. „Evolucija, Involucija, Revolucija"*
[**]   *Tarot i Kabala, pogl. 43. „Arkanum br. 21".*

I onda kada se izrađuje H-Si-12 koji može da bude podignut na višu muzičku oktavu (posle note Si dolazi Do koji odgovara drugoj muzičkoj skali na višoj oktavi), posredstvom Kočenja seksualnog impulsa i ejakulacije, na ovaj način prelazi H-Si-12 na Drugu oktavu stvarajući Solarno Astralno telo; posredstvom trećeg šoka, Hidrogen prelazi na Treću oktavu koja će da stvara Solarno Mentalno telo; Četvrta oktava stvara Telo Svesne volje. Čitav ovaj rad čini se uz pomoć Majtune. Ako bi naše Božansko Biće bilo u posedu ova 4 Vehikla (tela), naše Božansko Biće ušlo bi kroz Pinealnu žlezdu i tada bismo stigli do Drugog rađanja i pretvorili bismo se u Istinske Ljude; sve dok imamo Lunarna životinjska tela mi smo Intelektualne životinje i nimfa (larva) koja se može pretvoriti u Nebeskog leptira, a ovo se ostvaruje Nad-naporima.[*]

Zaista je za žaljenje što ovaj živi zodijak Mikrokosmosa Čoveka tako duboko spava. Neophodno je da uspemo, na osnovu nekih strašnih nad-napora, da budimo svoju Svest u svakom od onih naših dvanaest zodijačkih znakova.

Svetlost i Svest su dve pojave iste stvari; kod nižeg stepena Svesti, niži stepen svetlosti; kod višeg stepena Svesti, viši stepen svetlosti.

Potrebno je da budimo Svest da bismo učinili da sija, da zrači svaki od onih dvanaest delova našeg sopstvenog Mikrokosmičkog zodijaka. Čitav naš zodijak treba da se preobrazi u svetlost i blistavost.[**]

Ova stvar Intimne Autorelizacije je moguća samo na osnovu strašnih nad-napora, a ljudi ne vole nad-napore; ljudi govore samo: „Da jedemo i pijemo, jer sutra umiremo". Intimna Autorealizacija nikada ne može da bude rezultat neke mehaničke pojave, čak iako je ova evolutivnog tipa.[***]

Ko hoće da se Samoostvari mora da bude raspoložen da se odrekne svega: bogatstva, slave, mira, prestiža, treba da dâ svoju sopstvenu krv. Treba da ima Centar gravitacije, Permanentni centar Svesti. Sva ljudska bića nisu ništa drugo nego

[*]   *Tarot i Kabala, pogl. 12. „Arkanum br. 12"*
[**]   *Ezoterički traktat Hermetičke astrologije, pogl.1. „Ovan"*
[***]   *Budina ogrlica, pogl. 13. „Budina ogrlica"*

*mašine rukovođene našim Ja-ovima (Ego je mnogostruki), postavljeni smo u nezahvalan položaj, ovo predstavlja Nad-napore i Ubijanje Ego-a; ovaj Ego je Mefisto, koren svih naših patnji, bola, on živi u zavisnosti od sopstvene uslovljenosti, treba da ga svedemo na kosmičku prašinu, kako bismo imali Budnu Svest, kako bismo „bili u mogućnosti da vidimo Put".**

Oslobađanje od onih 48 Zakona, od onih 12, od onih 6, pretpostavlja da uradimo strašne nad-napore, a ljudima se ne sviđaju nad-napori. Ljudima se uvek sviđa ono što je komotno, lakše i, zbog toga, sva ljudska bića , malo kasnije ili ranije, prestaju da se rađaju, da bi prodrli u potopljeni svet onih 96 Zakona.

*Samo posredstvom Revolucije Svesti možemo da se oslobodimo od onih 48 Zakona od onih 12, od onih 6, ali ljudi ne vole Revoluciju Svesti. Ljudi više vole da igraju, da piju, da forniciraju, da vrše preljubu, da se opijaju, da sakupljaju novac itd, itd, itd.***

Jedan od veoma važnih aspekata ove želje za oslobađanjem je taj koji se odnosi na borbu protiv niskih emocija, koje nas drže vezane za ovaj svet, koje nas vezuju za Točak Samsare. U pogledu ovog, V.M. Samael je rekao sledeće; da vidimo:

Kada je napadnut Niži Emocionalni centar, patnja je potpuna; ispred nas, na našem putu , pojavljuju se osobe koje nas ranjavaju, koje zabadaju nož u Emocionalni centar; osećamo kako nam muče srce. Jasno, uvek postoji težnja da reagujemo protivu onih koji nas ranjavaju, na ovaj ili onaj način; imamo ovu veoma uočljivu težnju da reagujemo, a ako reagujemo, Niži Inferiorni centar postaje snažniji, a ovo je veoma opasno!...

Ipak, ova borba protiv nižih emocija ima pojedine prednosti. Jedna od njih je, sigurno, najvažnija: kao posledica ovog konflikta sa emocijama koje su prouzrokovane rečima koje su nas ranjavale, pojavljuje se naše individualno Biće, kao proizvod borbe, napora.

---

*   *Tarot i Kabala, pogl. 9. „Arkanum br. 9"*
**   *Božćna poruka 1965-1966, pogl. 3. „Zakon Trojke"*

Ovo individualno Biće se pojavljuje pobedničko na manifestaciji, neposredno i očigledno je da objedinjuje sve naše funkcije. Naši centri, koji su pre bili nepovezani, jedni protiv drugih, divno se integrišu. Posredstvom ove borbe protiv inferiornih emocija, posredstvom ovih objektivnih i centralnih nad-napora(ali ne posrednih ili jednostranih), zaista se osvaja snažna individualnost i integracija Bića.[*]

Neki učenik Majstora Samaela postavio je pitanje u vezi sa mogućnostima Autorealizacije žena u okviru gnostičkih studija. Unosimo ovde pomenuto pitanje i odgovor Majstora Samaela; da vidimo:

Učenik: Majstore, čuo sam da žena ne može da napreduje isto kao i muškarac, na ovom putu. Zbog čega je tako?

Majstor: Žena može da napreduje na putu kao i svaki muškarac. Dotiče Majstorstvo u Petoj Inicijaciji Vatre. Kasniji napredak suje moguć samo pomoću snažnih intimnih nad-napora.[**]

Tada, prijatelju čitaoče, da li je ovaj zakon nad-napora zakon koji treba da se transcenduje? Niko se ne može

Autorealizovati običnim naporima. Nad-napori su neophodni, ako želimo da prodremo na put koji će da nas vodi ka Finalnom, totalnom i apsolutnom oslobođenju. Ovo označava da stižemo da u potpunosti gubimo svoj identitet sve dok se ne pretvorimo u supstancu-Biće. Kada se jednom pretvorimo u Supstancu-Biće, integrišemo se sa BIĆEM, jedinim i esencijalnim, sa samim Ocem Univerzuma, božanskog Aelohima Jevreja, koji ima svoje boravište u najdubljem prstenu Apstraktnog Apsolutnog Prostora. Ovako je razjasnio sam Avatar, kazivajući:

Totalna misterija savršenosti Prve Misterije, koja se nalazi u unutrašnjosti Starca Dana, pokazana je od Aelohima. Slava Prve Misterije jeste kompletna slava. Onaj ko se integriše sa Starcem Dana, nakon određenih nadnapora, moći će da se integriše sa Aelohimom. Poslednji Pomoćnik jeste u realnosti Adi-Buda (Adi-Buddha).

Očigledno, Adi-Buda je Otac Oca, Nemanifestujući i Nepozna-
ti (Nekognitivni). Neosporno, Nepoznati-Nemanifestujući je
Budin Buda. Starac Dana, ulazeći u nedra Apsoluta, treba da
se integriše sa Adi-Budom.[*]

Da bi bio istrajan, prijatelju čitaoče, u dobrovoljnim naporima i nad-naporima, održavaj tvoju volju koja uzvisuje i ne zaboravi ni za trenutak namere koje si stavio u službu ovog slavnog cilja, onako kako nam dobro recituje, u svojim stihovima, neki pesnik:

<table>
<tr><td>

VERA

Samo verom se razvija volja
Koja može gore da pokrene.
U njoj se krije razumevanje
Koje je u svesti sve veće.

Želiš-veruješ-možeš, sveta povorko,
Koja napore podržavaš, između želje i moći
Cementna vera se stvara
Koja heroja polira.

Opijajmo se njome, u svakoj stvari,
Čista vera, slobodna i živa, što gori,
Deluje – koja stvara i razara.

Animični Saturn, proždire
Sopstvenu dogmu smišljenu kao Ideju.
Vera u samoj veri, aurora besmrtna!...

———————————
Miguel de Unamuno

</td><td>

FE

No ya la fe, la voluntad levanta
las montañas sacándolas de asiento,
mas en aquella cobra entendimiento
y en la propia conciencia se agiganta.

Querer-creer-poder, tal es la santa
procesión que al esfuerzo da sustento,
entre el quiero y el puedo de cemento
hace la fe que al héroe abrillanta.

Tengámosla, no importa en lo que sea
fe pura y libre y viva, abrasadora,
la que en la acción destruye y crea,

¡¡¡anímico Saturno que devora
al propio dogma que engendró en la Idea,
fe en la fe misma, inacabable aurora!!!...

———————————
Miguel de Unamuno

</td></tr>
</table>

———————————
[*] *Pistis Sofija otkrivena*

46

ZAKON
SOLARNOG LOGOSA

Sekira sekača iskala je od drveta plod.
A drvo joj dade.
Rebindranat Tagore

Približavamo se, prijatelju čitaoče, sve više, do tačnog razumevanja misterija koje nas razdvajaju od Velike Realnosti. Neosporno je i izvan svake sumnje da slaba karika lanca koji nas drži vezene za majasičnu viziju stvari ima rešenje u dubokom razumevanju, unutar ljudske psihe, ove stvari koju nazivamo egoizam.

Sa gnostičke tačke gledišta, uvek nam je bilo rečeno da u unutrašnjosti svake osobe, intimni Logos je njen sopstveni oslobodilac, njegov sopstveni Salvator Salvandus, sopstveni Spasitelj i, posredstvom ovog Oslobodioca, devotan stiže na kraju da se fazioniše sa najtranscendentalnijim aspektima svoje sopstvene svete individualnosti, odnosno, svog duboko unutrašnjeg Realnog Bića.

U pogledu ove teme, toliko transcendentalne i transcendentne, cenjeni Majstor Samael Aun Weor nam je odlučno izrazio sledeće:

Zakon Solarnog Logosa je požrtvovanje. On se žrtvuje u zori života u svakom novom Svetu koji se pojavljuje iz Haosa, kako bi sva bića imala život i da ga imaju u izobilju.

Svako ko je stigao do Drugog rađanja treba da se žrtvuje za čovečanstvo, da podigne baklju sasvim gore da bi pokazao drugima put koji vodi ka svetlosti.

Onaj ko se žrtvuje za čovečanstvo stiže do Venerske Inicijacije. Hitno je da znamo da je Venerska Inicijacija inkarnacija Hrista u čoveku. Onaj ko inkarnira Hrista u sebi samom treba da doživi Kosmičku dramu. Venerska Inicijacija ima sedam stepena; počinje sa događajem u Vitlejemu i završava se smrću i vaskrsenjem Gospoda.

Onaj ko dotiče Venersku Inicijaciju pretvara se u Hrista. Samo se sa tri faktora revolucije Svesti stiže do Venerske Inicijacije.[*]
U drugim svojim delima, Venerabilni Patrijarh Samael nam kaže:

Onaj ko stigne do Venerske Inicijacije pretvara se takođe u Hrista. Samo posredstvom Tri Faktora Revolucije Svesti stiže do Venerske Inicijacije. Samo nakon prolaska kroz pet Inicijacija Majornih Misterija i kao veoma specijalan poklon, kao posledica Žrtvovanja za čovečanstvo, Hristos se može inkarnirati u nama. Da bi se razumeo način na koji se ova Kosmička sila humanizuje u našoj unutrašnjosti, treba da znamo da rukujemo sa Trimurti.

Sakralnom kopulacijom, božanskom, svetom Koncepcijom, zamišljena je Izis. Ona je devica pre rađanja, za vreme rađanja i posle rađanja. Izis je naša lična Božanska Majka Kundalini, Ram-Io.

Tako se pojavljuje dete koje je u Egiptu nosilo naziv „Horus" i koje je za vreme Jevreja bilo nazvano „Jeshua" (Ješua), naš obožavani Spasitelj. Isus u Jevanđeljima je duboko simboličan, jer Isus proizilazi iz „Jeshua", što na hebrejskom znači „Spasitelj".

Isus, Jeshua, Horus jesu jedno te isto. Ovo je dete koje je uvek u naručju svoje Majke Izis ili Marije. Ovo je upravo Hristos koji se spustio iz Drugog Logosa, Kosmički Hristos – sada humanizovan, preobražen u sina Božanskog čoveka i Božanske žene. Pretvorio se u Kralja-Dete-Spasitelja, ali je on lični Kralj-Dete, jer je zapravo Biće u nama.

---

[*]   *Ezoterički traktat Hermetičke astrologije, pogl. 11. „Vodolija"*

Ovo je Zlatno dete Alhemije, koje je krunisano. Ovo je Isus Hristos, zato što je Hristos Drugi Logos i Isus, zato što se pretvorio u Spasitelja. Da bi se pretvorio u Spasitelja, bilo je potrebno da se spusti upravo iz svoje Sfere, da uđe u utrobu veoma čist, čedan, da se rodi posredstvom dela i gracije Svetog Duha, stvorio se Sin Božanske Majke, u stvari – sin svojih Roditelja.

A kada se govori o Žrtvovanom Jagnjetu koje „prašta grehove sveta", nemojmo misliti na istorijsku ličnost od pre 1977 godina. Ne poričem postojanje Velikog Kabira Jeshua Ben Pandire; bilo bi apsurdno da poričem, jer je on autor Pistis Sofije (ovo je istorijska činjenica); ali, treba da mislimo na ovog unutrašnjeg Jeshuu (na kog se često odnosio Pavle iz Tarsa), na unutrašnjeg Isusa Hrista, Humanizovanog Logosa; na ovaj logosni Zrak kog svako od nas ima i koji prodire u materinsku utrobu Božanske Majke Kundalini Shakti, da bi se kasnije pojavio sa Venerskom inicijacijom.

Treba da podsetimo da Logos nije ljudska individua, nego božanska. Zavaravaju se oni koji ne misle tako; Logos je Savršena mnogostruka Jedinica. Svako od nas ima svoj Logosni Zrak (recimo tako), svog unutrašnjeg Hrista koji, onda kada se humanizuje u materinskoj utrobi, pretvara se u intimnog Isusa Hrista (Isus znači „Spasitelj"), a Hristos ili Vishnu ili Oziris, jeste naš Logosni zrak (radijus).

Onda kada čitamo Poslanice Apostola Pavla, sami možemo proveriti, sa iznenađenjem, da retko pominje Isusa, Velikog Kabira ili istorijskog Hrista. Uvek se odnosi na intimnog Hrista. Kada Pavle iz Tarsa toliko često govori o Isusu Hristu, on se ne odnosi na onu istorijsku ličnost, nego na Unutrašnjeg Isusa Hrista svakoga od nas.

Prema tome, braćo, ovaj unutrašnji Isus Hristos je taj koji je značajan. Ako neki Iluminat doziva, u Svetovima Kosmičke Svesti, Jeshuu Ben Pandiru, on će ga ovako pozdraviti, pokazujući prema srcu: „Traži me ovde, unutra; traži Hrista ovde, unutra". Zato što je Jeshua Ben Pandira došao da donese doktrinu Intimnog Hrista, isto kao što je i Gautama Buddha Sakyamuni doneo doktrinu unutrašnjeg Bude.

Prema tome, draga moja braćo, želim da reflektujete na značenje svega ovoga… Nesumnjivo, treba da pravimo razliku između onoga šta je Isus Hristos kao Veliki Kabir (čovek koji je pridikovao Doktrinu intimnog Hrista svakoga od nas) i onoga šta je intimni lični Isus Hristos u svakome.

Znajte da Hristos nije individua. Kosmički Hristos je bezlični, univerzalni i nalazi se onostrano individualnosti, personalitetu i Ja-u. To je Kosmička Sila, sila koja se izražava posredstvom svakog čoveka koji je potpuno pripremljen. Jednoga dana se izražavala posredstvom velikog Jeshua Ben Pandire, koji je bio poznat u fizičkom svetu upravo kao Veliki Isus iz Nazareta, drugom prilikom u liku Mojsija, u svečanoj misteriji na Gori Nava (n. prev.: 5 Mojsijeva gl. 34).

Hristos je kosmička supstanca, latentna u svakom atomu iz Beskonačnosti, Supstanca Istine. Hristos je Istina i Igniski Život naših magičnih moći, Vatra Svetog Duha.[*]

Pošto je ovo veoma delikatna tema u okviru Gnosticizma, naš čitalac treba da nam dozvoli da dodamo i ove paragrafe, radi boljeg razumevanja:

Potrebno je da se rodi tajni Majstor u našoj unutrašnjosti; potrebno je da umremo, Ego treba da umre; hitno je da se žrtvujemo radi čovečanstva, ovo je Zakon Solarnog Logosa; on se žrtvuje, razapinje se u svetove kako bi sva ljudska bića imala život i da ga imaju u izobilju.

Rađanje je seksualna stvar; smrt je stvar otapanja Ego-a; Žrtvovanje radi čovečanstva je ljubav. Trebalo bi da se provede 20, 30 godina u Devetoj sferi, kako bismo imali pravo da se rodimo u Višim svetovima; a ova činjenica da umremo, da otapamo voljeno Ja, ovo požrtvovanje za čovečanstvo – ljudima se ne dopada.

Čovečanstvo nije zainteresovano za intimnu Autorealizaciju i jasno je da se nikome ne može dati ono što ne želi.

Ljudi su zainteresovani samo da dobijaju novac, da jedu, da piju, da se razmnožavaju, da se razonode, da poseduju moć, prestiž itd.

---

[*] *Razni delovi Bića*

Tako se objašnjava zašto je malo onih koji se spašavaju: „Jer je mnogo zvanih, ali je malo izabranih.“

Svet je prepun mnogih ljudi koji, prividno, žele da se Autorealizuju, da bi imali pravo da prodru u kraljevstvo ezoterizma, ali ono što ovi ljudi u stvari žele to je da se zabavljaju ovim studijama i to je sve.

Ovi studenti su kao leptirići, danas su u jednoj školi, sutra u drugoj; ne poznaju Put i, kada stignu da ga upoznaju, na početku su mnogo ushićeni, a kasnije, kad već uvide da je rad ozbiljan, uplašeni beže i traže utočište u drugoj školi.

Linija života je spiralna, a ljudi silaze u svakoj reinkarnaciji na lestvicu u obliku puža, sve dok ne stignu u Pakleni svet Mineralnog carstva.[*]

Neka nam naš čitalac sada dopusti da dodamo ove kratke paragrafe u vezi sa ovim izuzetnim Zakonom Solarnog Logosa; da vidimo:

Aspiranti ka Svetlosti neće da razumeju da je Zakon Solarnog Logosa požrtvovanje. On se žrtvuje, razapne se u svim kosmičkim jedinicama koje se pojavljuju iz Haosa, u svakom svetu koji se rađa, kako bi sva bića imala život i da ga imaju u izobilju.

Neće da razumeju gnostička braća, okultisti, teozofi, rozenkrojceri itd, itd, itd, da čovek u mizeriji nema želje da se Autorealizuje, on je utučen, sputan, ponižen i gnevan na društvo.

Neće da razumeju braća iz raznih duhovnih naziva da ljubav koju oni pridikuju treba da bude dokazana činjenicama, a ne pustim nesupstancijalnim govorom, dvosmislenim klevetanjem. Ničemu ne služi da govorimo o ljubavi i dobročinstvu ako naša dela to ne dokazuju. Činjenice su činjenice i činjenice su te koje govore.^{**}

Nesumnjivo, prijatelju pokajniče, ako želimo da inkarniramo živu Svetlost, dokazuje se da je potrebno da budemo odlučni i hrabri na teškom putovanju koje treba da nas vodi ka prvobitnom izvoru

---

** Budina ogrlica, pogl. 13. „Budina ogrlica“*

*** Abraxas, „Otvoreno pismo II“, časopis Abraxas br. 52.*

iz kog smo nekada, božanskom molbom, svi mi izašli iz središta jednog kosmičkog mlaza...

Pustimo reku poezije da se izlije između ovih redova i da nas svojom slašću oraspoloži; ove refleksije koje, u nekom dobrom času, stižu do našeg dela duše:

VERA

Samo verom se razvija volja
Koja može gore da pokrene.
U njoj se krije razumevanje
Koje je u svesti sve veće.

Želiš-veruješ-možeš, sveta povorko,
Koja napore podržavaš, između želje i moći
Cementna vera se stvara
Koja heroja polira.

Opijajmo se njome, u svakoj stvari,
Čista vera, slobodna i živa, što gori,
Deluje – koja stvara i razara.

Animični Saturn, proždire
Sopstvenu dogmu smišljenu kao Ideju.
Vera u samoj veri, aurora besmrtna!...
____
Miguel de Unamuno

FE

No ya la fe, la voluntad levanta
las montañas sacándolas de asiento,
mas en aquella cobra entendimiento
y en la propia conciencia se agiganta.

Querer-creer-poder, tal es la santa
procesión que al esfuerzo da sustento,
entre el quiero y el puedo de cemento
hace la fe que al héroe abrillanta.

Tengámosla, no importa en lo que sea
fe pura y libre y viva, abrasadora,
la que en la acción destruye y crea,

¡¡¡anímico Saturno que devora
al propio dogma que engendró en la Idea,
fe en la fe misma, inacabable aurora!!!...
____
Miguel de Unamuno

47

ZAKON
LUNARNIH INFLUENCIJA

Ko ne vidi taštinu sveta,
znači da je i sam pust.
Paskal

Jedna od prepreka koja se često javlja pred hodočasnikom koji teži ka Oslobođenju to je, nesumnjivo, ona koju stvaraju mehaničke vibracije koje proizilaze od susednog satelita kojeg nazivamo Mesec.

Pošto je, kaže Gnoza, ljudsko biće, ili bolje rečeno humanoid, mašina koja prihvata i ponovo prenosi milione vrsta i podvrsta energije koje proizilaze iz Kosmosa, da bi potom hranila površinske slojeve našeg sveta, pa prema tome nije čudno da među dotičnim energijama ima neke pozitivnog tipa, a druge, naravno, negativne prirode. Pozitivne influencije pomažu čoveku da se razvija u okviru egzistencije; dok, negativne imaju ulogu samo da čine da on pati u toku svoje manifestacije u ovom trodimenzionalnom svetu i da ga sprečavaju, po svaku cenu, da se Oslobodi...

Ovo ćemo stići da razumemo onda kada budemo čitali paragrafe izvedene iz Doktrine koju je razvio Čovek-Sunce XX veka, V.M. Samael Aun Weor; opažajte:

Pre svega, treba da kažemo da zavisimo, nažalost, od mehaničkih uticaja Meseca. Tako da „mesečari“ nisu samo ludaci, zato što čitav svet zavisi od Meseca. Mesec ima veliku moć nad planetarnim organizmom na kom živimo, odnosno nad planetom Zemljom. Vidite influenciju Meseca na biljke: kada je Mesec u porastu sok se nalazi, posebno, u njihovom gornjem delu; kod opadanja, lunarni uticaj čini da se biljni sok spušta i koncentriše se posebno u niži deo stabla i korenova. U antikvitetu ljudi su sekli drva posebno kada je Mesec bio u porastu, i sejali su kada je bio u opadanju, dobijajući tako sjajna drva koja su trajala čitavim vekovima. Sada su ljudi zaboravili na influenciju Meseca i seku drva kada je Mesec u opadanju i seju kada je u porastu, dobijajući tako drva koja se brzo razgrađuju.

Ljudi, na primer, koji su rođeni u znaku Raka (naročito), menjaju karakter u zavisnosti od influencije Meseca. Mesec proizvodi plimu i oseku, reguliše proces ovulacije u jajnicima ženskog pola itd. Zaista, nije moguća nikakva koncepcija bez uticaja Meseca.

Mesec je, očevidno, takođe u vezi sa bolestima; lunarni ciklusi guverniraju tifus, velike boginje itd. Mesec je veliki teg, kao teg jednog časovnika; tako kako teg (ili klatno) časovnika čini da radi časovnik, isto tako klatno ili teg, odnosno Mesec, čini da funkcioniše čitava ova Priroda, čitava Zemlja. Iz svih ovih motiva videćemo da je čovečanstvo potpuno lunarno. I ako opažamo klatno sata vidimo da je sto posto mehaničko i da upravlja svom mehanikom sata. Isto tako, Mesec (koji je klatno ove planete) mehanički upravlja čitavom planetom, a upravlja i nama. Tako da su ljudska bića i čovečanstvo u celini, sto posto lunarni.

Zaista (kao što sam tvrdio), biljke takođe ispunjavaju zadatak da pretvaraju i odašilju energiju u unutrašnjost Zemlje. Sve vrste životinja ispunjavaju isti zadatak i na kraju unutrašnjost planetarnog organizma na kom živimo je podržana, precizno, kosmičkim energijama. Ali, ČOVEČANSTVO JE NAJZNAČAJNIJI

ORGAN PRIRODE. Zašto je najznačajniji? Zato što ima TRI MOZGA: Intelektualni, Emocionalni i Motorički. Intelektualni se nalazi unutar mozga (fizičkog), Emocionalni je u srcu i Motorični je na gornjem delu Kičmenog stuba.

Ovo čini da je čovečanstvo najvažniji organ, jer može da asimiliše različite vrste energija i potom da ih pretvara i odašilje donjim slojevima Zemlje. Tako da mi treba da znamo da je svako ljudsko biće jedna mašinica za pretvaranje energija. Radi toga živi, zato postoji pod svetlosti Sunca (potpuno je mehaničko i mnogo je regulisano od Meseca).

Slobodan izbor, sigurno, ne postoji. Imaginirajte za momenat, violinu unutar svoje odgovarajuće kutije: skoro da ne postoji neki beznačajni prostor, naravno, između muzičkog instrumenta i njegove kutije. Takav jedan prostor, upoređenjem, bio bi pokazatelj o slobodnom izboru kog imamo.

Ipak, moguće je da mi povećamo ovaj mali slobodan izbor: radeći na nama samima, ako prestanemo da budemo mašine.

Svi mi, zajedno sa svim stvorenjima koja žive na površini Zemlje i koja konstituišu, rekli bismo, organski svet, jesmo mašinerija ovog velikog organizma nazvanog Zemlja. Klatno koje čini da ovaj komplikovani organizam radi jeste Mesec.

Čovečanstvo (polazeći od ovog principa) je kompletno mehaničko, ovo je očigledno. Potrebno je da stvorimo u samoj svojoj unutrašnjosti Psihološki Mesec, samo tako ćemo prestati da i dalje budemo mehanički.

U našoj unutrašnjosti, danas, jedinu stvar koju imamo je MEHANIČKI CENTAR GRAVITACIJE; taj centar SE NALAZI U PERSONALITETU. Očigledno, u našem personalitetu se nalazi ono što su nas učili, primer onih starijih i naše porodice, ono što smo učili u školi, na ulici, u restoranu, u krčmi itd. Sve to konstituiše personalitet, ovde je naš Centar gravitacije.

Prema tome, naš Gravitacioni centar danas se nalazi u Personalitetu, nažalost... Ali je ovaj Centar gravitacije potpuno mehanički. Imamo potrebe da stvorimo novi Centar gravitacije, ali ne mehanički, nego svesni. Da li je moguće da ga stvorimo? Da, moguće je! Ako ga budemo stvorili, prelazimo od mehaničkog centra gravitacije ka svesnom centru gravitacije. Ali, nije moguće da se pređe od mehaničkog centra gravitacije ka svesnom centru gravitacije „tek tako", TREBA DA RADIMO NA SEBI SAMIMA.

Ako želimo da u sebi stvorimo svestan centar gravitacije, treba pre svega da IZBACIMO iz sebe NEPOŽELJNE ELEMENTE uobraženosti, gordosti, sujete, egoizma, samoljublja, ljubomore itd. Samo eliminacijom ovih navedenih psiholoških elemenata moći ćemo da stvorimo u svojoj intimnoj konstituciji, odnosno u svojoj UNUTRAŠNJOJ ESENCIJI, Svesni Centar gravitacije odnosno, Psihološki Mesec.

Psihološki Mesec je Svesni Centar gravitacije. Onaj ko je uspeo da stvori u svojoj unutrašnjosti Psihološki mesec, nesumnjivo, oslobodiće se od mehaničkih uticaja Meseca koji se okreće oko Zemlje.

Da bismo se oslobodili od ovog mehaničkog uticaja koji nam dolazi tamo odozgo, od Fizičkog Meseca, imamo potrebe da stvorimo u sebi Psihološki mesec, odnosno Svesni Centar gravitacije. Za razliku od mehaničkog Centra gravitacije, koji je smešten u personalitetu, Svesni Centar gravitacije je smešten zaista u Esenciji, u Svesti, u animičkom delu. Ovde je razlika...

Ali, isterivanje psihičkih agregata gordosti, sujete, uobraženosti, ljubomore, gneva, samoljublja, egoizma, upliće dosta ozbiljan rad. Dakle, ovi agregati, očigledno, raduju se određenoj samonezavisnosti; mogli bismo reći da su to psihološka stvorenja ili psihološki ljudi koji postoje u samoj našoj unutrašnjosti i koji kontrolišu personalitet. Unutar ovih „entiteta" je učaurena Esencija, Svest.

Ako želimo da dezintegrišemo ove defekte, ove psihološke agregate, potrebno je da ih razumemo; a ako želimo da ih razumemo, potrebno je da ih prvo otkrijemo. U praktičnom životu mi treba da živimo u stanju budne percepcije, budni prema novini, ako želimo da izbacimo nepoželjne psihičke agregate koje unutra nosimo. U odnosima sa svojim prijateljima, na ulici, na javnom trgu, u hramu itd, defekti koje skrivene nosimo spontano procvetaju, a ako smo budni i pripravni, kao stražar za vreme rata, onda ih vidimo.

Otkriveni defekt treba da bude analiziran, totalno shvaćen, posredstvom duboke unutrašnje meditacije. Kada je neko razumeo ovaj ili onaj defekt psihološkog tipa, očevidno je da ga treba DEZINTEGRISATI. Dezintegracija je moguća ako se oslonimo na silu koja je superiornija od pameti.

Pamet, sama po sebi, ne može fundamentalno da pokvari nijedan defekt. Može da ga sprovede od jednog do drugog nivoa, može da ga krije od sebe same i od drugih, može da ga nazove raznim imenima, može da ga opravda ili osudi, ali nikada ne može da ga izbaci iz same sebe. Da bi se mogao izbaciti ovaj ili onaj otkriveni defekt, potrebna nam je Moć viša od pameti. Na sreću, ova moć postoji. Želim da se odnosim, neposredno, na KUNDALINI ili IGNISKU ZMIJU NAŠIH MAGIČNIH MOĆI.

To je Serpentinska (zmijasta) Vatra, prstenasta, uvijena u obliku zmije unutar Magnetskog centra repne kosti. Kada se ova Vatra budi, ona se uzdiže žareći duž medularni spinalni kanal, budeći Centre, Moći itd, i totalno nas transformiše. Nesumnjivo da je dolazak vatre najgrandiozniji događaj koji neki čovek može da ima u životu.

Ovoj uzlaznoj zmiji dato je ime „Kundalini". Ako se mi koncentrišemo na ovu Sakralnu guju i preklinjemo je da izbaci ili dezintgriše onaj defekt koji smo otkrili, vi možete da budete sigurni da će to da uradi. Onaj agregat koji oličava jedan defekt biće svođen na kosmički prah. Neko može da dezintegriše bilo koji defekt u dubokoj medita-ciji, kada je sam, ili kada radi u DEVETOJ SFERI (celibate, samci; oni u braku, kada rade u Devetoj sferi).

Bez pogovora, celibate, u svojim radnjama, mogu da izbace 25 ili 30% od ukupnosti nepoželjnih elemenata koje nose u unutrašnjosti. Oni koji su u braku mogu da idu dalje. Mogu, posredstvom električne seksualne sile i pomoću Devi Kundalini Šakti (Shakti) da ponište sto posto defekte psihološke vrste.

Dakako, vredi da reflektujemo o ovome (a to je veoma važno). Svaki par u braku (Gnostičari-Ezoteričari), u toku Hemijske ili Metafizičke kopulacije, može da doziva Devi Kundalini i primiće pomoć. Ako žarko ištemo od Igniske zmije naših magičnih moći da izbaci tu i tu psihološku grešku (ako je to zaklinjanje istinsko, u toku same Metafizičke kopulacije), pomoć neće kasniti i dezintegracija dotičnog psihičkog agregata biće konkretna činjenica, jasna i definitivna.

Prema tome, dragi prijatelji, pogodno je da reflektujemo, duboko, o svim ovim stvarima… Ako ostvarimo eliminaciju ovih teških Ja-ova, stvorićemo jedan Svesni gravitacioni centar u dubini Esencije; izaćićemo, na ovaj način, iz stanja Lunarne mehaničnosti i preći ćemo u Svesno stanje.

Ali, korak od Mehaničkog centra gravitacije ka Svesnom Centru gravitacije upliće DOBROVOLJNE PATNJE i NAMERNE RADNJE NA SAMOM SEBI, ovde i sada…

Dajem vam ključ da više ne budete mašine; budite apsolutno sigurni da ste danas mašine. Sve energije koje stižu sa planeta Sunčevog sistema neće moći da neposredno uđu u Zemlju, a ako uđu, nesumnjivo, ne bi ništa realizovale, ne bi mogle da ostvare nikakav organski proces, ne bi mogle da podrže ekonomiju planete Zemlje.

Da bi Vitalni talasi koji dolaze iz svetova koji nas okružuju mogli da igraju ekonomsko-vitalnu ulogu u unutrašnjosti sveta, potrebni su kanali koji su sposobni da pretvaraju ove talase; ove sile imaju potrebu da se prilagode unutrašnjosti planete Zemlje, ove sile imaju potrebe da se transformišu, da se prilagode unutrašnjosti našeg sveta.

Ako ove sile koje dolaze iz drugih svetova ne bi prošle kroz kanale za transformaciju, one ne bi ispunile svoj zadatak u unutrašnjosti planete Zemlje. To je očigledno, ne bi igrale nikakvu ulogu. Potrebno je da Kosmički talasi koji dolaze sa svih planeta našeg Sunčevog sistema Ors uđu, da prodru u unutrašnjost Zemlje kroz dotične kanale.

Postoje kanali u biljci, postoje kanali u životinji. Nesumnjivo je da su glavni kanali ljudske mašine (zbog toga postoje)…

Onda kada neko pokušava da ne bude i dalje mašina, kada više ne želi da bude mašina, Priroda se njemu suprotstavlja. Priroda ima u našoj unutrašnjosti, u unutrašnjosti svakoga od nas, elemente, moći, sile koje se mobilišu da bi se protiv nas borile. Prirodi ne odgovara kada neko prestaje da bude mašina, jer je to atentat na njenu ekonomiju i raspolaže izuzetnim silama da bi ih potčinila i primorala na poslušnost one pobunjenike koji su digli oružje. Ovo je surova realnost činjenica. Prema tome, nikako ne očekujemo da, vi koji me slušate, prestanete da budete mašinice „tek tako", preko noći.

Posmatram vas ovde, pažljivo. Očigledno, vi ste ovde da me slušate i ja da vam govorim, ali vidim upravo ovde, u toku izlaganja, kako radi Priroda da bi vas privela na poslušnost. Neki od vas, slušajući ovo izlaganje, ako ste pažljivi, opaziće neku dosadu; neki su zevali, neki su poželeli da se ova konferencija već završila itd... Za sve to je kriva Priroda, ovo je oružje koje ona koristi da bi sprečila da neko prestane da bude mašinica. Vi ste mašine. Možda vam se ne sviđa i možda mislite da vas vređam. Ne, ne vređam vas; ono što vam govorim se primenjuje na čitavom čovečanstvu.

Vi ćete prestati da budete mašine onog dana kada podignete oružje protiv Prirode, protiv Kosmosa, protiv sebe, protiv svega i protiv svih.

Kada se ovo bude dogodilo, onda postoji jedna mogućnost da ne budete mašine (ako ne budete pobeđeni, jer Priroda neće spustiti gard, „tek tako"; ovo je atentat protiv ekonomije Prirode; očigledno je).

Potrebno je prema tome da stvorimo Psihološki Mesec ako želimo da postanemo nezavisni od ovog bledog Meseca koji se okreće oko Zemlje, koji nam krade energije, koji nas je pretvorio u mehanička stvorenja (zbog toga su sva ljudska bića LUNARNA i kreću se u psihološkoj atmosferi Meseca). Žalosno je, ali je istinito. Ako posmatramo mrtvace, nakon smrti, videćemo da su nesvesni, uspavani, izgledaju somnambulni; ako ih dodirnemo, oni su hladni, ledeni...[*]

Jedan od polaznika Treće komore upitao je V.M. Samaela da li samo od Meseca ili našeg satelita proizilaze lunarne mehaničke influencije, a odgovor je bio sledeći:

Oko Sirijusa se obrću milioni Sazvežđa. Bilo nam je rečeno 18 miliona, a po poslednjim računima govore da ih je mnogo više (hiljade miliona konstelacija). Ogromna je ova Svetlosna Galaksija. Svetlosna prestonica čitave Galaksije je Centralno

---

[*] *Peto Jevanđelje, konf. „Lunarni psihizam, Solarni psihizam".*

sunce Sirijus. Naravno, oko Sirijusa se okreće jedan mesec koji je pet hiljada puta gušći od olova.

Ako od Sirijusa stiže sva energija za supranebesa svih svetova i sunaca galaksije, nesumnjivo je da ovaj Mesec koji se okreće oko Sirijusa (pet hiljada puta gušći od najgušćeg olova) dolazi energija za sve infra-paklove Galaksije.

Tako da nismo mi najznačajniji; realno, mi smo neke mašinice u službi prirode i to je sve.

Potrebno je da se vratimo, da ponovo dođemo, da se reinkorporiramo... ovo je činjenica.[*]

Ako reflektujemo na prethodno navedene paragrafe, stižemo do zaključka da je potrebno, pre svega, najvećom hitnošću, da razvijemo Permanentni Centar gravitacije kako bismo imali kontinuitet ciljeva. Pomoću ovog Permanentnog Centra gravitacije možemo već kasnije da mislimo na dublje stvari, sa doktrinarne tačke gledišta...

„Natura Non Facit Saltus" (Priroda ne čini skokove). Sve ima svoj proces i logičan tok. Potrebna je snažna psihološka osnova (Psihološki Mesec) da bi se kasnije stvorio, u našoj unutrašnjosti, Solarni Psihološki sistem, potom Psihološko Sunce (intimni Hristos) koji će da vlada ovim ličnim Sunčevim sistemom (Egzistencijalna tela koja su već pretvorena u alhemijsko zlato), a potom, ako želimo da idemo dalje, potrebno je da stvorimo specijalne Animične vehikle da bismo postali galaksijski ljudi. Na ovaj način, jednoga dana moći ćemo da težimo da se oslobodimo galaksijskog uticaja i da postanemo Ljudi (muškarci ili žene) beskonačnog karaktera.

O ovome smo već govorili u našim prethodnim studijama kod Zakona onih Četiri Kaye. Kad neko već ima postojanje u Ajnštajnovim Beskonačnostima, tada se može odlučiti da uđe u Neispitano, u ono što nema imena i stiže da pripada upravo Velikoj Realnosti koja sve pridržava...

NUNC SCIO VERE

Sada zaista znam!

48

ZAKON INTERPENETRACIJE

Ljudi ne mogu da budu savršeniji od Sunca.
Sunce sjaji istom svetlošću kojom i greje.
Sunce ima pege. Nezahvalni govore samo
o pegama. Oni zahvalni o svetlosti.
Jose Marti

Pošto sve ima početak i kraj, evo stižemo, prijatelju čitaoče, do poslednjeg Zakona koga treba da transcendujemo ili ispunimo, zavisi od slučaja, sa ciljem da dotaknemo naše intimno Oslobođenje.

Prešli smo put kroz čitav ovaj karusel Zakona koji se uspostavljaju između nas i onoga koji nema ime, ali koga, u ovim uslovima, nazivamo Apstraktni Apsolutni Prostor.

Ovaj poslednji Zakon traži od nas, ni više ni manje, nego apsolutnu budističku dekapitaciju, poništenje našeg voljenog životinjskog Ego-a i usavršavanje našeg psihičkog života. Nesumnjivo, sve ovo se preliva u apsolutnu Iluminaciju, koja nam dopušta da zaplenimo ono što se nalazi onostrano od mašinerije relativnosti, kako bismo prodrli u Iluminatorni Vakuum.

Dozvolimo da nam istaknuti solarni Čovek, V.M. Samael Aun Weor, ponovo govori u vezi sa ovim interesantnim Zakonom; da vidimo:

Šta je Intuicija? To je sposobnost (fakultet) među-prodiranja (interpenetracije). Moguće je da je Hegel, u svojoj dijalektici, pokušao da je definiše pomoću onih „Univerzalnih konkreta", ali mi se čini da je bolje da je definišemo pomoću kineske filozofije, žute rase, jer je postojala jedna carica Kine koja nije dobro razumela ovu stvar intuicije. Neki mudrac joj je objasnio šta je „fakultet interpenetracije". Ovo je tačna definicija, ali ona nije razumela. Onda je mudrac doneo upaljenu lampu i stavio je u centar neke prostorije, a oko nje je stavio deset ogledala. Jasno je da se svetlost te lampe reflektovala u jedno ogledalo, a to ogledalo je odbijalo u drugo ogledalo, a to drugo je odbijalo opet u sledeće, i sve tako; tako su primetili da je onih deset ogledala projektovalo svetlost jedno drugom, međusobno. Opazila se divna igra svetlosti, igra sa Interpenetracijom. Carica je razumela... Evo fakultet Intuicije...

Ako je neka osoba ostvarila budističku anihilaciju, ako je uspela da fabrikuje Viša egzistencijalna tela Bića, ako je zaista istinski Čovek, u transcendentalnom smislu reči, onda će u njemu zaista postojati sposobnost međuprodiranja. Vodite računa da smo deo Kosmosa; bolje rečeno, deo smo jedne celine. U unutrašnjosti Mikrokosmosa-Čoveka postoje mnoge, nalaze se mnoge stvari i, nesumnjivo, ukupnost nečega je deo celine.

Na primer, već znamo da je u unutrašnjosti Hagiokosmosa (odnosno, Beskonačnosti) sadržan Makrokosmos (Mlečni put), sadržan je... šta?... Deuterokosmos (Solarni sistem). U okviru Deuterokosmosa je sadržan Kosmos-Zemlja, Mezokosmos. Nadalje, U Mezokosmosu se nalazi Mikrokosmos-Čovek, a u unutrašnjosti Mikrokosmosa-Čoveka sadrži se život u veoma malom razmeru: Tritokosmos.

Dobro, unutar jednog Kosmosa postoji drugi Kosmos i unutar tog Kosmosa postoji drugi i svega postoje Sedam Kosmosa, jedan u drugom. Tako da, u našoj unutrašnjosti postoji niži Kosmos (ovo je jasno, Tritokosmos), a u Višem Kosmosu (očigledno, Mezokosmos); odnosno, mi se nalazimo između Višeg Kosmosa i Nižeg Kosmosa.

Takođe, veoma dobro smo vezani za naše roditelje, jer su nam oni dali život. Nadalje, dajemo da se rode naša deca i unuci; svi se mi međusobno međuprodiremo. Dakle, Interpenetracija je

Zakon savršeno definisan Hegelovom dijalektikom, u njegovim famoznim „Konkretima“ koje smo objasnili.

Nesumnjivo, moja voljena braćo, postojanje bilo kog sveta (rađanje, razvoj, njegova smrt…) odražava se, takođe, u istinskom Čoveku, koji je prošao kroz budističku anihilaciju. Tada, on može da kaže, takođe, „Poznajem istoriju ove planete…“

Čitava Maha-Manvantara može da se reflektuje u noktu autentičnog čoveka i može se tako verno reflektovati, tako da onaj Buda ništa ne ignoriše (sve zna). Sve što se može dogoditi nekom narodu, može da bude odslikano u psihi Čoveka koji je prošao kroz budističku anihilaciju i to će se tako precizno reflektovati, sa toliko mnogo detalja, tako da će on jasno znati i najbeznačajniji događaj.

Prema tome, izvucite sami zaključak, iz ovoga što sam tvrdio, da je Intuicija sposobnost Interpenetracije… ako uspemo da se čitava istorija ove galaksije reflektuje u nama, da li bismo mi, na primer, ignorisali nešto u vezi sa Galaksijom? Pa, jasno je da ne! A Galaksija, sa svim svojim procesima, može da se reflektuje u našoj psihi toliko prirodno, voljena moja braćo, kao ona lampa u primeru kog sam dao, koja se reflektuje u onih deset ogledala koja su poslužila za objašnjenje carici.

I sva stvorenja se mogu reflektovati u psihi nekog Bude Kontemplacije, jer on više nema da dezintegriše nehumane psihičke agregate i tada on, na startu, dobija pomoć Intuicije, a to možemo nazvati kao „Sveznanje“.

Moguće je stići do Iluminacije, ali nemojte da zaboravite, dragi moji prijatelji da i Iluminacija ima svoje sopstvene Zakone: uzrok postojanja Iluminacije je Dharmadhatu, odnosno, Darma.

Ako se neka osoba žrtvuje za mnoštva, ako je zaista stvorila svoja Superiorna egzistencijalna tela, ako je zaista otopila Ego, jasno, prima nagradu, plaća joj se… Zato što je samo u oblasti Dharmadhatu moguća Duboka unutrašnja Iluminacija.

Dakako, pošto je vitalno da vi jednoga dana stignete do Iluminacije, treba da započnete, od sada, da organizujete svoju psihu, ovo je očigledno. Imamo potrebe da, putem naših radova i posredstvom Iluminacije, budemo sposobni da jednoga dana učinimo Veliki Skok i da upadnemo u Iluminatorni Vakuum.

Neka se pravi razlika između mehaničke Relativnosti i Iluminatornog Vakuuma. Značajno je za nas da se izbavimo iz ovog sveta Relativnosti, iz ovog sveta uzroka i polsledica, iz ovog sveta gde vlada bol. I moguće je da uspemo da učinimo Veliki skok, da bismo pali u Iluminatorni vakuum, samo ako dezintegrišemo Ego, ako ga svedemo na pepeo, ako ga pretvorimo u kosmičku prašinu, ako organizujemo našu psihu, ako oblikujemo našu psihu; samo tako možemo uspeti.

Iluminatorni vakuum je naša supremna čežnja, to je Velika Realnost, slobodni život u svom kretanju, onostrano telu, afektima i pameti. Nesumnjivo, Iluminatorni vakuum je Supreman, Istina, Život, to je ono što jeste, ono što je uvek bilo i ono što će uvek biti.

Ako kažemo da je Supreman, treba da razumemo ovu reč: „Suprem" (ili Supremus, na latinskom). Supreman je „neuslovljen", ono što ne pripada vremenu, ono što transcenduje onih pet običnih centara – neuslovljeno.

Ali postoji još jedno prihvatanje „Supremusa": kraj, konzumirano. U prvom svom značenju „Supremus" je „originarium" (original); u drugom aspektu kao „consummatum" je dovršeno, savršeno i završeno (zato je Isus rekao „Consummatum est" – sve se završilo), najsavršenije; Čovek koji je već dotakao stadijum Dharmakaya, istinski Ilumunirani, onaj koji je osvojio Iluminaciju, onaj koji je uspeo da se integriše sa „originariumom", jeste zaista Srećan ili Oslobođen... To su dva značenja za „Supremus".

*Dotaći ovo stanje apsolutne Iluminacije, korenite, u Iluminatornom vakuumu, to je ono što se traži; ali da bi se osvojilo, draga moja braćo, treba da započnemo sa organizovanjem naše sopstvene psihe. Radi toga treba da živimo inteligentno, mudro; u suprotnom slučaju, ništa nije moguće. Dovde je moja konferencija ove večeri.**

Napraviti Veliki skok, prijatelju čitaoče, znači osloboditi se, na kraju, od svakog lanca koji nas drži na majasičnom Točku na

---

* *Peto Jevanđelje, konf. „Intuicionalna moć Psihološkog čoveka"*

kome se neprestano obrću Rase, evoluirajući i involuirajući. Ako su tvoje čežnje snažne, ozbiljne i duboke, postoji mogućnost da te koraci budu nosili do kraja Tajnog Puta koji se završava ispred velike provalije, onostrano koje se nalazi Velika Realnost, ona koja je nepromenljiva, koja je oduvek bila i uvek će biti...

Neka sudbina odredi da ti budeš jedan među izabranima, zahvaljujući tvojoj neumornoj upornosti i tvojoj gvozdenoj volji; i moći ćeš uzviknuti sa Hermesom Trismegistusom: „Sila je Mudrost i Snaga, želja koja je pokreće".

Zaključujemo naš traktat doneseći dužno poštovanje svima onima koji su, poznavajući ranije Kraljevstvo Velike Svetlosti, izgubili nakon pada božanski položaj, a koji danas, svedeni na duhovno ropstvo, čeznu da se ponovo vrate na Kristalno Ostrvo...

PALIM PRESTOLIMA	*LOS TRONOS CAÍDOS*

Nazdravljam palim anđelima	*Brindo por los ángeles caídos,*
Koji su nekada bili veliki principi,	*otrora grandes principados,*
čak i onima lošeg glasa zdravicu dižem	*brindo por aquellos aguerridos*
Božanskim i naprednim duhovima.	*espíritus divinos y emancipados.*
Iskrenost, snaga, ranije isprobani,	*Su fuerza y lealtad antes probadas*
Memoriju prošlosti stalno su kovali.	*forjaron la memoria del pasado,*
Njihova dela toliko pominjana,	*sus hazañas mil veces renombradas*
One zle su strašno užasavala.	*espantaron siempre a los malvados.*
To su Bodisatve, oni pali,	*Ellos son aquellos Bodhisattvas*
Svojim rukama greh upoznali,	*cuyas manos conocieron el pecado,*
Presekli su nit, sa Gospodom vezu,	*rompiendo el hilo que a Dios los conectaba,*
I ostali su robovi u nesrećnom svetu.	*quedando prisioneros de este mundo desdichado.*
I videh ih ulicama	*Yo los he visto caminando por las calles,*
Noseći Svest uspavanu,	*llevando sus Conciencias muy adormecidas,*
Plaćali su karmu u detaljima,	*pagando sus karmas hasta en mil detalles*
A dušu tugom natovarenu.	*y cargando en el alma la melancolía.*
I Svetlost će jednoga dana	*Un día vendrá en que la luz*
Da se vrati čudesna i snažna	*portentosa y fulgurante volverá,*
I da zasija u centru krsta	*resplandeciendo en el centro de la cruz*
I u mnogim Bogovima zablista.	*que en muchos de estos Dioses brillará.*
Biće tada velika revolucija,	*Será entonces la gran revolución,*
Stigao je čas i dan spasenja,	*el día y la hora de la redención,*
A nebo radosno odjekuje	*y el cielo retumbará con alegría,*
Sa porukom: kraj je apostazije.	*anunciando el final de aquella apostasía.*
Božanski lik ponovo otkriva,	*Y el rostro de Dios de nuevo marcará,*
Titanima, put pravi	*a esos titanes, el real camino,*
i vratiće im presto Gospod Ljubavi,	*porque Dios es amor y como tal devolverá,*
taj kog je otela sudbina.	*a cada uno, el trono que les robó el destino.*

———	———
Autor	El Autor

SADRŽAJ

LITERARNA HRONOLOGIJA AUTORA

PREPORUČENA LITERATURA

Autor ovog dela preporučuje čitaocu dela Majstora Samaela Aun Weora, u kojima će se preciznije produbiti postulati Gnoze — Božanske nauke.

SVEST HRISTA
TRAKTAT OKULTNE MEDICINE I PRAKTIČNE MAGIJE
SAVRŠENI BRAK
KNJIGA DEVICE IZ KARMENA
GNOSTIČKA KATEHEZIJA
MOĆ JE U KRSTU
SEDAM REČI
VATRENA RUŽA
VOLJA HRISTA
TRAKTAT SEKSUALNE MAGIJE
PRIRUČNIK PRAKTIČNE MAGIJE
MAJORNE MISTERIJE
OSNOVNI POJMOVI ENDOKRINOLOGIJE I KRIMINOLOGIJE
EZOTERIČKI TRAKTAT TEURGIJE
PLANINA IZ JURATENE
LOGOS, MANTRA, TEURGIJA
ŽUTA KNJIGA
PORUKA VODOLIJE
GNOSTIČKA ETIKA I SOCIOLOGIJA
ASTEČKA HRISTIČKA MAGIJA
KNJIGA SMRTI
MISTERIJE ŽIVOTA I SMRTI
MISTERIJE VATRE
KOSMIČKI BRODOVI
FUNDAMENTALNA EDUKACIJA

BUDINA OGRLICA
EZOTERIČKI TRAKTAT HERMETIČKE ASTROLOGIJE
LETEĆI TANJIRI
REVELACIJE JEDNOG AVATARE
EZOTERIČKA RASPRAVA RUNSKE MAGIJE
EZOTERIČKI KURS KABALE
MOJ POVRATAK U TIBET
ONOSTRANO SMRTI
PARSIFAL OTKRIVENI
MISTERIJA ZLATNE CVASTI
O MISTERIJI
TRI PLANINE
REVOLUCIONARNA PSIHOLOGIJA
DA POSTOJI PAKAO, DA POSTOJI ĐAVO DA POSTOJI KARMA
VELIKA POBUNA
TAJNA DOKTRINA IZ ANAHUAKA
TAROT I KABALA
EZOTERIČKI KURS TEURGIJE
MAJANSKE MISTERIJE
REVOLUCIJA DIJALEKTIKE
ZA MALOBROJNE
GNOSTIČKA ANTROPOLOGIJA
PISTIS SOFIJA OTKRIVENA
PETO JEVANĐELJE
BOŽIĆNE PORUKE